本纪念文丛由福中集团杨宗义先生赞助出版

南京大学文学院百年院庆纪念文丛

南京大学文学院百年史稿

南京大学文学院　编

南京大学出版社

图书在版编目(CIP)数据

南京大学文学院百年史稿 / 南京大学文学院编. ─
南京：南京大学出版社，2014.9
（南京大学文学院百年院庆纪念文丛）
ISBN 978-7-305-14005-1

Ⅰ.①南… Ⅱ.①南… Ⅲ.①南京大学文学院─校史
Ⅳ.①G649.285.31

中国版本图书馆CIP数据核字(2014)第222065号

出版发行	南京大学出版社		
社　　址	南京市汉口路22号	邮　编	210093
出 版 人	金鑫荣		

丛 书 名　南京大学文学院百年院庆纪念文丛
书　　名　南京大学文学院百年史稿
编　　者　南京大学文学院
责任编辑　经　晶　荣卫红　　　　编辑热线　025-83593963
照　　排　南京紫藤制版印务中心
印　　刷　南京爱德印刷有限公司
开　　本　718×1000　1/16　印张19　字数311千
版　　次　2014年9月第1版　2014年9月第1次印刷
ISBN　978-7-305-14005-1
定　　价　48.00元

网址:http://www.njupco.com
官方微博:http://weibo.com/njupco
官方微信号:njupress
销售咨询热线:(025)83594756

* 版权所有，侵权必究
* 凡购买南大版图书，如有印装质量问题，请与所购
　图书销售部门联系调换

《南京大学文学院百年史稿》
编 纂 组

召集人： 徐兴无　姚　松

成　员：（按姓氏笔画排列）

　　　　刘重喜　汪正龙　沈卫威　张玉来

　　　　张宗友　姚　松　徐世梁　徐兴无

　　　　徐雁平　黄发友　董　晓　解玉峰

南京大学校歌

一、《南京高等师范学校校歌》，1915年江谦作词，李叔同作曲，2001年定为南京大学校歌。

  大哉一诚天下动，如鼎三足兮，曰知、曰仁、曰勇。千圣会归兮，集成于孔。下开万代旁万方兮，一趋兮同。踵海西上兮，江东；巍巍北极兮，金城之中。天开教泽兮，吾道无穷；吾愿无穷兮，如日方暾。

二、《国立中央大学校歌》，1932年罗家伦撰词，唐学咏作曲。

  国学堂堂，多士跄跄；励学敦行，期副举世所属望。诚朴雄伟见学风，雍容肃穆在修养。器识为先，真理是尚。完成民族复兴大业，增加人类知识总量。进取、发扬，担负这责任在双肩上。

三、《国立中央大学校歌》，1947年汪东作词，程懋筠作曲。

  维襟江而枕海兮，金陵宅其中。陟升皇以临睨兮，此实为天府之雄。焕哉郁郁兮，文所钟。宏哉黉舍兮，甲于南东。干戈永戢，弦诵斯崇。百年树人，郁郁葱葱。广搏易良兮，吴之风。以此为教兮，四方来同。

四、《金陵大学校歌》，1931年胡小石作词，谱用美国康奈尔大学校歌之曲。

  大江滔滔东入海，我居江东，石城虎踞山蟠龙，我当其中。三院嵯峨，艺术之宫，文理与林农，思如潮，气如虹，永为南国雄。

南京大学鼓楼校区赛珍珠纪念馆，系美国著名女作家赛珍珠任教于金陵大学时的旧居。中文系70—80年代办公楼。

南京大学鼓楼校区文科楼，1990年中文系迁入办公。

南京大学仙林校区杨宗义楼，文学院现址，2012年迁入。

《豁蒙楼联句》遗墨：1929年1月1日，黄侃、陈汉章、王瀣、胡翔冬、胡小石、汪辟疆、王易于鸡鸣寺豁蒙楼雅集，以"纸"韵联句为诗，由程千帆捐赠南京大学图书馆收藏。

1934年，吴梅（右一）、宗白华（右二）、田汉（右三）、胡小石（右五）等在南京雅集留影。

1948年，胡小石六十诞辰，与宗白华、崔唯吾、杨白桦、谭龙云、唐圭璋、曾昭燏、游寿等在玄武湖摄影留念。

1999年12月30日，中文系举行首届优秀学科带头人颁奖仪式，蒋树声校长（右三）、洪银兴副校长（左二）为董健（左一）、程千帆（左三）、周勋初（右二）、叶子铭（右一）四位教授颁奖。

1990年11月，中文系主办首届国际学术会议："唐代文学国际学术讨论会"，由周勋初任会议主席，程千帆作主题报告。

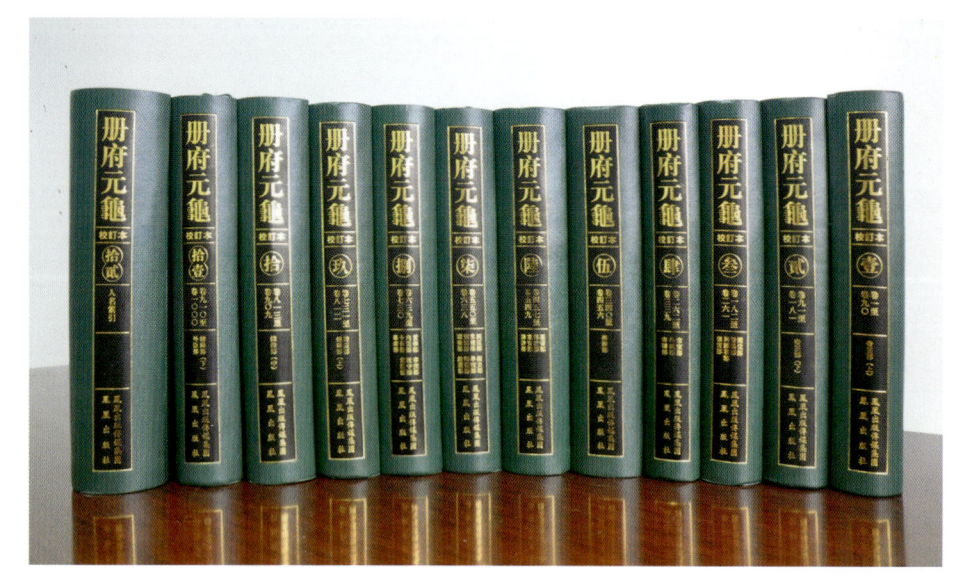

由周勋初主编的大型古籍整理成果《册府元龟》获首届中国政府出版奖、江苏省哲学社会科学优秀成果一等奖。

中国现当代文学专业《中国新时期小说主潮》、《中国西部现代文学史》、《中国现代文学期刊目录新编》等获江苏省哲学社会科学优秀成果奖一等奖。

戏剧影视专业《中国现代戏剧史稿》获全国高校优秀教材特等奖、江苏省哲学社会科学优秀成果一等奖，《中国当代戏剧史稿》、《中国现代戏剧总目提要》分别获江苏省哲学社会科学优秀成果一等奖、二等奖，《中国昆剧大辞典》获全国优秀艺术图书奖。

2012年，文学院2009级戏剧影视文学专业本科生温方伊创作的话剧《蒋公的面子》上演，在国内外引起极大反响。

2013年9月，首届"紫金·人民文学之星·文学奖"颁奖典礼在南京大学仙林校区举行，文学院2013级硕士研究生温方伊（右三）获戏剧奖。

79级校友、《时尚》杂志社社长吴泓（右）向中文系图书馆捐赠《时尚》资料室揭牌仪式。

本科生赴西藏可可西里索南达杰自然保护站进行社会考察。

目　录

前　言 ……………………………………………………………（001）

总　述

一、溯源先河(1902—1913) …………………………………（003）
二、设科建系(1914—1926) …………………………………（005）
三、十年发展(1927—1937) …………………………………（009）
四、弦歌不绝(1937—1945) …………………………………（013）
五、易代之际(1946—1949) …………………………………（016）
六、院系调整(1950—1966) …………………………………（018）
七、十年浩劫(1966—1976) …………………………………（022）
八、复苏振兴(1977—1999) …………………………………（026）
九、风华正茂(2000—2014) …………………………………（035）

编　年

传　略

王伯沆先生 ……………………………………… 苗怀明（193）
胡翔冬先生 ……………………………………… 程章灿（196）
吴　梅先生 ……………………………………… 苗怀明（199）
黄　侃先生 ……………………………………… 滕志贤（202）

汪辟疆先生 ……………………………………		金程宇(206)
胡小石先生 ……………………………………	周勋初	童　岭(210)
陈中凡先生 ……………………………………		吴新雷(214)
汪　东先生 ……………………………………		张宏生(218)
方光焘先生 ……………………………………		李　开(221)
黄淬伯先生 ……………………………………		张玉来(226)
钱南扬先生 ……………………………………	俞为民	解玉峰(230)
罗根泽先生 ……………………………………	周勋初	童　岭(233)
王气中先生 ……………………………………		曹　虹(236)
卢　前先生 ……………………………………		解玉峰(239)
吴白匋先生 ……………………………………		解玉峰(242)
陈白尘先生 ……………………………………	董　健	胡星亮(246)
陈瘦竹先生 ……………………………………		周安华(250)
洪　诚先生 ……………………………………	柳士镇	许惟贤(255)
管　雄先生 ……………………………………		张伯伟(260)
张月超先生 ……………………………………		杨正润(265)
程千帆先生 ……………………………………		莫砺锋(268)
赵瑞蕻先生 ……………………………………		唐建清(272)
俞铭璜先生 ……………………………………		汪正龙(276)
周锺灵先生 ……………………………………		李　开(279)
鲍明炜先生 ……………………………………		顾　黔(283)
卞孝萱先生 ……………………………………		赵　益(286)
郭维森先生 ……………………………………	许　结	吴正岚(290)
许志英先生 ……………………………………		王爱松(294)
叶子铭先生 ……………………………………		刘　俊(297)

前　言

南京大学文学院的历史，始于1914年。其远源可溯至清光绪二十八年（1902年）创立的三江师范学堂的国文课程和光绪十四年（1888年）成立的基督教会汇文书院的国文课程。1914年，南京高等师范学校成立，设立国文系。1910年，汇文书院等基督教会学院合并成了金陵大学，也于1914年设立国文系。此后，国立东南大学、第四中山大学、江苏大学、国立中央大学、南京大学等时期均设中国文学系。至1952年，金陵大学并入南京大学，组成了南京大学中国语言文学系。2007年更名为南京大学文学院。

一百多年来，众多著名学者和教育家如李瑞清、王瀣、胡翔冬、吴梅、黄侃、汪辟疆、胡小石、陈中凡、汪东、方光焘、罗根泽、陈白尘、陈瘦竹、程千帆等先生执教于此。经过几代师生的艰苦创业和奋力开拓，形成了坚持真理而不追逐时尚的学术精神和朴实、严谨、创新的学风，为国家培养了大批杰出的人才。

20世纪80年代以来，文学院发展迅速。文学院的中国语言文学学科（下含文艺学、中国古代文学、古典文献学、中国现当代文学、世界文学与比较文学、汉语言文字学、语言学及应用语言学）是首批国家一级重点学科和首批国家文科基础学科中国语言文学学科人才培养和科学研究基地，"戏剧影视艺术学"是江苏省一级重点学科，两个学科均拥有一级学科博士学位授予权、博士后流动站。文学院师资力量雄厚，有部聘长江学者4名，新世纪人才百千万工程人选多名。教育部人文社会科学重点研究基地"中国新文学研究中心"、全国高校古籍整理与研究委员会直属所"古典文献研究所"、教育部语信司与南京大学共建"中国语言战略研究中心"、江苏省政府2011协同创新基地"中国文学与东亚文明中心"均设立于文学院。这些研究机构具有规模稳定，人才汇聚的学术团队，拥有相关的学术数据库和文献整理等学术资源，并不断推出课题规划与研究成果。

文学院科研条件优越。院图书馆拥有40多万册藏书和诸多特色专业书库。承担过国家"211工程"一期、二期、三期项目和"985工程"一期、二期、三期项目,承担多项国家哲学社会科学基金重大项目、教育部重大课题攻关项目以及国际科研合作项目,学科地位居于我国高校中文学科前列,在东亚和欧美汉学界也享有较高的学术声誉。

  2014年,文学院举行一系列庆祝建院一百周年的活动并决定编纂文学院百年史,以总结、发扬优秀的学术传统,述史明志,继往开来。2004年8月。南京大学中文系举行系庆九十周年活动之际,时任系主任莫砺锋主编了《薪火九秩——南京大学中文系九十周年系庆纪念文集》等文献,其中就收录了沈卫威、徐雁平等编写的《中文系九十年大事记(1914—2004)》。在此基础上,文学院成立编纂组,组织师生进一步参阅校史文献档案、《南京大学年鉴》、《南京大学报》、中文系行政档案以及回忆录、学人日记等文献,初成一编,分总述、编年、传略三部分,名为《南京大学文学院百年史稿》。"总述"部分划分百年院史为九个阶段,由徐兴无撰写;"编年"部分逐年述其大事,由徐雁平、董晓、徐兴无撰写,姚松、解玉峰、张宗友、黄发友等补充修订;"传略"部分则由各专业和编纂组讨论,选择二十九位文学院各历史时期的学术前辈,聘请其弟子或后学撰写传记,作者具见《目录》;徐世梁担任编纂组秘书,负责联络、收集图片等工作。编纂过程中,文学院佘卉、葛燕红、魏宜辉、张云召、高子文、蒋钰等教师,硕士研究生侯印国、马健羚、吴钦根等参加了文献档案的搜集、整理及文字校对等工作;校档案馆给予了大力支持;部分传主的家属为《史稿》的编写提供了相关资料和图片;毕业于文学院现在南京大学出版社工作的金鑫荣社长和荣卫红等编辑为《史稿》及其他百年院庆文献的编辑出版付出了辛勤的劳动;曾担任中文系党总支书记的朱家维老师审阅了书稿,在此,编纂组一并表示衷心的感谢!

  由于编纂时间紧迫,其中不免识见浅陋、体例杂乱、挂一漏万、传闻异辞、讹误失考,校雠粗疏之处,希望读者多加批评,更希望师生校友们抉疑纠谬,献可替否。史稿者,未定之史也,谨以此作为一块朴素无华的纪念碑,为后世存一份实实在在的文献,为文学院开启新的纪元和南京大学的千秋鼎盛奉上美好的祝愿!

编纂组
2014年9月

总　述

一、溯源先河（1902—1913）

南京为中国东南重镇,清代两江总督驻节于此,管辖江苏、安徽、江西三省。这一地区也是清代的人文渊薮。李瑞清《两江优级师范学堂同学录序》云：

> 两江本江南、江西地,本朝以来,名儒硕彦,飙起云兴。江宁程廷祚,扬州阮元、汪中,金坛段玉裁、高邮王念孙,常州孙星衍、洪亮吉、庄存与、刘逢禄,长洲宋翔凤。徽歙之间,则有汪绂、江永、戴震、凌廷堪、程瑶田、金榜之属。宣城有梅文鼎。方苞、姚鼐,起于桐城。江西则有魏禧诸子、王源、刘继庄、谢秋水、朱轼、李绂、裘曰修。或显或晦,皆笃学异能之士也。故中国之言文学者,必数东南。

1894年甲午战争之后,清廷惩战败之痛,实行变法,创办新式教育体系。光绪二十四年(1898年),设立京师大学堂。二十六年(1900年)9月,清廷诏令"人才为政事之本,兴学育才为当务之急……除京师已设大学堂,应行切实整顿外,着各省所有书院,于省城均改设大学堂,各府及直隶州均改设中学堂,各州县均改设小学堂。"二十八年(1902年),两江总督刘坤一上奏《筹办江南省学堂大略情形折》；同年,张之洞署理两江总督,筹办三江师范学堂。二十九年(1903年),张之洞奏请创建三江师范学堂,同年6月开学。三十年(1904年),清廷颁布《奏定学堂章程》,史称"癸卯学制",设置优级师范学堂作为高等教育。三十二年(1906年)年,三江师范学堂更名为两江师范学堂,停办初级师范。"中国师范学校之建立,以两江为最早。"①三江师范学堂初级师范完全科课程和两江师范学堂本科公共通识课程中均设有"中国文学"。

两江师范时期,学监李瑞清聘请柳诒徵、王瀣(字伯沆)、刘师培等担任两江师范学堂文科教习。在他们的悉心培养和精神感召之下,胡翔冬、胡小石、陈中凡等毕业于两江师范学堂优级师范公共科,成为我国文学史、文学批评史、戏曲史等文史研究领域具有开创地位的重要学者。

1888年,美国基督教美以美会就在南京创办了汇文书院(The Nanking University);1891年,美国基督教会基督会在南京创办了基督书院(Nanking Christian College);1894年,美国基督教会长老会创办了益智书院(The Presbyterian Academy)。1906年,益智书院并入基督书院,成立了宏育书院(The Union Christian College)。1910年,宏育书院并入汇文书院,成立了"金陵大学堂"(The University of NanKing。简称"金大")。金大初创之时仅设文科,其中设有国文课程。同年,金大在鼓楼西南坡购得土地,营建新校区,1916年陆续迁入,1921年全部竣工。是为1952年金大并入南京大学之后,南京大学校区的主要部分。

1954年6月16日,南京大学校务委员会通过决议,确定南京大学校史自三江师范学堂建立算起,以三江师范学堂和金陵大学作为南京大学的两个源头。文学院的历史是南京大学历史的一部分,两江师范学堂和金陵大学的国文课程,开启了南京大学中国语言文学学科的先河。

---

① 李瑞清《两江优级师范学堂同学录序》。

二、设科建系(1914—1926)

南京大学各个历史时期的中国语言文学科系建制肇始于1914年。

1911年辛亥革命爆发,两江师范学堂解散。1912年至1913年,中华民国北洋政府教育部陆续颁布《大学令》等一列教育法令和规程,史称"壬子癸丑学制"。其《师范教育令》和《高等师范学校规程》规定优级师范学堂改为高等师范学校。1914年8月30日,南京高等师范学校(简称"南高师")在原两江师范学堂校址上成立,设国文、理化两部和国文专修科。国文部主要科目有:伦理学、心理学及教育学、国文及国文学、英文、历史、美学、古语学、体操。国文也是全校必修课程。

同年,金大改组文科。将文科学科的科目分成四组,每组以系命名,即语言学系、社会学系、数理学系、宗教学系。语言学系包含国文、英文等科目。不久又撤销四个组系,以学科科目为系,设国文、英文、历史、哲学、社会学、政治学、经济学、教育学等系。1924年,胡小石任金大国文系教授兼系主任。1926年,陈中凡应聘任金大国文系教授兼系主任。金大与南高师以及此后的东南大学、中央大学的中文学科之间,往往互聘师资,转相授受,师友弟子,错综其间,学风非常接近。

1915年,南高师国文部招收本科生36名,专修科招收27名。王瀣应校长江谦之请任国文部主任。刘伯明也受聘为金陵大学国文系主任,继受南高师之聘,教授哲学、哲学史、文学、教育学等。1919年,国文部改为国文史地部,刘伯明担任主任。1920年1月,校长郭秉文将国文史地部与数学理化部合建为文理科,下设国文、英文、哲学、历史、数学、物理、化学、地学八个系,系科建制已臻综合性大学规模,突破了师范格局。同年12月,北洋政府通过南高筹建大学议案,定名为国立东南大学(简称"东大")。1921年,东南大学正式招生,南高师停止招生,等在读学生全部毕业后并入东大。

南高师和东大时期,从国内外延揽了一批著名的学者,当时有"孔雀东南飞"之誉,国文系也颇具规模。1921年,陈中凡任系主任,吴梅任词曲国文教授,陈去病任诗赋散文教授,顾实任国文教授,邵祖平任国文助理。1924年,姚明辉任东南大学国文系主任。1925年,胡小石兼任东南大学教授、文科主任。而刘季平、李详(字审言)、姚永朴等也曾受聘于东南大学国文系。

南高师和东大以"诚"为校训,其人才培养宗旨,既在培养优秀的教师,又在培养专门学者,追求通才与专才的平衡。国文系不仅注重知识传授和学术训练,而且注重文学创作与鉴赏能力的培育;不仅注重课堂教学,而且组织课外学术与创作活动,聚会结社,建构师友生活,以道德、精神和才艺相感召,奠定了南京大学各个历史时期中文学科的教育理想与教学传统。1922年,南高师和东大师生成立国学研究会。指导教授有陈中凡、顾实、吴梅、陈去病、柳诒徵。分为经学、小学、史学、诸子学、诗文学五部,邀请校内外学者如梁启超、柳诒徵等举办国学讲座十多场,编辑整理《国学研究会演讲录》,创办《国学丛刊》。1924年春,吴梅组织东大国文系师生成立词社"潜社",每月在秦淮河多丽舫集会,赋词畅饮。

南高师、东大和金大的国文系为中国语言文学培养了一批优秀的人才。如语言学家张世禄,古典文献学家段熙仲,戏曲学家卢前,词曲学家王玉章、唐圭璋、王起(字季思)、吴白匋,版本目录学家赵万里以及作家,我国第一位女性电影编导濮舜卿(又名濮傍)等。

南高师和东大也奠定了南京大学各个历史时期中文学科严谨求真的学术理念和以继承发扬中国文化为己任的价值取向。在当时,这样的学风甚至与新文化运动和白话文运动相对峙。1921年,《国立东南大学南京高师日刊·〈诗学研究〉号一》刊登师生旧体诗作,引发了郑振铎、周作人、沈雁冰、叶圣陶等提倡白话文的学者的批评和南京高师、东大师生的反批评。1922年1月,《学衡》杂志在东南大学创刊。创办者东大英文系主任梅光迪、英文系教授吴宓、生物系主任胡先骕等人,在美国留学期间受到美国文学评论家、哈佛大学教授欧文·白璧德(Irving Babbitt,1865—1933)新人文主义学说的影响,反对新文化运动和白话文,提出"昌明国粹,融化新知"。以《学衡》杂志为中心形成的人文学术群体被称为"学衡派"。国文系王瀣、王易(字晓湘)等均为该杂志撰文。1919年,北京大学刘师培、黄侃等创办《国故》月刊,与《新青年》、《新潮》相抗衡。陈中凡、吴梅等南高师学者就曾担任特别编辑。1923年3月,东南大学国学研究会创办《国学丛刊》,顾实撰写的《发刊辞》以"整理国学、增进文化"为宗旨。并刊登旧体诗文、词曲作品。但是东大国文学科对于白话文决不排斥,而是开展了科学的研究。国文系设有国语组,开设了"国语语法"、"国语语音学"、"国语问题"、"国语教学法"等十门课程,以研究、推行国语运动。胡先骕说:"当五四运动前后,北方学派方以文学革命整理国故相标榜,立言务求恢诡抨击不厌吹求。而南雍师生乃以继往开来融贯中西为职志。"① 毕业于南高师的中央大学教授张其昀说:"世人多称南高学风偏于保守,这是一种误解,与其称为保守,不如称为谨严较近事实。南高的精神中科学成分极重,他们不囿已见,不狃私意,发言务求正确,不作妄诞之辞,最富于自由空气与真挚的精神。""时人称南高居于保守,另一证据,即当白话文势力盛行以后,南高学人仍多以文言文述学论事……南高虽分为许多部,但有一共同倾向,即注重国文,注重科学的国文,且认为是造就优良师资的先决条件。"②

禀持上述学术理念和文化自觉,南高师和东大国文系的学者在学术研究领域取得了一系列重要的成就。如陈中凡出版了《古书校读法》、《诸子书目》、《经学通论》。顾实编纂和撰写了《老子解诂》、《说文解字简笺》、《老子列传考释》、《中国文学通史》、《文学学纲要》、《诗学入门》等讲义和著作,出版了《汉书艺文志讲疏》、《中国文学史大纲》。1922年,南高师文学研究会与哲学研究会创办了《文哲学报》。

自三江师范至南高师、东大、金大的师生,不仅承担着中国传统士人的道德节操和淑世精神,而且在中国内忧外患的历史时期,培养起追求民主、科学、自由的崇高理想和救国救民的牺牲精神,他们以天下为己任,在国家危难之际,均能挺身而出。1919年5月南高师等十三所学校联名致电北洋政府,要求拒绝在巴黎和约上签字。5月9日,南高师和金大师生一起参加南京学界"国耻纪念会",南高师教务主任陶行知等人在会上作"国耻史"报告。13日,南高师、金大

---

① 胡先骕:《朴学之精神》。
② 张其昀:《南高的学风》。

等学校发起集会,成立南京学界联合会,通过《声援五四爱国运动决议案》,宣布罢课。1925年5月,上海学生和群众因抗议日商枪杀中国工人顾正红,遭租界巡捕镇压,造成"五卅惨案"。东大、金大师生发出通电,上街游行,全校罢课,各自组织"上海惨案后援会",组织学生和民众游行,向各国政府和报界宣传事件始末,要求惩办凶手,赔偿损失。中国现代社会的革命风潮和社会运动,奠定了南京大学各个历史时期的爱国和民主传统,中文学科的师生参与其中,表现卓越。

三、十年发展（1927—1937）

从1927年开始，南京大学历经第四中山大学、国立江苏大学、江苏大学、国立中央大学等阶段，经过十年的建设，发展成为中国院系最全、规模最大的大学。

1927年3月，北伐军攻克南京，中华民国国民政府定都南京并接收东南大学。6月，国民政府教育行政委员会颁布"大学区制"，在江苏、浙江两省试行。同日，教育行政委员会明令原国立东南大学等江苏境内九所专科以上学校为国立第四中山大学，用以纪念孙中山先生以及北伐军攻克的第四座历史文化名城，因学区位于首都，故冠以"首都大学"的称号。第四中山大学下设九个学院，院下分系或门组。文学院下设中国文学系和外国文学系，楼光来担任文学院院长。其时，中国文学系专任教师有王瀣、王易、汪东等，兼任教师胡小石，讲师徐天闵，助教陈延杰、支伟成、王焕镳、谢奂文、钱堃新等。不久，聘请胡小石任国立第四中山大学教授兼中国文学系、中文研究所主任。

1928年2月，国民政府将国立第四中山大学更名为"国立江苏大学"。4月5日，民国政府规定大学区内的大学均不加"国立"二字，只称"江苏大学"。学生集会抗议并实施罢课。4月24日，大学院（教育部更名）大学委员会临时会议议决江苏大学改名为"国立中央大学"，简称"中大"。

中大成立后，聘请汪东任中国文学系主任。教授有谢寿康（兼文学院院长）、汪东（兼主任）、黄侃、王伯沆、王易、胡小石、汪辟疆、吴梅、林公铎等，讲师为徐震（哲东）、陈延杰，助教为钱堃新、黄焯、张述明、董文鸾、周慧尊、潘重规、殷孟伦等。特别是黄侃于1928年受聘中大，直至1935年病逝，增加了中大和金大中文系的学术实力。

中国文学系课程体系完善而丰富,第一类有各体文选、国学概论、文学史纲要、文字学、修辞学、目录学、校勘学、高级作文等;第二类有秦汉文、六朝文、唐宋文、骈文史、史记研究、文学研究法、汉魏诗、六朝诗、唐诗、宋诗、诗歌史、诗歌通论、唐宋诗、元明曲、词曲史、词曲通论、训诂学、屈原赋、清真词、杜甫诗、音韵学、钟鼎文、清代朴学大师列传、陶谢诗、毛诗、尔雅、甲骨文、经学通论、文艺评论、近代诗等;第三类有经学专书研究、诸子专家研究、小学专书研究、总集研究、专集研究、小说专书研究等;第四类有特别研究(如历代礼制、乐律之类)、曲论、曲律、曲选等。共计五十多门课程,目的在于以文字、声韵、训诂为研究一切国学的根底;养成欣赏高等文学和阅读古典文献的能力。

金大的中文学科在这十年中也有了较大的发展。1927年9月,胡小石兼任金大中国文学系教授至1937年,1931年曾为金大校歌作词。此后,胡翔冬、卢前、黄侃、刘继宣、余贤勋、高炳春、张守义、吴白匋等也受聘进入金大国文系。1931年,刘继宣任金大中国文学系主任。1930年,金大得到美国巨富霍尔(Hall)的资助,设立中国文化研究所,由徐养秋、李小缘、商承祚、徐益棠、陈登原、黄云眉、刘国钧、刘继宣等文史专家组成,并创办《金陵学报》。1934年,金大文学院成立国学特别研究班,学制二年。聘请黄侃、吴梅、胡小石、胡翔冬、刘国钧、刘继宣等为指导教师。设有科目国文、中国通史、中国文学史、文字学等科目,研究范围为中国文学、文学史、史学、哲学四大类。此后又请汪辟疆、商承祚等开设课程。

中大和金大的中文系培养了一大批杰出人才,如考古学家曾昭燏、游寿,词学家、女词人沈祖棻、尉素秋,文学史家程千帆、孙望、高文、潘重规,语言学家殷孟伦、洪诚、徐复,文献学家钱存训,外国文学专家张月超等。两校师生继续发扬聚会结社的学术与创作活动。1929年,金陵大学中国文学系同学闵君豪等二十余人组织国学研究会,创办《金声》。1931年,金大中国文学系学生向映富、徐复、高小夫、尚笏、周荫棠、高文、武酉山、陆思涌、程会昌(千帆)、曾昭燏、黄念田等六十余人组成中国文学会。1932年,中大中国文学系学生,发起分组研究,共分小学、骈文、散文、词曲、近代文、文学史等七组,编辑出版《艺风》,刊载学术和文艺作品。1934年,中大学生成立中国文学会,聘请章太炎、陈汉章、柳翼谋、黄侃、汪东、吴梅、王瀣、胡小石等为顾问进行指导研究。1936年,金大国学研究班编辑出版《小学研究》。1928年,黄侃、胡小石、汪东、汪辟疆、王瀣、王易等于上巳日(三月初三)于玄武湖禊集,组成禊社,此后多次雅集。特别是1929年1月1日的雅集,黄侃、陈汉章、王瀣、胡翔冬、胡小石、汪辟疆、王易登临南京玄武湖畔鸡鸣寺豁蒙楼,以"纸"韵联句为诗,题为《豁蒙楼联句》,成为南京大学所藏珍贵文物。1928年,吴梅重主潜社集会,与汪东、王起、唐圭璋等仍集多丽舫,先后雅集十次,得曲九十二支,汇为《潜社曲刊》。1934年,吴梅、陈匪石、乔大壮、汪东、蔡嵩云、唐圭璋等结成词社"如社",至1937年6月5日,共举行十八次社,作品汇为《如社词钞》。1929年,中大中国文学系学生常任侠与李孟平、陈穆等组织中大剧社。1932年,中大学生王嘉懿、曾昭燏、龙芷芬、沈祖棻、尉素秋等结成"梅社",举行雅集。

十年之中,中大和金大的学术研究得以拓展精深,两校人文学科及中国文学系师生创办诸多学术刊物如《国立中央大学半月刊》、《国立中央大学文艺丛刊》、《金陵学报》、《金陵大学文学院季刊》、《国风》、《小学研究》等刊出师生们的学术论文多篇,两校教师的许多论著都是中国学术史上的开山或集成之作。如1927年,陈中凡出版了我国学术史上第一部《中国文学批评史》;卢前编写了《中国戏剧史大纲》讲义;1928年,胡小石将中国文学史课程讲义整理成为《中国文学史讲稿上编》十一章出版,吴白匋认为"建国前继出之文学史,若冯沅君、陆侃如合编之《中国诗史》、刘大杰之《中国文学发展史》,其体例实受先生启发"。同年,胡小石《甲骨文例》出版,为我国第一部研究甲骨文文法的著作。1930年,商承祚受聘金大,整理研究福开森捐赠金大的文物,陆续出版《福氏所藏甲骨文》、《殷墟佚存》等。1931年,唐圭璋开始编纂《全宋词》,至1937年初稿完成。1933年,黄侃《日知录校记》由中央大学铅印出版。

中大和金师生具有强烈的爱国民主精神。1927年5月,日军攻占济南,屠杀中国军民和官员,造成"济南惨案"。中大学生千余人举行集会,成立"国立中央大学教职员反日救国委员会",推举汪东等人成立起草委员会委员并举行游行示威,向国民政府呈递请愿书,要求对日宣战。金大师生也参加了游行示威并罢课一周,组织反日暴行国际宣讲会和金大教职员反日暴行国际宣传部,以多国语言将事实向世界报道,致电日内瓦国际联盟秘书处,要求国际社会主持公道。1931年9月18日,日军占领沈阳,"九·一八事变"爆发。中大学生冒雨上街游行,质问并怒打外交部长王正廷。中大、金大还会同复旦大学赴宁请愿团至国民政府请愿,逼迫蒋介石出面接见。12月,中大、金大学生和全国各地在南京学生三万多人举行示威游行,行至珍珠桥冲砸《中央日报》馆,遭军警镇压,死伤百余人,造成"一二·一七"学生惨案("珍珠桥惨案")。中央大学校长朱家骅引咎辞职。黄侃在12月10日的《日记》中记载他与胡小石、汪东等"共观学生结队游行。因忆靖康元年二月,太学生千余人,军民数万人,于宣德门欲殴李邦彦,邦彦疾驱得免。又磔内侍朱拱之,并杀其辈数十人。彼时士民之气,犹得伸也"。爱国之情,奋于笔端。1932年1月28日,淞沪抗战爆发。中大学生五百多人赶赴行政院质问政府,并组织后援队支持十九路军抗战。中大教授会发表《告国民党领袖书》,要求奋起抗战。1935年因与金大毗邻的日本领事馆建一旗杆,高与金大北大楼齐,引起师生的愤慨,遂发起捐款,在大礼堂南侧建立高121尺的钢管旗杆,高出北大楼10尺,升起国旗,以扬国威。同年12月,日本策动华北自治运动,"一二·九"学生抗日运动爆发。中大、金大等三千多名学生宣布罢课,游行示威。

四、弦歌不绝(1937—1945)

1937年,正当中大新校址破土动工,规划营建"万人大学"之际,7月7日,"卢沟桥事变"爆发,日本发动全面侵华战争。8月13日,日军进攻上海并轰炸南京,中大亦被创伤。校长罗家伦制定了迁校于重庆、医学院迁成都华西大学的方案。11月,全部学生到达重庆,选址重庆大学东北沙坪坝松林坡建造校舍。后又在柏溪建立分校。11月,金大开始西迁成都华西坝,次年2月全部到达。两校在烽火狼烟中坚持办学,弦歌不绝。

西迁后的中大中文系的教师有楼光来、汪东、胡小石、汪辟疆、卢前、赵少咸、李长之、唐圭璋、罗根泽、朱东润、吴组缃、蒋礼鸿、张世禄、徐英、杨晦、吴世昌、敖士英、乔大壮、管雄等。1937年由胡小石代理系主任。1939年至1944年,汪辟疆出任中文系主任。1944年仍由胡小石担任。1943年,张世禄任教中大中文系并成立语言文字组。1945年,中大师范学院国文系并入中大中国文学系,伍俶傥任系主任。至1944年,中大中国文学系有教授38人,副教授9人,讲师8人,助教7人,学生254人,开出课目达145项。1943年,楼光来、胡小石成为国民政府教育部第二批部聘教授(1941年,教育部实行"部聘教授"制,按学科评选出一批资深、有名望的教授,改由教育部直接聘任),1944年,汪辟疆、胡小石获国民政府教育部服务奖。在此期间培养的杰出人才有语言学家殷焕先、鲍明炜、周钟灵,文学理论家徐中玉、钱谷融,文学史家霍松林、马骙程等。

1938年,中大创办研究院,下设研究所和学部。1944年中大研究院文科研究所增设中国文学部,由中国文学系主任胡小石兼任文科研究所所长,至1945年招收两届十多名研究生,其中有濮之珍、金启华、徐家婷、刘溶池、王季星、公方苓、李毓芙、郭银田等。

金大中文系的教师有胡翔冬、刘继宣、余贤勋、吴白匋、郦承铨、朱锦江、陈延杰、罗倬汉、周荫棠、高文、丁廷洎、李相玨、刘道龢、吕叔湘、程会昌、沈祖棻、孙望等，1937年，刘继宣任中文系主任。1939年，余贤勋代理系务一年。1940年余贤勋任系主任，至1941年9月去世，系务由刘国钧院长兼代。1942年由高文担任系主任。由美国诸多教会联合创办于1913年的金陵女子文理学院也随金大西迁成都，西迁后，陈中凡任中国文学系主任。

尽管办学条件艰难困苦，但两校中文系的师生以民族文化为担当，专心治学，学术成果丰硕。除了《国立中央大学文史哲季刊》、《金陵学报》继续刊行发表学术论文之外，1943年至1944年，中大中国文学系举办学术座谈会十多次，创办了《中国文学》。1940年，金大中文系创办《斯文》半月刊，宗旨在于方便同仁发表学术研究所得，并以此提倡战时后方之学术空气。1943年，汪辟疆主编《中国学报》在重庆出版。1943年、1944年，罗根泽《中国文学批评史》中的《魏晋六朝文学批评史》部分、《隋唐文学批评史》部分、《周秦两汉文学批评史》部分作为"中央大学文学丛书"由重庆商务印馆出版。1943年，程会昌《文学发凡》作为"金陵大学中国文学系丛书第二种"出版。1944年，中大蒋礼鸿撰成《商君书锥指》；管雄撰成《洛阳伽蓝记疏证》。金大出版陈延杰《晞发集注》、罗倬汉《史记十二诸侯年表考证》、高文《汉碑集释》、程会昌《目录学丛考》、张守义《中国文学疏证》、孙望《唐诗补遗》、沈祖棻《双白词肌参》、刘道龢《方言疏证补》等专著。

课堂内外的学术与文化活动频繁。1938年，金陵大学举办朱锦江、郦衡叔山水花卉画及刘继宣、商承祚、高文、吴白匋书法展览。1942年6月30日中文系教授的作品参加中大艺术系庆祝校庆艺术展。1944年，中大中国文学系举办聚珍书画展览会，展出中文系教师所藏珍贵书画文物多种。

由于沦陷地区的知名高校大都西迁，形成了校际交流和学风融合的局面。两校教师有从外校兼任者，也有出任其他学校者。比如胡小石曾任云南大学教授兼文学院院长、白沙女子师范学院教授兼系主任。陈中凡曾任四川师范学院中文系教授。罗根泽曾任四川教育学院教授。1940年，金大文学研究的主要工作计划就是"请校外名流学者作学术上之演讲和举办读书会"。曾邀请齐鲁大学叶绍钧、燕京大学新闻系主任蒋荫恩、西南联大教授朱自清等演讲。1944年，金大与华西大学、齐鲁大学、燕京大学、金陵女子师范大学等五所教会大学的中国文学系师生举行联谊大会，推举时任燕京大学教授的陈寅恪为大会主席。

两校中文系师生在国家危亡之际,努力保持民族气节,积极投身抗战。抗战期间,王瀣因病滞留南京。南京沦陷后,他拒绝与日伪合作,不在汪伪政府学校担任教职,以出售旧书为生。临终之际,遗命不以棺木见日寇,葬于家中后院。国民政府称其"坚贞守道,嚼然不污",给予"明令褒扬"。1937年,年迈多病的吴梅举家内迁,颠沛流离,复发喉疾,于1939年3月17日病逝于昆明大姚镇李旗屯。1939年6月,中大举行了吴梅先生追悼会。1937年,国民政府教育部颁布《战时动员计划》,要求"战时各级学校教育,均应力求切合战时需要,各级学校之课程与管理应实际情形,量予变更"。中大、金大中国文学系在此后开设民族诗歌、战时文学讲座等激励民族精神的课程与演讲,为抗战服务。1943年,刘国钧撰《五年来之金陵大学文学院》,阐释在国难时艰的岁月,"文科之文"对于倡导发挥"我国固有文化",借鉴整合"西方文化",以"支持我民族之中兴"的重要意义。1944年11月6日,汪辟疆在纪念周上作题为"夏完淳"的演讲,阐明青年从军之意义。

1940年,汪精卫政权伪行政院通过在南京设立中央大学案,恢复中央大学,在沦陷区招生。"南京中央大学"校址初设于南京建邺路红瓦廊,1942年迁至原金大校址。王钟麒、杨正宇、陈柱、钱仲联相继出任文学院院长;龙榆生、刘诗孙、钱仲联相继出任"南京中央大学"中国文学系主任,教授有纪国宣、吕贞白、施则敬、杨鸿烈等。

1945年8月15日,日本宣布无条件投降,汪伪政府随之灭亡。9月下旬,国民政府教育部下令解散"南京中央大学",设立"临时大学",接收原"南京中央大学"等学校的学生。10月,金大也派员回南京接收。

五、易代之际（1946—1949）

1946年，中大、金大全部回迁南京开学。楼光来任中大文学院院长，伍俶傥任中国文学系、中国文学研究所主任。1947年，胡小石任中大中国文学系主任，新聘教师有吕叔湘、段熙仲、陈匪石、李笠、洪诚、唐圭璋、卢前、游寿、王气中、周法高、陈瘦竹、鲍明炜等。1948年，方光焘、路翎（徐嗣兴）等受聘中大中国文学系。1949年，唐圭璋应聘中大中国文学系。至1948年，有教员27人，计教授15人，副教授4人，讲师5人，助教3人；学生99人。在此期间，中大中国文学系提倡"综合古今，贯通中外"的学术理念，在治学方法上主张"既不偏于古文，亦不醉心新体，大抵考据与创作并重，务期以实事求是之精神，达到博而能约之境界"。开设必修课程如历代文选、历代诗选、中国文学史、文字学概要、声韵学、训诂学、词选、曲选、中国文学专书选读、个体文习作、西洋文学史、读书指导、毕业论文等；选修课程如文法研究、文学批评、广韵、小说研究、戏剧史、近代语法研究、目录学、校勘实习、铜铭文、新文学概要、现代方言、语文名著选读、欧洲文艺思潮、四书、五经、诸子、翻译文等。

1946年金大国文系新聘教师有胡小石、刘继宣、高耀琳、唐圭璋、武酉山等。1948年，罗根泽、徐复应聘金大国文系。

复员之后的中大中国文学系师生对重建中国学术文化充满信心。1947年，《国立中央大学校刊》刊出汪东所作《国立中央大学校歌》，祝愿"干戈永戢，弦诵斯崇。百年树人，郁郁葱葱"。胡小石在中大卅二周年校庆暨卅五级毕业典礼上致辞说："九年抗战，复员还都。今日纪念卅二周年校庆及本届毕业典礼，因感想到学校的历史很宝贵，中大现址原系三江师范校址，由三江师范而两江师范而南京高师而东南大学以至中大，实已不止卅二年，有悠久的历史。""现在各种科学同时益重,发扬光大而为今日中大。毕业同学为社会中坚分子,为国家优秀分子,要有精密客观的态度,发扬本校最优良的精神。"

抗战之后,内战随即爆发,国内和国际上都呼吁中国安定统一、实现民主政治,中大师生的爱国民主情绪日益高涨。1947年5月6日,中央大学教授会召集教授大会,通过《要求提高教育经费,改善教员待遇宣言》。15日上午,中大、国立剧专等学校学生集体请愿,举行"反饥饿"游行,引发全国高校的纷纷响应。20日上午,南京、上海、杭州等高校学生和中大、金大学生举行游行,冲破军警包围,至鼓楼汇合后举行大规模"反饥饿、反内战、反暴行"游行示威,遭到军警镇压,中大中国文学系教师陈瘦竹因保护学生遭到拘捕。当晚,中大、北大、清华教授会发表声明,抗议政府暴行,社会各界纷纷支持。形成了声势浩大的"反饥饿、反内战、反压迫"的民主运动。次年,南京高校学生分别在中大和金大举行"五·二〇"周年纪念活动。1954年6月16日,南京大学校务委员会决议,以"五·二〇"为校庆日。

1948年,蒋介石下野,李宗仁出任国民政府代总统。1949年1月,中大筹备迁校广州、厦门、台湾等地,遭到大多数教授的反对,校长周鸿经弃职。中大教授会选举产生十一名"中央大学校务维持会"委员,梁希、郑集、胡小石为常务委员,主持校政。2月4日,校务维持会召开系科代表大会,组成"中央大学应变会",胡小石等多次向李宗仁政府提出"撤查校长周鸿经"、"拨发应变费及粮食"、"释放被捕学生"三项要求,争取经费,清点校产,维持校务。4月1日,中大、金学生参加南京市专科以上十所学校举行"争生存,争和平"请愿大游行。中大校务维持会常务委员胡小石跟随队伍保护学生,与刘庆云、吴传颐、张江树等教授和学生一起在总统府前请愿,遭到大批军警围攻,造成"四·一"血案。

1949年4月23日,中国人民解放军占领南京,接管中大。8月,国立中央大学更名为"国立南京大学"。梁希、潘菽、胡小石、楼光来等二十一人成立国立南京大学校务委员会,梁希任主席。胡小石出任文学院院长。9月,方光焘出任中国文学系主任。胡小石出任南京市文物保管委员会委员、南京博物院顾问。11月,陈中凡当选为南京市文学联合会副主席。

六、院系调整（1950—1966）

中华人民共和国成立之后，1950年，国立南京大学、国立安徽大学、私立金陵大学、金陵女子大学等高校均归属华东军政委员会直接领导，"国立南京大学"径称"南京大学"（简称"南大"）。1951年，为团结、教育、改造旧知识分子，华东军政委员会成立华东革命大学政治研究院学习班；3月，华东教育部部署南京大学全体师生员工参加思想改造运动，出现搞"人人洗澡"、"个个过关"、"思想改造展览"等"左"倾现象。

由于朝鲜战争爆发，中国人民志愿军赴朝参战，美国政府宣布冻结中国在美国的全部财产。于是中国政府下令冻结美国在华财产，金大外籍教职员全部回国。1951年，金大与金陵女子文理学院合并，陈中凡出任合并后的金大任校务委员会委员、文学院长。

1951年至1953年，教育部遵照苏联高校模式，开始对全国高等学校展开有计划、大规模的院系调整。以培养工业建设人才和师资为重点，发展专门学院；整顿和加强综合性大学。1952年7月，南大与金大两校校务委员会举行联席会议，通过《南京、金陵两大学合并、调整工作进行办法》。按此办法，从南大调出工学、农学、师范等院系单独成立院校；以南大文、理、法学院与金大等南京高校的文、理学科合并，同时并入复旦、震旦、同济、齐鲁、中山、浙江、川大的一部分文、理学科，将南大组建成文理学科型的综合性大学，校址从四牌楼2号迁至鼓楼原金大校址。胡小石、陈中凡担任合并筹委会委员。

调整后的南大设中国语言文学系，内置汉语言文学本科专业。方光焘任系主任。陈中凡从金大、黄淬伯从江苏学院调至南京大学中文系任教。胡小石出任南京大学图书馆馆长。

1956年起,各项教学科研工作进入正轨。根据高教部规定,南京大学秋季入学的本科新生修业年限由四年改为五年,此学制一直实行到1970年65级学生毕业。同年,南京大学开始招收副博士研究生,设二十五个专业方向,学制四年,中文系由胡小石、陈中凡任导师。胡小石招收首批副博士研究生有谭优学、周勋初、侯镜昶、杨其群、吴翠芬等;陈中凡教授招收首批副博士研究生有吴新雷、徐惜阴等。"五·二〇"校庆期间,方光焘在南大第二届科学讨论会上作"汉语词类研究中的几个根本问题"的报告。为纪念鲁迅逝世二十周年,中文系四年级组成鲁迅研究小组,举行鲁迅小说讨论会并前往绍兴、上海参观鲁迅故居,此后成为中文系本科生的文学考察活动。陈瘦竹在南大举行的鲁迅逝世二十周年纪念会上作题为《鲁迅的生平和创作》的报告。中文系还举办语音训练班,内容包括国际音标的符号及发音、音韵学的基本知识及方言调查的方法。陈中凡《汉魏六朝散文选》,罗根泽《中国中古文学史》、《中国文学批评史》修订本等中文系教师的论著相继出版。1957年,中文系建立语言研究、文学史研究和文艺理论研究三个研究小组,分别由方光焘、陈中凡、杨咏祁老师作关于研究方法的学术报告,提交论文十六篇参加"五·二〇"校庆科学报告会。中文系请方光焘在全国高校中首次开设《索绪尔的一般语言学》课程,还聘请南京师范学院唐圭璋教授来中系开设"宋词"课程;成立了中文系资料室。郭影秋校长曾设家宴祝贺中文系"三老"胡小石、陈中凡、汪辟疆七十寿辰。1958年,中文系成立戏曲研究室,陈中凡为研究生讲授戏曲史,计划组织队伍编写《宋金元戏曲俗语方言词典》、《中国戏曲史》、《中国戏曲理论》等专著。

从1957年至1966年,各种政治运动风起云涌,极"左"思想干扰学术研究,正常的教学和科研秩序不断受到冲击。

1957年5月,为响应中共中央4月27日《关于整风运动的指示》,中文系部分教师先后参加了校党委、行政组织的十四次帮助党整风的鸣放座谈会。6月,中央发出"关于组织力量反击右派分子"的指示,展开对鸣放中错误言论的批判,中文系三十多位师生被错划为"右派分子"。

1958年,俞铭璜担任中文系主任期间,中共八届二中全会提出"鼓足干劲,力争上游,多快好省地建设社会主义"的总路线,进行"大跃进"和教育大革命。南大开展勤工助学活动,提出贯彻生产劳动、教学和科研三结合的方法,要求文科以办农场、工厂,从事工农业生产为主,接触实际,体验生活,开展社会工作。

教学改革方面强调"政治挂帅,理论与实际相结合,厚今薄古,古为今用",规定文科学生一年中4个月劳动,1个月假期,7个月业务学习。在这样的政治形势下,中文系增设了毛泽东文艺思想,取消文字学、音韵学、训诂学等课程,提出迎接建国十年"大放卫星、大搞科学研究、大编教材"计划,包括撰写教科书和专著42种,科学研究70种,编写《大众文艺丛书》100本,创作20多种,以及与物理系联手制造语言翻译机等。同时,中文系师生参加办农场和大炼钢铁。部分教师被选派支援江西创办江西大学中文系,管雄担任该校中文系主任。

1964年,南大组织师生参加"四清"运动,中文系大部分中青年教师和高年级学生、研究生被调往参加苏州太仓县浏河人民公社和南通海安县双楼人民公社开展运动。

1965年,为响应毛泽东"要改造文科大学,学生要下去搞工业、农业、商业"的号召,高教部要求全日制高校实行半工半读。南大选择江苏溧阳县果园作为南大"小三线"建设基地,筹办文科分校,定名为溧阳分校,匡亚明任校长,溧阳县委书记任副校长。将文学、历史、哲学三系打通为大文科,实行半农半读。1966年2月,中文、历史、哲学三系五个年级的所有学生及中青年教师、干部并为一部,迁往溧阳分校,按年级成立五个大队,从事农业生产。年老体弱的教师留在南京成立"文史研究室",由中文系主任陈瘦竹兼任研究室主任。

在这样的形势下,中文系的师生努力维护正常的教学秩序,调整办学机制、改善办学条件。

1958年,陈中凡与日本东洋大学波多野太郎教授进行了学术交流。1959年,中文系语言教研组在《中国语文》发表《关于改进汉语教学和科学研究的几点意见》。古典文学教研组讨论如何改进课堂教学、加强课外辅导和阅读指导、改进考试考查等提高教学质量的措施。胡小石为四年级学生开设《楚辞》课程。现代文学教研组组织基础课集体备课活动。在陈中凡的筹划下,系主任俞铭璜和总支书记康贻宽等以极大的勇气,将在其他高校受到政治冲击的钱南扬和徐铭延调入中文系任教,充实了中文系的学术力量。周勋初、吴新雷、叶子铭、黄景欣、侯镜昶、吴翠蓉等一批优秀研究生毕业留校任教。叶子铭所撰《论茅盾四十年的新文学道路》由上海文艺出版社出版。1960年,中文系举行科学报告会纪念"左联"成立三十周年。1961年,钱南扬在《戏剧报》第七、第八期合刊发表《魏良辅南词引正》;陈瘦竹《论田汉的戏剧创作》出版。中文系邀请浙江大学教授夏承焘、复旦大学教授陈望道作学术报告。中文系青年教师叶子铭、黄景欣被南大党委授予"学习标兵"称号。1962年,中文系举行了庆祝校庆六十周年科学讨论会,方光焘、黄淬伯、洪诚、施文涛等教师提交论文。同年,还邀请复旦大学教授郭绍虞作学术报告。1964年,陈中凡、钱南扬《中国戏剧概要》讲义由南京大学教材科印行。1965年,诗人闻捷来中文系作关于新诗创作的学术报告。

1958年9月,中文系增设新闻专修科,学制三年。招收三届学生,于1961年合并到江苏省新闻学校。1965年,中文系成立越南留学生教研室,徐慧征、徐曼华出任教研室主任、副主任。越南留学生200人进入中文系学习汉语。从1959至1964年开设的本科课程,显示出中文系雄厚的师资力量。有陈中凡、钱南扬、侯镜昶合开中国戏曲史;胡小石开设杜诗系列讲座;陈瘦竹开设中国现代戏剧作家研究;洪诚开设古代汉语、古书疑义举例;王气中和徐铭延合开中国古代文学史;赵瑞蕻、赵梅君合开外国文学史;周勋初、吴枝培合开中国文学批评史;邹恬开设中国现代文学史;周锺灵开设现代汉语;黄景欣开设语言学概论;杨咏祁开设美学;包忠文开设文艺学概论、鲁迅研究、毛泽东文艺思想;裴显生开设写作、当代作家作品评论、吴白匋开设中国古代诗词曲鉴赏;陈瀛开设历代文论选、杜诗专题;叶子铭开设茅盾研究等等。①

这一时期的中文系学生具有勤奋朴实、积极向上、追求进步的精神风貌。1959年8月10日,南大东大楼火灾,中文系58级新加坡华侨学生陈万里奋勇救火,不幸牺牲,被南京市人民政府授予"烈士"称号,安葬雨花台公墓。

---

① 朱家维:《我系、我班和我》,卢方玉、朱家维主编《往事如诗:南京大学中文系一九五九级同学回忆录》。

七、十年浩劫（1966—1976）

1966年，"文化大革命"爆发，中国进入十年动乱时期，各项事业处于停顿混乱状态，思想文化科学教育领域首当其冲，知识分子遭到残酷迫害，青年学生的学习前途和生活希望被无情断送，一些师生的心灵和人格也发生扭曲，中文系的命运和南京大学一样难以幸免于浩劫。

1966年5月16日，中共中央政治局扩大会议在北京举行，通过《中国共产党中央委员会通知》(《五·一六通知》)，发动"文化大革命"。南大组织师生学习，决定本学期不进行考试，让学生参加文化大革命。5月25日，聂元梓等在北京大学贴出《宋硕、陆平、彭佩云在文化大革命中究竟干些什么》的大字报。中央人民广播电台和《人民日报》播报、刊登了大字报全文。6月2日，溧阳分校一些学生和青年教师贴出《十问匡校长》大字报，批判匡亚明校长。分校党总支召开党员大会，反击大字报，并对为首的教师、学生进行批评教育。但在中央文革小组的压力下，中共江苏省委于6月12日在南京大学操场召开上万人参加的南京大学无产阶级"文化大革命"动员大会，宣布撤销匡亚明党内外一切职务，并派出"文化大革命"工作队进校，取代校党委，领导南京大学的"文化大革命"，意在不让"群众运动"失去控制。南京大学宣布停课搞运动，教学科研工作全面停顿。中文系领导工作由海军学院派驻南大的赵福华接管。6月底，全国各高校撤销工作队，由南大校、系成立文革委员会。8月，中共中央八届十一中全会通过《中国共产党中央委员会关于无产阶级文化大革命的决定》(《十六条》)，强调运动的"重点是整党内走资本主义道路的当权派"，开始了全国性的"红卫兵运动"和"革命大串连"，南京大学纷纷成立各种"红卫兵"和"造反派"组织。10月，省文革小组传达中共中央指示，学校党委不得领导运动，全国高校停止招生,于是造反派查封并占领了校部机关。中文系陈瘦竹和外文系陈嘉等被加上"资产阶级反动学术权威"的罪名遭到《新华日报》点名批判。

1967年1月,上海造反派夺取上海市党政权力,掀起"一月革命风暴"。南京造反派组成"江苏省革命造反派联合委员会"夺权。南大的造反派组织之间也发生了武斗,很多师生卷入其中。在造反派的鼓动下,叶子铭等被污蔑为"黑标兵";中文三年级"教育革命小组"对中文系七名教授进行了一个半小时的政治常识考试。以"红卫兵考臭教授"为题大肆宣传,声称"从政治上、学术上把资产阶级教授批倒批臭","让工农兵登上大学讲台"。

1968年1月9日,中国人民解放军6483部队军训团进驻南大,与造反派组织达成协议,成立南京大学革命委员会。在接下去的四年中,造反派对南大知识分子实行残酷的劳动改造和政治迫害。

1968年6月,中文、政治、历史、外文、生物5系1600多名师生组成"赴皖学习红卫兵团"赴安徽城西湖军垦农场劳动锻炼。12月,校革委会组织全体师生到南京长江大桥工地参加劳动。1969年4月,接江苏省革委会通知,全体师生员工赴南京市郊区灵山参加打井和挖煤劳动;6月,开展"清理阶级队伍"运动,成立"专政队",对所谓牛鬼蛇神进行集中管理,打击、迫害了一大批干部和师生,有师生不堪凌辱,含冤致死;10月18日,林彪下达关于加强战备的紧急指示,江苏省革委会指示南京大学全体师生徒步至溧阳分校,实行隐蔽,建立劳动基地,将溧阳分校改名"南京大学五七农场",中文、历史、化学、生物、原校部机关和原后勤负责兴修南大五七农场水利工程;12月,为响应南京市疏散人口、下放干部的紧急动员,南大革委会成立"上山下乡办公室",强迫下放了一批干部和师生。1970年4月,校革委会成立"一打三反"办公室和"清查五·一六"办公室,在全校进行"大检举"、"大揭发"、"大批判"、"大清理",大批干部、教职员工被乱揪乱斗;8月,中文系从溧阳返校后,南大深挖"五·一六"运动升级,再次造成大批冤假错案。1971年2月至4月,校革委会组织野营拉练,135名教职工步行1000华里,经过江宁、溧水、溧阳、宜兴、武进、金坛、句容等地,以走"五七道路"的名义,对教职工进行的强制改造。

在历次政治迫害中,中文系陈瘦竹、王气中、陈瀛、黄淬伯等一批教师被打成"叛徒"、"特务"、"历史反革命"等,长期关押在"牛棚",身心受到严重摧残。黄淬伯被折磨致病而死;青年教师秦德林和曾被划为"右派"的56级学生周利民含冤自尽。安葬已故教授胡小石、汪辟疆、方光焘的雨花台望江矶墓地遭到破坏。中文系办公楼，原美国女作家、诺贝尔文学奖得主赛珍珠的寓所多次被造反派冲砸，成为"江苏省造反派材料交流站"。一大批中文系所藏珍贵学术档案，包括"胡小石先生遗著整理委员会"保管的胡小石手稿多种被毁，中文系资料室的藏书也被抄没。

1971年4月15日至7月31日，全国教育工作会议召开，《会议纪要》提出了两个"基本估计"：一是新中国成立后十七年毛主席的无产阶级教育路线基本上没有得到贯彻执行，教育制度、方针和方法几乎全是旧的一套，资产阶级专了无产阶级的政；二是原有教师队伍中的大多数的世界观基本上是资产阶级的。

从1972年至1975年，是所谓的"开门办学"时期。1972年春，清华大学、北京大学试行的废除考试制度，"实行群众推荐，领导批准，学校复审相结合"招收学生的方法在全国大面积推广，南京大学自1966年以来停止了的招生工作恢复，开始招收工农兵学员。该年9月，中文系第一届工农兵学员三十人入学，学制三年，由工宣队负责人和本系教师杨咏祁、叶子铭组成教学领导小组。1973年，为开展"教育革命"，南大首届工农兵学员和教师们带着教学科研任务，到厂矿、公社、商店等单位进行"开门办学"。中文系72级学员赴淮阴地区"开门办学"，由叶子铭任组长，朱家维任副组长。师生分成六个教学小组，分别驻泗阳县棉花原种场、庄西大队、宿迁县纲要大队、皂和公社、晓甸公社，涟水县大飞大队，为期三月，教学内容为采访"农业学大寨"的先进经验和"农村阶级斗争"情况，每个学生以此为题材，创作一篇短篇小说。1974年，中文系72级学员到苏州东山镇"开门办学"，为期两个月，教学内容为评论《红楼梦》，并修改1973年"开门办学"创作的小说稿，结集为《红缨》，由江苏人民出版社出版。1975年3月至12月，根据1974年11月江苏省教育局会议要求各高校开办函授教育的指示，南京大学政治、中文、马列室、历史、物理、化学、地理、生物、气象等系分别在盐城、大丰、阜宁、射阳、东台、响水等区县设点举办短训班和函授班。同年4月23日，国务院批转教育部《关于推广朝阳农学院经验和有关政策问题的请示报告》，要求各类院校可根据不同情况进行"社来社去"试点，南大举办"社来社去"大文科，招收具有初中以上文化水平的本省县、社的在职人员，学制两年，学习内容包括中文、历史和政治等文科专业的基础知识，毕业后仍回原地区、原单位工作。

1974年2月,"批林批孔运动"开始,中文、历史等文科师生被派往各地宣讲"儒法斗争史",参加社会上的批林批孔运动。1975年2月,邓小平主持中央日常工作,进行全面整顿;11月,毛泽东发动了"批邓反击右倾翻案风"的运动。1976年1月8日,周恩来逝世。南大师生自发上街举行大规模追悼活动。中文系73级学生写信责问《文汇报》3月5日重新登载中央领导人学雷锋活动题词中,为什么不刊登周恩来总理的题词。《文汇报》的答复引起南大师生的强烈不满,在校园和市区、车站、码头张贴针对江青、张春桥和《文汇报》的标语,在全国造成巨大反响。4月5日,北京爆发"四五运动";9月9日,毛泽东逝世;10月6日,中共中央政治局逮捕江青、王洪文、张春桥、姚文元,结束了"文化大革命"。

八、复苏振兴（1977—1999）

　　1977年，南京大学进入拨乱反正、百废待兴的历史关头，而此时的中文系花果凋零，特别缺乏学科带头人，其学科地位不仅无法与东大、中大时期相比，即与兄弟院系相比，也无优势可言。但是中文系悠久的历史形成的学术传统不绝如缕，一批中大、金大培养的杰出校友和"文化大革命"前培养的优秀人才劫后余生，兴灭继绝。他们迅速调整理工作重心，把学科建设作为发展的目标；迅速引进和培养人才，把队伍建设作为发展的关键；迅速扭转1949年以来形成的以阶级斗争、人际矛盾为中心的思维模式，把师生员工的注意力转移到教学科研上来，把科学研究作为发展的重心，使得中文系跟上了中国改革开放的步伐，并迅速恢复到全国同类学科的前列。

　　1977年10月，国家恢复高考。12月，中文系录取了四年制本科新生五十名。1978年，国家恢复招收研究生。南大党委任命宣亚静担任中文系总支书记。刚刚复出的匡亚明校长大胆地聘请尚未有结论、属于中央专案组审查的"反革命分子"、著名戏剧家陈白尘担任中文系教授和主任。匡校长又了解到毕业于金大、被打成右派的武汉大学程千帆和张月超两位教授均处于被迫"自愿退休"状态，户口已迁入街道，他立刻向武汉大学商调，并派中文系副系主任叶子铭前往武汉与两位先生接洽。8月，程千帆、张月超调任南京大学教授。

　　中文系日常的教学与科研传统日渐恢复。1979年，由陈白尘主持的南大戏剧研究室成立，奠定了文学院戏剧影视艺术学科的基础；9月至12月，教育部委托南京大学举办全国高校训诂学师资培训班，由中文系洪诚、山东大学殷孟伦、南京师范学院徐复等教授讲授课程；11月，中文系邀请四川大学中文系主任杨明照教授作了两场关于《文心雕龙》的学术报告；中文系本科生创办了文艺刊物

《耕耘》和《蜜蜂》。

在匡亚明校长的呼吁下，中文系在南大一年级新生中开设"大学语文"课程。1980年，匡亚明校长与华东师范大学徐中玉教授共同倡议，在全国高校中重新开设"大学语文"课程。南京大学和华东师范大学联合发起，在上海成立了全国大学语文教学研究会，匡亚明校长担任名誉会长，徐中玉教授担任会长。1982年在南京召开了第一届年会，中文系侯镜昶、贾平年等参与编写《大学语文》教材。经教育部批准，中断三十三年的"大学语文"课程得以在中国高校中恢复。

1980年，叶子铭当选为中文系主任，他提出了大家的共识，即恢复、发扬50年代以来被历次政治运动破坏了的中文系优良传统与学风，团结一致，艰苦奋斗，走出低谷，实现中兴；整顿规范教学科研秩序，积极选聘和引进人才。继任的系主任郭维森（1983年）、董健（1986年）、许志英（1988年）和系党总支书记祁蔚（1983年）、朱家维（1985年）大力推进这一共识，中文系师生奋发图强，各项事业稳步发展，特别是学科体系得到完善，一些学科跃居全国领先地位，实现了国家首批博士学位授予点和国家重点学科的突破。

中国古代文学在程千帆、周勋初、郭维森等带头人的努力下，教学科研梯队、人才培养与学术研究工作得以建构发展，成为全国领先的学科。1981年，国务院第一次学位授予权专业评审中，中文系的中国古代文学、中国现代文学学科成为首批硕士学位授予点；中国古代文学学科成为首批博士学位授予点。1984年，戏剧学学科成全国高校第一个戏剧学博士学位授予点。1985年，中国现当代文学学科增列为博士学位授予点。1986年，中国古典文献学、汉语史专业增列为硕士学位授予点。1984年9月22日，中文系举行首次文学博士学位论文答辩，九位答辩委员一致通过程千帆担任导师、莫砺锋提交的博士学位论文《江西诗派研究》，建议授予文学博士学位，是为1949年以来中国大陆高等教育中第一位文学博士。1987年至1988年，国家教委组织专家对我国拥有博士学位授予权的一千多个学科、专业进行评审，从中遴选、确定首批416个国家重点学科。中文系古代文学教研组和古典文献研究所联合申报的中国国家古代文学学科被批准为国家重点学科，由程千帆、周勋初等担任学术带头人。

一批重要的国家级和校级研究机构相继成立。1982年，南京大学在中文系成立《全清词》编纂研究室，由程千帆领导，承担国家古籍规划与领导小组的工作项目。1983年,教育部批准南京大学建立古典文献研究所,程千帆任所长,1986年由周勋初接任。同年,南京大学在中文系成立中国现代文学研究室,由陈瘦竹主持。

队伍建设随着学科的发展而发展,人才继续引进,一些学术骨干和带头人在学校和全国学界担任职务,发挥影响。1984年,卞孝萱从扬州师范学院调入古典文献研究所,加强了古典文献学的学术力量。同年,叶子铭、周勋初被国务院特批为教授。1985年,叶子铭被聘为第二届国务院学科评议组成员。1988年,叶子铭被评为国家级"有突出贡献中青年专家"称号。1984年,南大研究生院成立,周勋初任副院长;1986年叶子铭继任。1988年,董健担任南京大学副校长。1979年,陈白尘当选为中国戏剧家协会副主席;1980年,当选为江苏省文联名誉主席;1983年,当选为第六届全国政协委员。1985年10月,中国话剧文学研究会成立,陈瘦竹当选为名誉会长。1988年,程千帆当选为唐代文学研究会会长。

国内外学术合作与交流的局面也逐渐形成。1981年,叶子铭应邀参加香港中文大学主办的中国现代文学学术研讨会。1982年8月至11月,陈白尘应美国衣阿华大学"国际写作计划"邀请,参加美国举办的第三期文学创作活动,作题为"古老而年青的中国戏剧"的学术报告。1985年5月,应程千帆之邀,加拿大皇家学院院士、著名古典文学家叶嘉莹教授来中文系讲学。1986年,莫砺锋获哈佛—燕京学社基金资助,赴哈佛大学燕京学社及东亚系担任访问学者一年,此后担任此职者有周维培(1994年)、程章灿(1995年)、张宏生(1996年)、徐兴无(2000年)、卞东波(2008年)等。同年,鲁国尧赴美国俄亥俄州参加国际汉藏语学术会议;董健赴俄彼得堡大学、莫斯科大学担任访问学者一年。1987年,杨正润赴美国堪萨斯大学英文系担任访问学者一年。

人才培养工作得到调整,教学质量提高,各种各类人才培养全面展开。1987年9月,中文系留学生教研室从中文系分出,与历史系留学生教研室合并,组建南京大学留学生部。1984年,受南京军区委托,中文系招收一届军队干部专科班,学制两年。1985年,受中共南京市委组织部委托,招收一届文秘干部专科班。1986年,经国家教委批准,中文系恢复新闻本科专业,首届学生从三年级语言文学专业中招收。1992年,新闻专业脱离中文系,成立南京大学新闻传播系。

1986年，教育部批准南大等高校的中文院系设立青年作家班，为一些已经获得专科学历、具备文学创作潜力与成就的青年提供进修机会，学制两年，颁发本科文凭。中文系作家班开办达28年之久，至2014年被南大校方中止，共招收了23届、900多名学生，为中国的文坛及其他各界提供了一批生力军。其中如著名作家赵本夫、储福金、朱苏进、邓海南、徐志耕、胡正言、春桃、车前子以及曾获鲁迅文学奖的娜夜、魏微等，也有一些成为知名学者、政府官员、企业家等。据不完全统计，作家班学生出版小说、诗歌、散文、纪实文学等各种各类著作达400余部，其中百余人取得了高级职称。目前担任省市级文联、作协负责人达10余人，近百人成为省市级作协专业作家或签约作家。

中文系恢复了活跃的课外学习生活，学生们意气风发，创作与研究活动丰富多彩。1982年3月5日，为纪念陈万里烈士，中文系召开"万里班"命名授旗大会，78级被命名为"万里班"。1983年，中文系学生影剧社公演了本科生胡菊彬、徐成忠创作的话剧《十斤粮票换双袜子》和苏联剧作家万米洛夫创作的话剧《和天使在一起的二十分钟》。1985年，中文系举办首届艺术节活动，内容涉及书画、影视、戏曲戏剧、歌舞等各个方面。1986年，中文系举办第二届艺术节，影剧社公演了莎士比亚的著名喜剧《驯悍记》。1987年，中文系《耕耘》丛书第二辑诗集《城墙与我们》印行问世，这是南京大学第一本铅印学生诗集。同年，中文系新闻专业和夜大新闻摄影班举办了"摄影习作展"。1983年2月至3月，中文系为全体本科生开设语言文学讲座，每周一次，由陈白尘、陈瘦竹、程千帆等老教授和学有专长的中年教师讲授中国古典文学、现当代文学、文艺理论及语言、修辞、书法等有关学术专题。1985年，高小方开始举办中国语言文学本科生暑期研究小组，坚持了20多年，为提升本科学生的论文写作水平、培养科研能力提供了扎实有效的训练。1986年，中文系研究生会举办读书会，每月活动一次。

从80年代开始，中文系不断开展一系列活动，庆祝学术带头人和老师教授的生日，纪念中文系学术前辈，研讨他们的学术思想，组织相关学科整理他们的著作，使优秀的学术传统和治学方法得到继承和光大。这些活动成了此后中文系和文学院重要的学术传统。1989年，南大召开陈瘦竹戏剧理论研讨会，庆贺陈瘦竹教授八十寿辰。1982年，南京大学古典文献研究所整理的《胡小石论文集》由上海古籍出版社出版；《续编》、《三编》分别由上海古籍出版社于1991年、1995年出版。1984年，中文系举办了"纪念方光焘先生逝世二十周年学术讨论会",成立方光焘教授学术思想研究中心。1985年,由程千帆主持,中文系举办了"黄侃先生逝世五十周年、诞辰一百周年学术讨论会"。同年,中文系召开由杨克平先生设立的黄侃学术奖首次颁奖大会。1986年,王希杰、卞觉非、方华编辑的《方光焘语言学论文集》由江苏教育出版社出版。1988年,南京大学古典文献研究所整理的《汪辟疆文集》由上海古籍出版社出版。1989年,《胡小石书法选集》由江苏美术出版社出版,全国人大常委会副委员长彭冲题写了书名。同年,"胡小石书法展"在南京十竹斋举办,吴白匋为书法展撰写了《前言》。

进入90年代,在系主任许志英、胡若定(1993年)、赵宪章(1995年)、系党总支书记朱家维(1993年连任)、吕效平(1997年)、姚松(1999年)的任期内,中文系的事业更上层楼,实现了跨越式发展。

随着南大事业的发展,中文系的办公条件和院系建制得到改善。1990年,中文系办公地点从原金大赛珍珠旧居(今赛珍珠纪念馆)和西南楼二楼一部分迁至新建的文科楼,办公空间扩大。南京大学古典文献研究所也随之迁入,人员和配置增加。1997年,由程章灿接任所长。1992年,南大成立文学院,由董健任院长,这是在中文、历史、哲学三个系的基础上成立的虚体学院,为实现文科资源共享和学科整合创造了条件。

中文系的学科地位进一步提升,进入了国家重点建设的学科行列。1991年、1996年,汉语史、文艺学学科相继成为博士学位授予点。1998年,经国务院学位委员会批准,中文系成为国家首批"博士学位授予权一级学科点"。1994年,国家教委通过南大申请进入"211工程"一期建设单位,中国语言文学学科被南大确定为重点支持的学科群点。

中国现当代文学学科和戏剧影视学科在叶子铭、许志英、董健等学术带头人的领导下发展迅速,1991年,南大在中文系成立"南京大学中国现当代文学研究所"。1990年,南大在中文系成立"南京大学戏剧影视研究所"。1994年,中国现当代文学专业入选江苏省重点学科。1999年10月,南京大学成立"中国现代文学研究中心",并通过国家教育部验收,成为教育部人文社会科学百所重点研究基地之一。

语言学学科在鲁国尧、王希杰、柳士镇、李开等学术骨干的努力下,在汉语史、音韵学、修辞学、语言学理论和应用语言学等方面形成了强劲的学科优势。文艺学学科也形成了包忠文、赵宪章、周宪等在学界颇具影响力的学术力量。

比较文学与世界文学学科在钱林森、杨正润等学术骨干的带领下形成学科团队，1997年，中文系和外国语学院联合举行"南京大学比较文学与比较文化研究所"授牌、聘任兼职教授会，聘请北京大学汤一介教授、乐黛云教授、华东师范大学王元化教授、欧洲跨文化研究院院长李比雄教授、法国巴黎大学比较文学首席教授谢福来等为研究所兼职教授。

学术带头人队伍进一步扩大，学术和社会影响力上升。1991年，鲁国尧教授入选全国哲学社会科学学科评议组成员。1991年，程千帆、陈白尘、周勋初、叶子铭享受国家人事部颁发的首批政府特殊津贴。1993年，卞孝萱当选为中国民主建国会六届中央委员。1999年周勋初出任江苏省文史研究馆馆长，原馆长程千帆改任名誉馆长。同年12月30日，中文系举行首届优秀学科带头人颁奖仪式，蒋树声校长、洪银兴副校长到会讲话，并为程千帆、叶子铭、周勋初、董健四位教授颁奖。

中青年学术骨干队伍初具规模。1991年，中宣部、国家人事部、国家教委、国务院学位委员会联合举行表彰大会，表彰全国1000多名有突出贡献的博士、硕士、留学回国人员和优秀大学毕业生。中文系莫砺锋、朱栋霖荣获"有突出贡献的中国博士、硕士称号"。胡星亮（1999年）、张伯伟（2000年）、朱寿桐（2000年）相继入选教育部"跨世纪优秀人才培养计划"。

科研水平整体提升，承担了一批具有学科和社会影响的大型项目，科研成果受到学界的瞩目。1990年，国务院正式批准任继愈担任主编的《中华大典》编纂工作，列为国家级重点古籍整理项目，这是新中国成立以来最大的文化工程之一。南大中文系程千帆担任副主编及《文学典》主编；卞孝萱担任编委及《隋唐五代文学分典》主编；张伯伟担任《文学理论分典》主编。1992年，吴新雷担任南京大学中国思想家研究中心主任。该中心于1986年成立，主要承担匡亚明主编《中国思想评传丛书》的编纂工作。1996年，国家古籍整理出版规划小组、中共江苏省委宣传部和南京大学在北京人民大会堂举行了匡亚明主编《中国思想评传丛书》新闻发布会。该《丛书》由中文系程千帆任顾问，周勋初任终审小组成员。卞孝萱、巩本栋、周勋初任副主编。2006年，南大召开"《中国思想家评传丛书》整体出版暨纪念匡亚明100周年诞辰学术研讨会"。《丛书》共200部，中文系教师撰写了其中15部。

1991年，陈白尘、董健编著的《中国现代戏剧史稿》荣获江苏省第三届哲学社会科优秀成果奖一等奖。1992年,周勋初《唐语林校证》获国家古籍整理图书奖。1994年,程千帆、吴新雷著《两宋文学史》获江苏省第四届哲学社会科学成果一等奖。1995年,张伯伟编选的《程千帆诗论选集》荣获国家教委人文社科优秀成果奖一等奖。1997年,杨正润《传记文学史纲》获江苏省第五届哲学社会科学优秀成果奖一等奖。

国内外学术合作与交流进一步扩大,出境参加各类国际学术会议和讲学人次年均达十多次。比如1994年8月至11月,周勋初受日本文部省特邀,赴日本国立奈良女子大学讲学,期间曾前往京都大学、大阪市立大学作学术讲演,并参加了日本中国学会年会。1997年,钱林森教授应欧洲跨文化研究院和法国人类进步基金会邀请,赴法国巴黎参加中欧学者和出版家会议。1993年,台湾作家白先勇访问中文系,与陈白尘、吴白匋会晤。同年,美国加州大学柏克莱分校东方语言学系讲座教授、台湾"中央研究院"院士丁邦新应邀来南大作学术演讲。1997年,以美国内布拉斯卡大学艺术表演学院院长理查德·德士特教授为团长的美国戏剧教育代表团访问了中文系戏剧影视研究所。

从90年代起,中文系各专业开始主办国内和国际会议,主导国际学术合作与交流。1990年,中文系与古典文献研究所联合举办"唐代文学国际学术讨论会"。1993年,中文系主办"海峡两岸文学研究新趋势"研讨会。1995年,中文系与古典文献研究所联合举办"魏晋南北朝文学国际学术研讨会"。1996年,江苏省比较文学学会、南大比较文学与比较文化研究所与欧洲跨文化研究所、人类进步基金举办"文化:中西对话中的差异与共存"国际学术讨论会,中文系钱林森担任会议组委会中方主席。1998年,中文系与古典文献研究所联合主办"第四届国际辞赋学学术研讨会"。

1992年,中文系创办学术集刊《文学研究》,由南京大学出版社出版,至1997年出版5辑。1998年,与中国社会科学院《文学评论》编辑部联合编辑《文学评论丛刊》,共编辑15卷30期,至2014年结束。

人才培养的规模扩大,成果丰硕。1992年,国家教委确定南京大学中文系为"国家文科人才培养和科学研究基地"试点单位。1995年,被国家教委批准为第一批基地;1998年,被评为优秀基地。1996年,南京大学设立哲学人文科学教学强化班,首届文科强化班从中文、历史、哲学三系的一年级学生中选拔,挂靠中文系,中文系张伯伟出任基地主任。同年,张伯伟出任南京大学基础教育学院院长。1992年,陈白尘、董健主编《中国现代戏剧史稿》荣获第二届全国高校优秀教材奖特等奖。1996年,程千帆、徐有富著《校雠广义·版本编》荣获国家教委第三届优秀教材一等奖。

为激励本科学生的学习,中文系开始设立和争取奖学金,并大力开展和组织课外教学、科研和文艺创作活动。1992年,在庆祝南京大学建校九十周年之际,中文系颁发了沈祖棻奖学金、黄侃奖学金和胡小石奖学金。1991年,中文系和江苏省昆剧院联合组织昆剧教学观摩演出,特邀著名昆剧演员张寄蝶、张继青演出《打虎游街》、《琴挑》、《游殿》、《游园惊梦》四场精彩剧目。1998年,在南京大学浦口校区举办"田汉百年话剧周暨第一届校园话剧研讨会",并与江苏人民艺术剧院联合举办"田汉诞辰100周年纪念演出",上演96级本科生自编自导的话剧《面具》和田汉创作的《咖啡店之一夜》、《潇潇春雨》等。1996年,中文系古代文学学科师生成立读书研讨会"素心会"。1999年,中文系编辑《南京大学中文系本科学生作品选集(1978—1998)》、《南京大学中文系本科学生论文选集(1978—1998)》,由南京大学出版社出版。

中文系的学生在全国性的文体竞赛中创造了佳绩。1993年,全国高校首届"研究生杯"乒乓球赛在合肥中国科技大学举行,南大研究生代表队队员,中文系教师、在职研究生周欣展荣获男子单打冠军。1995年,第二届国际大专辩论赛在北京举行,南京大学队荣获冠军,中文系一年级硕士研究生杨蔚担任第四辩手。

中文系率先开拓中文国际教育。1996年,中文系主办韩国蔚山大学汉语班。2000年以后,相继举办美国圣芭芭拉大学汉语班、韩国公州大学汉语班、韩国高丽大学汉语班等。1997年,经国家教育部和国务院学位委员会批准,中文系在新加坡创办中文硕士学位研究生班,成为中国大陆高校第一批开展海外中文高学历教育的中文院系。

中文系的优秀学术传统进一步受到各学科的重视。1992年,21日,"程千帆先生八十寿辰庆祝会"在中美文化中心召开。名誉校长匡亚明、校党委书记韩星臣、全国高校古籍整理研究工作委会副主任安平秋等到场致辞。1990年,中文系和古典文献研究所联合举办"胡小石、陈中凡、汪辟疆三教授百年诞辰学术纪念会",研究所刊物《古典文献研究》出版纪念专号。1991年,中文系和中国艺术研究院话剧研究所、中国戏剧家协会创作委员会、中国话剧文学学会、浙江大学中文系、中国戏剧出版社联合在北京主办"陈瘦竹戏剧理论学术研讨会",大会由叶子铭主持。1993年,《陈中凡论文集》由上海古籍出版社出版。1995年,中文系主办"陈白尘逝世周年纪念会暨中国话剧研究会第六届年会"。同年,戏剧研究所还举办了"国立剧专六十年史料图片集成展",纪念中国第一所戏剧学院——国立戏剧专科学校成立六十周年。1996年,中文系举办"《黄景欣语言研究论文集》首发式暨学术研讨会",颁发了由林格力先生设立的"黄景欣奖教金"。1997年,香港环宇企业公司董事长杨克平先生向中文系捐款人民币十万元,设立"黄侃——杨克平"奖教金,南大授予杨克平先生顾问教授荣誉称号。1998年,江苏省文联、省作协和南京大学联合举办"方光焘、黄淬伯教授百年诞辰纪念暨学术研讨会"。黄淬伯之子黄东迈教授向中文系捐赠了黄淬伯珍藏的《陈仲甫先生论韵遗墨》。1999年,南大隆重举行"陈瘦竹诞辰90周年纪念会暨《陈瘦竹戏剧论集》首发式"。

九、风华正茂(2000—2014)

进入21世纪以来,南京大学向着建设世界高水平大学的目标迈进,中文系和文学院始终走在南大人文学科和全国中文学科的前列。2014年,文学院迎来了百岁华诞,将开启更加美好的新纪元。

从2000年至2007年,赵宪章(2000年连任)、周宪(2002年)、莫砺锋(2004年)、丁帆(2005年)相继担任系主任,姚松担任系党总支书记。2007年6月5日,南大撤销原来的虚体文学院,在中文系的基础上重新成立文学院,下设文学系、语言学系、文献学系、戏剧影视系、国际教育部、大学语文部;拥有中国语言文学、戏剧影视学、艺术学理论三个一级学科。由丁帆(2007年)、徐兴无(2012年)相继担任院长,姚松(2007年)担任院党委书记。2011年,南大成立艺术学院,挂靠文学院。2013年,南大撤销艺术学院,与南大艺术中心合并,成立南京大学艺术研究院。

十四年来,中文系和文学院的工作环境与教学、研究条件得到大幅度的改善,为今后的事业奠定了新的基础。2002年,中文系行政办公用房装修改造,中文系图书馆完善了"线装书库"、"文革书库"和"30年代书库"等特藏书库的建设。2009年,南京大学仙林校区建成启用。2012年,仙林校区杨宗义楼落成,文学院从鼓楼校区迁入办公。新的办公楼环境优美,每位教师都拥有自己的办公室,院图书馆得以扩大,各类特藏书库以及古典文献研究所、域外汉籍研究所、《全清词》编纂室的图书资料均获得了宽裕的收藏空间。

十四年来,中文系和文学院的学科地位不断上升,成为全国中文学科的学术重镇,在国内外享有高度的学术声誉。2002年,南大28个学科在新一轮全国高校学科评估中被评为重点学科,中文系的中国古代文学、中国现当代文学、汉语言文字学三个学科入选,居南大文科院系首位。2001年,戏剧学科被评为江苏省重点学科。2006年,教育部重新评估并新增国家重点学科,中国古代文学、中国现当代文学、汉语言文字学被重新评定,并新增了文艺学学科,重点学科数位居全国中文学科第二。2008年,教育部公布首批国家一级重点学科,文学院的中国语言文学学科成为南大和江苏省高校唯一入选的人文学科。2011年,文学院的艺术学理论学科和戏剧与影视学学科入选江苏省一级重点学科。

在国家"211"工程、"985"工程以及江苏省优势学科建设过程中,中文系和文学院均以优异的成绩、丰硕的成果被列入建设单位,通过各建设时期的结项评审。2002年,中国语言文学学科列入南京大学"211工程"二期"重点学科建设项目"。2008年,文学院"中国语言文学与民族文化复兴"列入南京大学"211工程"三期重点学科建设项目。2004年,中文系、外国语学院、社会学系"汉语言文学与民族认同"哲学社会科学创新基地被教育部批准为"985工程"二期建设项目。2010年,文学院"中国语言文学与国际汉学"列入南京大学"985工程"三期建设"高水平学科引领式发展计划"建设项目。2010年,中国语言文学学科入选"江苏高校优势学科建设工程一期项目"立项学科。2014年,中国语言文学学科入选"江苏省高校优势学科建设工程二期项目"立项学科。

十四年来,教育部百所人文科社科研究基地"中国现代文学研究中心"和南京大学古典文献研究所作为国家级的研究基地,对文学院的学术研究水平的提高、学术方向的凝练、学科交叉与融合起到了巨大的支持和引领作用。2010年,"中国现代文学研究中心"更名为"新文学研究中心"。随着学术研究的拓展与深入,国际学术交流与合作的扩大,文学院各学科不断探索新的学科增长点,建成了一系列跨学科和国际化的学术平台,引领文学院的学术创新。2003年,中文系成立国内首家社会语言学实验室;2007年,成为校级实验室;在此基础上成立了教育部与南京大学共建的"中国语言战略研究中心"。2000年,南大成立"域外汉籍研究所",由张伯伟任所长,在中国率先开辟了东亚汉籍与东亚文明的研究。在这一新学科增长点的基础上,整合南大"新文学中心"海外华文文学研究和中国现代文学与东亚文明等研究方向,建立"2011协同创新中心"。2013年,以南京大学为牵头单位,以文学院为基础,与中国社会科学院文学研究所、外国文学研究所,台湾大学,日本京都大学、东京大学,韩国高丽大学,美国哈佛大学等相关单位采取校所、校校融合的模式,成立了"中国文学与东亚文明协同创新中心"。2014年入选江苏省第二批2011协同创新计划。

十四年来,文学院的国家级学术领军人才不断涌现,形成了国内中文学科中一流的师资与科研团队。程章灿(2008年)、周宪(2012年)、沈阳(2012年)、吴俊(2013年)四人相继受聘为教育部"长江学者奖励计划"特聘教授。程章灿(2004年)、汪维辉(2004年)、张光芒(2005年)、马清华(2006年)、解玉峰(2008年)、汪正龙(2009年)、苗怀明(2011年)、董晓(2013年)等相继入选教育部"新世纪优秀人才支持计划"。黄发有(2007年)、程章灿(2013年)等相继入选人事部、教育部"新世纪百千万人才工程"。2003年、2009年,丁帆连任国务院学位委员会第五届、第六届中国语言文学学科评议成员。2004年,莫砺锋被聘为教育部社会科学委员会委员。2014年5月20日,南大举行建校112周年庆祝大会,文学院莫砺锋被授予"南京大学人文社会科学资深教授"称号;周勋初、董健被授予"南京大学人文社会科学名誉资深教授"称号。

十四年来,文学院大力引进、延聘优秀人才,充实学科队伍,争取社会协作。先后引进王杰、高小康、沈卫威、黄发有、吴俊、徐大明、张玉来、沈阳等一批学术骨干。2012年,美国威斯康星大学麦迪逊校区语言学系教授李亚非受聘担任南京大学潘思源讲座教授,担任文学院语言学及应用语言学的教学和科研工作。2013年,著名作家、茅盾文学奖获得者毕飞宇担任南京大学特聘教授,在文学院成立工作室。此外还聘请了《人民文学》主编施战军、江苏省文化厅厅长徐耀新、苏州科技大学杨军教授等担任兼职教授。文学院在2013年、2014年连续被评为南京大学人才工作先进单位。

十四年来,文学院学术交流水平和国际化程度大幅提高,国内外知名学者频繁来文学院讲学。其中包括全国人大常委会副委员长、北京师范大学教授许嘉璐(2002年);杰出校友、华东师范大学两位教授徐中玉和钱谷融(2002年);中国社会科学院语言研究所研究员曹剑芬(2002年);著名作家莫言(2002年);加拿大皇家学会院士、南开大学古典文化研究所所长叶嘉莹(2003年);台湾作家白先勇(2004年);日本京都大学文学研究科教授、校友平田昌司(2004年);报告文学作家、校友吴春桃(2004年);南开大学副校长陈洪(2007年);美国哈佛大学东亚系讲座教授宇文所安(2008年);德国汉学家、波恩大学汉学系主任沃尔夫冈·顾彬(2009年);美国梅森大学艺术学院戏剧系主任肯·艾尔斯顿(2009年);日本东京大学教授藤井省三(2010年);日本京都大学文学部教授兴膑宏(2010年);美国哈佛大学东亚系教授、系主任王德威(2010年);美国加州大学伯克利分校讲座教授、台湾"中央研究院"院士丁邦新(2011年);杰出校友、著名作家叶兆言(2012年);台湾大学人文社会高等研究院院长黄俊杰(2012年);日本中国语言学会会长、金泽大学教授岩田礼(2012年),等等。

出境访学和讲学的人次逐年增加,比较重要的有2001年程章灿赴英国担任牛津大学访问学者一年;同年莫砺锋教授赴台湾"清华大学"讲学;2008年莫砺锋赴台湾政治大学担任2008年度"王梦鸥教授学术讲座"等。

十四年中,文学院各学科举办了近二十场国际学术会议,形成了国际学术交流的平台。比较重要的有2000年"明清文学与性别国际学术研讨会";2001年"中国现代文学传统国际研讨会";2002年"中国比较文学学会第七届年会暨国际学术研讨会"、"第二届宋代文学国际学术研讨会";2004年"中国古代文学文献国际学术研讨会";2006年"中国文学与文化认同国际学术研讨会"、"中国音韵学研究会第十届学术讨论会暨汉语语音学第九届国际学术研讨会"、"两岸三地人文社会科学论坛"首届论坛"中国文学与文化的传统及变革"学术研讨会;2007年"域外汉籍研究国际学术研讨会";2008年"'聚焦女性':性别与华语电影国际学术研讨会";2009年"中国当代文学:六十年的回顾与反思"国际学术研讨会、国际人类学与民族学联合会第16届大会"语言、城市化和民族认同"专题会议;2010年"契诃夫与中国:纪念契诃夫诞辰150周年国际学术研讨会"、"文学与形式国际学术研讨会暨中国文艺理论学会年会";2011年"江苏及周边地区方言国际学术研讨会暨《江苏方言研究丛书》首发式";2012年"少数民族语言保护与经济社会发展国际学术研讨会";2012年"第二届中国地理语言学国际学术研讨会";2013年"经学与中国文献文化国际学术研讨会",等等。

从2008年至2012年,文学院创办或主办的学术刊物近二十种,其中《文学评论丛刊》、《古典文献研究》、《中国诗学》、《跨文化对话》、《域外汉籍研究集刊》、《南大戏剧论丛》等被列入"中文社会科学引文索引"(CSSCI)来源集刊,产生了较大的学术影响。

十四年来,文学院承担各类国家和省部级科研项目上百项,由于学科团队力量的加强,承担国家级和教育部重大科研目的能力得到提高。程章灿领衔的"中国古代文献文化史"(2010年)、丁帆领衔的"中国现当代文学制度史"(2011年)、顾黔领衔的"汉语方言自然口语变异有声数据库建设"(2012年)、沈阳领衔的"新时期语言文字动态规范研究"(2012年)相继竞获国家哲学社会科学重大招标项目。董健领衔的"现代启蒙思潮与百年中国文学"(2005年)、莫砺锋领衔的"中国古代文学艺术与现代中国社会"(2006年)、吴俊领衔的"中国当代文学批评史"(2006年)、周宪领衔的"当代中国社会转型中的视觉文化研究"(2012年)相继竞获教育部人文社会科学重大课题攻关项目。此外还承担了一批具有重大社会文化影响的项目,如全国高校古委会重点项目、国家出版重点资助项目《全唐五代诗》、《全清词》以及文化部《清史·散文志》、中华书局二十四史整理项目《新唐书》点校等。

十四年来,产生了一系列具有高显示度的学术成果,受到省部级和国家级的学术奖励。2006年,董健主编的《中国现代戏剧总目提要》荣获教育部第四届(2006年)中国高校人文社会科学研究优秀成果二等奖;2013年,丁帆《关于建构百年文学史的几点意见和设想》、胡星亮《当代中外比较戏剧史论》荣获教育部颁发的第六届高等学校人文社会科学研究优秀成果二等奖;2009年,汪维辉《〈齐民要术〉词汇语法研究》、许惟贤《〈说文解字注〉整理本》、张伯伟《论唐代的规范诗学》、周宪《审美现代性批判》荣获教育部第五届中国高校人文社会科学研究优秀成果二等奖。

2001年,柳士镇等《中外母语教材比较研究》、高国藩《中国巫术史》获第七届江苏省哲学社会科学优秀成果奖一等奖;2004年,丁帆《中国新时期小说主潮》获江苏省第八届哲学社会科学优秀成果奖一等奖;2005年,丁帆《中国西部现代文学史》、鲁国尧《鲁国尧语言学论文集》荣获江苏省第九届哲学社会科学优秀成果一等奖;2007年,周宪《审美现代性批判》获江苏省第十届哲学社会科学优秀成果一等奖。2011年,周勋初主编《册府元龟(校订本)》、董健等《中国当代戏剧史稿》、胡星亮《当代中外比较戏剧史论》荣获江苏省第十一届哲学社会科学优秀成果一等奖。2012年,吴俊、王彬彬编写的《中国现当代文学期刊目录新编》(上、中、下)荣获江苏省第十二届哲学社会科学优秀成果一等奖。2000年,董健指导、周宪撰写的博士学位论文《布莱希特与中国当代戏剧》荣获全国优秀博士论文。

2002年,卞孝萱主编《中华大典·文学典·隋唐五代文学分典》获第三届全国古籍整理图书一等奖。2003年,《全清词·顺康卷》荣获第六届国家图书奖正式奖。2007年,周勋初主编《册府元龟(校订本)》荣获首届中国出版政府奖(图书奖）。2013年，周勋初撰作、主编古籍整理成果三种[《唐钞〈文选集注〉汇存》、《唐语林校证》、《册府元龟（校订本）》]、钱南扬校点《汤显祖戏曲集》入选国家新闻出版广电总局、全国古籍整理出版规划领导小组"首届全国优秀古籍整理成果"。莫砺锋（2012年）、赵宪章（2012年）、丁帆（2014年）荣获南京大学人文基金人文社科贡献奖。2014年2月16日，根据毕飞宇小说《推拿》改编同名电影获第64届柏林国际电影节（Berlin International Film Festival）最佳艺术贡献银熊奖。

十四年来，人才培养的专业种类增加，专业地位提高，经过长期的教学改革，形成了独特的培养模式和方法。2004年，中文系新设戏剧影视文学本科专业，2009年，教育部批准作为艺术类招生。2007年，中国语言文学一级学科被教育部评为"一类特色专业建设点"。2008年，中国语言文学一级学科入选教育部"人才培养创新实验区"。

2000年以来，中国古代文学、中国现代文学、大学语文等课程陆续被列入国家精品课程。2008年，莫砺锋领衔的"中国古代文学"教学团队成为国家级教学团队。2001年，由赵宪章主持，姚松、汪维辉、张建勤、周欣展等参加的"中文学科人才培养模式研究"项目成果获得国家级教学成果奖一等奖。2014年，由丁帆主持，徐兴无、武秀成、董晓、刘重喜参加的"研究型大学中文专业本科低年级学生创新意识培养途径实践"项目成果获得国家教学成果奖一等奖。

在研究生培养方面，从2005年起，中文系经常举办暑期学校或承办教育部博士生学术论坛，拓展研究生的学术交流能力。2005年首次举办"暑期学校"，邀请了欧美高校12位学者开设"国际汉学前沿"系列讲座。2013年，古典文献研究所承办了教育部研究生暑期学校项目"文献学暑期学校"。2009年，文学院举办了教育部博士生论坛项目"中国语言文学与社会文化"研究生国际学术研讨会，两岸三地，韩国、日本、新加坡、英国等国共计33所高校的173位研究生、37位领队老师参加了会议。2012年，文学院举办了教育部博士生论坛项目"东亚文明视野中的中国文学"博士生国际学术论坛，两岸三地及日本、韩国27所高校92位师生与会。2011年，南京大学古典文献研究所承办了全国高校古籍整理研究工作委员会的"中国典籍与文化：古委会第三届青年学者学术研讨会"。2001年，中文系《研究生学刊》创刊。

学生的国际交流、联合培养局面形成，从2007年开始，文学院每年都推荐近十名博士生或本科生申请国家留学基金委项目赴国外联合培养或攻读学位。文学院与台湾大学、台湾政治大学、香港浸会大学、美国宾夕法尼亚州立大学等境外高校的中文系、东亚系签署了学生交换协议。

海外办学进一步拓展提升。2001年,中文系在马来西亚槟城韩江学院创办中国语言文学硕士班。2009年,经教育部批准,文学院与新加坡新跃大学合作,招收中国古代文学、中国现代文学和汉语言文字学三个方向的博士研究生,授予南京大学的博士学位。

本科生的创作十分活跃,在各类竞赛中荣获佳誉。2000年,中文系本科生孙歌《我想把日子得简单一点》荣获"新世纪全球华人青年文学奖"一等优秀奖。2008年,本科生胡妍妍获得第四届新纪元全球青年华文文学小说组冠军和散文组一等奖。2006年,解玉峰等组织学生发起成立南京大学昆曲研习社。2010年,程章灿、冯乾等组织学生发起成立诗社"游社"。

戏剧创作与演出是中文系和文学院文学艺术教育的重要传统,这一传统不断得到发扬光大,产生了全国乃至国际影响,为南大的校园文建设和人文精神的培育作出了巨大贡献。2002年,中文系本科生文化节,上演了本科生自编自导的话剧《伊雷娜》、《小王子》、《自习少女》和《伤逝》;校庆一百周年期间,上演了《第十二夜》以及戏剧影视研究所师生改编的话剧《罗密欧还是奥赛罗》。2006年,中文系戏剧影视专业上演话剧《〈人民公敌〉事件》以纪念易卜生逝世一百周年。2010年南京大学艺术硕士班为"契诃夫与中国:纪念契诃夫诞辰150周年国际学术研讨会"上演了契诃夫话剧《海鸥》。

2012年5月15日,由文学院2009级戏剧影视文学专业本科生温方伊创作、吕效平导演、南京大学文学院艺术硕士剧团演出的话剧《蒋公的面子》在南京大学鼓楼校区礼堂首演,向校庆110周年献礼。此后在校园内外久演不衰达一百多场,社会反响热烈。2013年9月8日,《人民文学》社、省作协共同举办的首届"紫金·人民文学之星·文学奖"颁奖典礼在仙林校区举行。文学院2013级硕士研究生温方伊获戏剧奖。2013年11月至12月,话剧《蒋公的面子》赴美国旧金山、洛杉矶、波士顿、纽约、华盛顿等十个城市演出。2013年,文学院艺术硕士剧团被授予"南京大学校园文化十大品牌"荣誉称号。

文学院的师生关心我国的改革开放事业,具有强烈的社会责任心和奉献精神,积极响应国家支援边疆地区文化教育的号召。2000年以来,先后有四十多位教师和本科生报名参加教育部西部支教工作,足迹涉及新疆伊犁、昌集,西藏拉萨,云南建水、楚雄,宁夏隆德,陕西西安、扶风、商洛、华阴等地。

十四年来,文学院通过祝寿、纪念、校庆、院庆等一系列活动,自觉继承、阐发百年以来的学术传统,学习前辈学人的道德文章和治学风范。

2003年,中文系举办庆贺卞孝萱教授八十寿诞暨"文史互证的现代学术意义"学术研讨会。2008年,文学院举行周勋初先生八秩华诞庆典暨学术思想研讨会,出版《庆祝周勋初先生八秩华诞论文集》。2000年,莫砺锋主编《程千帆全集》十五卷本由河北教育出版社出版;同年,中文系召开"程千帆先生学术思想研讨会"。2001年,吴新雷整理的陈中凡所藏书信集《清晖山馆友声集》由江苏古籍出版社影印出版;同年,由程千帆审阅,唐文、许惟贤、王庆元、吴永坤整理的《黄侃日记》由江苏教育出版社出版。2002年南大百年校庆期间,赵宪章主编《南京大学百年学术精品·中国语言文学卷》由南京大学出版社出版;中文系举办了"薪火积传:南京大学中文系学术传统系列讲座"。2004年8月,中文系召开庆祝建系九十周年大会,王伯沆先生之女、周法高先生夫人王绵女士向中文系捐赠李瑞清、胡小石、汪东等前辈学人的书画作品。系庆期间,出版了莫砺锋主编《薪火九秩——南京大学中文系九十周年系庆纪念文集》、《南京大学中文系九十周年系庆论文集》等纪念文献。陶芸编、程千帆撰《闲堂书简》也在同年整理出版。2006年,南京大学编《别梦依稀:叶子铭教授纪念集》出版。2008年,"南雍学术经典"丛书由南京大学出版社陆续出版,首批编辑出版的文学院名家论著有周勋初编《胡小石文史论集》、滕志贤编《新辑黄侃学术论文集》、解玉峰编《吴梅词曲论著集》;此后又有苗怀明整理《王伯沆批校红楼梦》(2010)、张亚权编《汪辟疆诗学论集》(2011)等出版。2009年,文学院举行纪念陈瘦竹先生诞辰100周年暨戏剧理论与现代戏剧发展学术研讨会。2010年,文学院举行"鲍明炜先生纪念会";同年,《卞孝萱文集》(全七册)由江苏凤凰出版社出版。2013年,文学院举行"程千帆先生百年诞辰纪念暨程千帆学术思想研讨会"、"百年千帆系列学术讲座",出版了一系列纪念文献,如陶芸编《闲堂书简(增订本)》、莫砺锋编《程千帆先生百年诞辰纪念文集》、徐有富著《程千帆沈祖棻年谱长编》、徐兴无编《程千帆书法选集》、周欣展著《千帆诗学与中国哲学》、程丽则编《千帆身影》等。

海内外校友的联系更加广泛,由过去以学术界为重心延展到社会各界的杰出校友,增强了师生和校友对南京大学的认同感,积极争取了社会资源,洪流细涓,皆为哺乳。2002年,《时尚》杂志社总编、1982级系友吴泓向中文系捐资人民币50万元,并在中文系资料室设立"《时尚》资料室";2003年被聘为南京大学"顾问教授"。2005年,香港某系友每年捐设程千帆奖学金美金1000元,在中国古代文学和古典文献学研究生中评选颁发。在本科生中设立的奖学金、助学金有:2010年,南京大学校董王绎绚先生出资人民币100万元,设立的"南京大学王诗云教育基金";同年,时尚传媒集团捐赠人民币2.5万元设立的"南京大学时尚奖学金";2011年,校友陆艳捐资人民币10万元设立的"明仁奖学金";2013年,时尚传媒集团、美国国际数据集团(IDG)和美国赫斯特集团(Hearst Corporation)共同捐资人民币99万元设立的"吴泓奖学金"等。

从2003年起,中文系、文学院组织本科生于清明节祭扫先师前贤和革命烈士墓地。2014年,文学院筹备百年院庆工作,将清明祭扫定为首次院庆活动,4月1日,文学院师生赴南京市郊祭扫李瑞清、汪辟疆、胡小石、方光焘、陈中凡等先生和革命烈士陈万里的茔墓,敬献鲜花、宣读祭文,辞曰:

  大江东去,百年沧桑。南雍乔木,华茂芬芳。先贤烈士,勋业辉煌。薪火相续,源远流长。
  近代以来,家国多难。秦火狼烟,学运驰舛。君子明夷,道义为担。斯文是守,不易不慢。
  世纪变迁,民族复兴。诚朴雄伟,励学敦行。勇猛精进,阐幽发明。继承遗志,事业日新。
  钟山峨峨,仰止流连。典型永在,瞻之于前。值此清明,馨香以献,春兰秋菊,终古无绝。

编 年

序論

凡 例

1. 本编年先述南京大学源流沿革,次及院史。

2. 院史编年先简述相关国家大事、大学要事,以示一系一院之史与学校、国家演进之史息息相关之意旨。

3. 自1921年至1952年每年所系诸事,先列中央大学中国文学系,后列金陵大学中国文学系;其中八年抗战期间,先中央大学、金陵大学,后南京中央大学。

4. 民国时期史实尽可能采录,欲藉此保存文献;改革开放以来史实主要依据院系档案、学校年鉴。

5. 为求行文简洁,本院教职人员皆未用敬称,亦未用主任、副主任、书记、副书记、教授、副教授、老师之类的称呼。

1902—1913

1954年6月16日,南京大学校务委员会通过决议,确定南京大学校史自三江师范学堂建立之初算起。据此,南京大学的历史,先后经三江师范学堂(1902年)、两江师范学堂(1906年)、南京高等师范学校(1914年)、国立东南大学(1921年)、第四中山大学(1927年)、江苏大学(1927年)、国立中央大学(1928年)诸时期,至1949年定名为国立南京大学,1950年10月10日改定为南京大学。

南京大学的另一源头金陵大学,起源于1888年美国基督教会创办的汇文书院。1910年发展为金陵大学堂,1951年金陵女子文理学院并入,改为公立金陵大学,由中国政府接办。1952年,金陵大学的文、理学院并入南京大学。

1902年(光绪二十八年),两江总督刘坤一(字岘庄,1830—1902)倡议兴办师范学堂,同年,由其接任者张之洞继续筹办。

1903年2月,张之洞(字孝达,1837—1909)正式奏请清廷创设三江师范学堂,3月举行开学典礼。

1903年,柳诒徵(字翼谋,1880—1956)受聘为三江师范学堂历史科教习。

1904年1月,清廷颁布《奏定学堂章程》,史称"癸卯学制",设置优级师范学堂作为高等教育。

1906年,三江师范学堂更名为两江优级师范学堂,停办初级师范。李瑞清(字仲麟,号梅庵,1867—1920)出任两江师范学堂监督。三江师范时期的本科、两江师范的公共科均设经学、历史、中国文学等课程。

1906年9月,胡翔冬(名俊,1884—1940)考入两江优级师范学堂预科,1908年毕业后东渡日本,入早稻田大学学习农学博物分类科,宣统二年(1910年)学成归国,被李瑞清聘为两江师范学堂教习。

1906年9月,胡小石(名光炜,字小石,以字行,1888—1962)考取两江优级师范学堂预科,翌年插班进入农学博物科,1909年毕业。

1908年,柳诒徵受聘为两江师范学堂历史科教习。

王瀣(字伯沆,1871—1944)受聘为两江师范学堂文科教习。

1908年,刘师培(字申叔,1884—1919)入两江总督端方幕,兼任两江师范学堂教习。

1910年2月,陈中凡(原名钟凡,字斠玄,1888—1981)考入两江师范学堂优级师范公共科。毕业后又考取北京大学哲学系。

1911年辛亥革命爆发,两江师范学堂解散。陈其美沪军一度占领学堂校区,烧毁建筑物多所。

1912年全国临时教育会议通过《划分高等师范学区案》,拟在全国划分六个高等师范学区,以北京、南京、武昌、广州、成都、沈阳为本部,各设高等师范学校一所。凡在此区内的优等师范学堂可改建为高等师范学校。

1912年至1913年间,中华民国政府教育部陆续颁布《大学令》等一系列教育法令和规程,史称"壬子癸丑学制"。其《师范教育令》和《高等师范学校规程》规定优级师范学堂改为高等师范学校,由省立改为国立,监督改称校长。学制为预科一年、本科三年、研究科一年或两年,本科设国文、英语、历史地理、数学物理、物理化学、博物六部。

1913年7月"二次革命"发生,两江师范学堂遭兵、匪劫毁。江苏民政长韩国钧训令警察总厅封锁学堂,等候改制开学。同年,江苏省欲就两江师范学堂旧址开办高等师范学校咨请教育部转交财政部,列入国家预算,未果。

1888年,美国基督教美以美会在南京创办汇文书院(The Nanking University),设圣道馆、博物馆(即文理科)、医学馆。

1891年,美国基督教会基督会在南京创办基督书院(Nanking Christian College)。

1894年,美国基督教会长老会创办益智书院(The Presbyterian Academy)。

1906年,益智书院并入基督书院,成立宏育书院(The Union Christian College)。

1910年,宏育书院并入汇文书院,成立大学,定名为"金陵大学堂"(The University of Nanking),简称"金大",包文(A.J.Bowen,1862—1944)任校长。初创之时仅设文科,附设数理化等科,均授文学学士学位,包文兼文科科长。

同年,金大在鼓楼西南坡购得土地营建新校区,1916年陆续迁入,1921年全部竣工。是为1952年以后南京大学的校址。

1911年4月,金陵大学获得美国纽约州教育局局长和纽约大学校长签署的特别许可证,在美国纽约州教育局立案,金大毕业文凭改由纽约大学校董会签发,享受美国大学应有权利。

1914 年

8月30日,江苏巡按使韩国钧批复江苏地方和学界人士要求设立高等师范学校的建议,"由省委派校长,先行筹办",定校名为"南京高等师范学校"(简称"南高"或"南高师")。

9月2日,韩国钧发布"2406号饬令",委任江谦(字易园,1871—1942)为南京高等师范学校校长。

南京高等师范学校在原两江师范学堂校址上成立,成为继北京高等师范学校(1912年)、四川高等师范学校(1912年)、广东高等师范学校(1912年)、武昌高等师范学校(1913年)后第五所高等师范学校。

南高师成立之初,设国文、理化两部和国文专修科,均以培养中学师资为目标。国文部主要科目有:伦理学、心理学及教育学、国文及国文学、英文、历史、美学、古语学、体操。国文也是全校必修课程,《选课规程》规定学生必须选修国文6学分。

本年

金陵大学改组文科。将文科科目分为四组,每组以系命名,即语言学系、社会学系、数理学系、宗教学系。语言学系包含国文、英文等科目。旋又撤销四组,悉改学科为系,设国文、英文、历史、哲学、社会学、政治学、经济学、教育学等系,数理学科仍为附设。

南京大学各历史时期中国语言文学科系肇始于本年。

1915 年

6月,南高筹备处制定《南京高等师范学校简章》。

8月,制定《南京高等师范学校招考简章》。11日,南高师正式招生。国文部招收本科生36名,专修科招收27名。

9月10日,南京高等师范学校正式开学。

本年

王瀣应江谦之请,任南高师国文部主任。

刘伯明(名经庶,以字行,1887—1923)受聘为金陵大学为国文系主任,旋受南高师之聘,教授哲学、哲学史、文学、教育学等。

夏伟思(美籍)继包文任金大文科科长。

1916 年

9月,南高师国文部招收预科生一个班。

1917 年

12月,南高师国文部第一届专修科学生26人毕业。

1918 年

3月21日,南京高等师范学校校长江谦因病休养,教育总长傅增湘批准教务主任郭秉文(字鸿声,1880—1969)代理校长。

据《南京高等师范学校调查表》(1917年7月至1918年6月)统计,国文部一年级在校学生36人,二年级在校学生30人。

1919 年

5月4日,北京学生示威游行,反对北洋政府在巴黎和约上签字,遭到镇压,五四运动爆发。7日,南高师等13所学校联名致电北洋政府,要求拒绝在巴黎和约上签字,释放被捕学生。同日各校代表在鸡鸣寺集会,南高师学生发起筹组南京学界联合会。9日,南高师、金大师生参加南京学界在小营召开的"国耻纪念会",南高师教务主任陶行知(1891—1946)等人在会上作"国耻史"报告。会后游行示威。13日,南高师等学校发起集会,成立南京学界联合会,通过《声援五四爱国运动决议案》。26日,南高师学生率先宣布罢课。27日,南高师与河海工程学院学生发起成立南京学生联合会,宣布 28 日南京各学校罢课。

9 月,教育部正式任命郭秉文为南高师校长。

11 月 20 日,刘师培逝世。

11 月,南高师国文部改为国文史地部,聘刘伯明为哲学教授兼训育主任、国文史地部主任。

此时南高师有 2 部 8 科,即国文史地部和数学理化部,国文、文理、体育、工艺、英文、农业、商业、教育诸专修科。

12 月,南高师校务会通过教务主任陶行知提出的《女子旁听法案》。

1920 年

1 月,南京高等师范学校校长郭秉文进行学校体制改革,将国文史地部与数学理化部合建为文理科,下设 8 个系,即国文、英文、哲学、历史、数学、物理、化学、地学。加上原有 8 个专修科,计有 8 系 8 科。

4 月 7 日,郭秉文在南高师校务会上提出在南高师校址及南洋劝业会旧址上建立南京大学的建议。

暑期,南高师招收第一届女生,实行男女同校制度。

9 月,郭秉文、张謇(字季直,1853—1926)、蔡元培(字鹤卿,1868—1940)等联名致函教育部,建议在南京建立大学并将南高师各科改归大学建制。

12 月 6 日,教育部长范源濂(字静生,1875—1927)委任郭秉文为东南大学筹备员。次日,国务会议通过南高筹建大学议案,定名为国立东南大学,简称"东大"。

1921 年

6 月 6 日,东南大学在上海召开董事会,通过《东南大学组织大纲》,推荐郭秉文为校长。

7 月,教育部核准《大纲》。

8 月,陈中凡应聘为东南大学国文系主任兼教授,至 1924 年冬。

9 月,教育部代部长马邻翼任命郭秉文为校长,兼南高师校长。

国立东南大学正式招生。张世禄(字福崇,1902—1992)考入东南大学国文系。卢前(字冀野,1905—1951)中文成绩优异,但因数学为零分未被录取。

东大成立之初,将原南高师的5个专修科改归东大,设立4科,即由教育专修科、体育专修科组成教育科;由农业专修科扩建成农科;由工艺专修科建成工科;以商业专修科建成商科(设在上海)。东大的文理科等本科和国文、英文等专修科仍由南高师办理,实行一校两制。

本年

南高师停止招生,待在读学生全部毕业后并入东大。

10月,《东南大学各科主任名单》公布,刘伯明任文理科主任。

《学衡》杂志社成立。[按,东大英文系主任梅光迪(字迪生,1890—1945)、英文系教授吴宓(字雨僧,1894—1978)、生物系主任胡先骕(字步曾,1894—1968)等人,在美国留学期间即受美国文学评论家、哈佛大学教授欧文·白璧德(Irving Babbitt,1865—1933)新人文主义学说的影响,回国后发表文章,反对新文化运动和白话文,认同中国文化,主张文言文,进而筹办刊物。在刘伯明的支持下,成立杂志社,吴宓任总编辑兼干事。]

《国立东南大学南京高师日刊·〈诗学研究〉号(一)》出版。此份报纸共有四个版面,开设的栏目有:启事、论著、讨论、诗话、随笔、诗丛。《诗学研究》号的作者中,除了王伯沆、白眉初(名月恒,以字行,1875—1939)是教师,分别讲授国文和地理,其他都是南京高师——东南大学的在校学生。"讨论"栏目中刊出薛鸿猷的《伯沆先生诗问》;"诗丛"栏目全是古体诗,占第三版的七分之一和整个第四版,其中有卢正绅(卢翼野)、欧阳翥的诗作。据"本刊启事","本期所载各篇小诗已商准王伯沆先生批评,抉出其优劣点,当于第二期发表"。"诗学研究号"出版后,郑振铎首先看到,他在同年11月3日致周作人的信中说:"南高师日刊近出一号'诗学研究号',所登的都是旧诗,且也有几个做新诗的人,如吴江冷等,也在里面大做其诗话和七言绝。想不到复古的陈人现在还有如此之多,而青年之绝无宗旨,时新时旧,尤足令人浩叹,圣陶、雁冰同我几个人正想在《文学旬刊》上大骂他们一顿,以代表东南文明之大学,而思想如此陈旧,不可不呼以促其反省也。"叶圣陶在11月12日出版的《文学旬刊》(第19期)上发表《骸骨之迷恋》一文,批评"诗学研究号"。此文一出,立刻引起南京高师——东南大学学生的反批评,由此引发在《文学旬刊》上四个月的讨论。

金大改文科为文理科。夏伟思（美籍）任文理科科长。

1922 年

1月，《学衡》杂志在东南大学创刊。《学衡杂志简章》声称："论究学术，阐求真理，昌明国粹，融化新知。以中正之眼光，行批评之职事。""本杂志于国学则立以切实之工夫，为精确之研究，然后整理而条析之，明其源流，着其旨要，以见吾国文化，有可与日月争光之价值。"初为月刊，第61期起改为双月刊。1933年出至第79期停刊。王伯沆、王易（字晓湘，1889—1956）等国文系教授均为该杂志撰文。

6月6日，刘伯明致函校长郭秉文请聘王国维（字静安，1877—1927）。8日，郭秉文致函全国教育联合会主席沈恩孚（字信卿，1864—1944），请联系王国维，拟聘为国文教授，讲授词曲诗赋等各项学程，未果。

7月，《文哲学报》第一期出版，刊有陈中凡《豳风七月为夏代文学证》，柳诒徵《邃雅堂诗序》、《陈鹅溪先生墓表》等文；王伯沆《屋后小圃家人剪刈荒荑杂植花木各纪以诗》，柳诒徵《西郊杂咏》、《感事作》、《陪陈散原先生钟山亭子看桃花》、《乙卯十二月七日偕诗社诸子游国子监图书馆》、《晚宴醒春居东园之作》等诗。

8月，胡小石任武昌师范大学教授兼国文系主任，任职至1924年1月。

秋，吴梅（字瞿安，号霜厓，1884—1939）应东南大学之聘，任国文系教授。

唐圭璋（字季特，1901—1990）考入东南大学，从吴梅学习词曲，并开始汇辑《纳兰容若词》。

卢前以"特别生"名义被东南大学国文系录取。

10月13日，东南大学和南京高师成立国学研究会。该会发起始末是："十一年暑假后，国文学系同人，以国学沦夷，非合众力不足以谋挽救；遂与本校各科同志，商组研究会，得多数同学之赞成，及本系诸教授之乐为指导，遂出通告，征求会员，不二日，签名者达一百人，本会以成。"该会分为经学、小学、史学、诸子学、诗文学五部，指导教授有陈中凡、顾实（字惕生，1878—1956）、吴梅、陈去病（字佩忍，1874—1933）、柳诒徵。

自10月20日起，国学研究举办十次国学演讲，有吴梅的《词与曲之区别》

（10月20日）、顾实的《治小学之目的与其方法》（10月27日）、梁启超（字卓如，号任公，1873—1929）的《屈原之研究》（11月3日）、陈仲英（名育）的《近代诗学之趋势》（11月9日）、江亢虎（1883—1954）的《欧洲战争与中国文化》（11月17日）、陈中凡的《秦汉间之儒术与儒教》（11月24日）、陈去病的《论诗人应具有之本领》（12月1日）、柳诒徵的《汉学与宋学》（12月7日）、江亢虎的《中国古哲学家之社会思想》（12月24日）和梁启超的《治国学的两条大路》（1923年1月9日）。以上系列演讲，由国学研究会编辑整理为《国学研究会演讲录》第1集，列入"东南大学丛书"，由上海商务印书馆出版发行。10月下旬至次年1月15日，梁启超在东南大学演讲《中国政治思想史》系列专题，后因汉代以后部分未讲，演讲稿后来汇成《先秦政治思想史》一书。

12月6日，南高师评议会与东大教授会联席会议通过《南京高等师范归并东南大学办法》。

1923年

1月，《国立东南大学教职员一览》公布，吴梅、邵祖平（字秋潭，1898—1969）、陈去病、陈中凡、顾实等皆列名。

3月，东南大学国学研究会《国学丛刊》第一卷第一期刊行，顾实撰《发刊辞》，该刊以"整理国学、增进文化"为宗旨，体例分为插图、通论、专著、诗文、杂俎、通讯、书评等，由上海商务印书馆代售。至1926年8月，共刊行三卷（9期）。

4月，《国立东南大学一览》印行，其中刊有国文系国语组10门课程，以配合当时新兴的国语运动。这些课程是："注音国语"、"实用国语会话"、"国语语法"、"国语教学法"、"小学国语试验"、"国语语音学"、"中国语音史"、"中国语言史"、"方言研究"、"国语问题"。

7月3日，南高师行政会议议决取消高师案，南高师并入东大。

7月10日—8月10日，东南大学、南京高师举办第四届暑期学校，陈中凡、吴宓、洪深、梅光迪等任教员。

11月24日，刘伯明逝世。孙洪芬（1889—1953）继任东大文理科主任。

12月，顾实在《国学丛刊》第一卷第四期刊出《东南大学国学院整理国学计划书》。

李详(字审言,1859—1931)应聘为东南大学国文系教授。约于 1924 年至 1926 年间在东南大学国文系讲授"楚辞"。

陈中凡出版著作三部:《古书校读法》,商务印书馆出版;《诸子书目》、《经学通论》,东南大学印行。

1924 年

春,东南大学国文系师生组织词社潜社,由吴梅主盟。《潜社词刊序》曰:"月二集,集必在多丽舫,舫泊秦淮,集时各赋一词,词毕即畅饮,然后散。""社有规条三:一不标榜,二不逃课,三潜修为主。""凡集四次,得词如干首,皆诸子即席挥毫,无假托无润色也,至中秋夕裒录一小册。"王起(字季思,1906—1996)有《忆潜社》一文。1924 年春至 1926 年间,东南大学词曲班学生有赵万里(字斐云,1905—1980)、陆维钊(名子平,字微昭,1899—1980)、孙雨霆、王起、王玉章、袁鸿寿、唐圭璋、张世禄、叶光球、龚慕三、周惠蕚、濮舜卿等十多人。

4 月,东南大学文学研究会、哲学研究会成立。此二研究会皆多有国文系师生参与。

8 月,顾实《汉书艺文志讲疏》作为"东南大学丛书"由上海商务印书馆出版。

秋,姚明辉(号孟垠,1881—1961)任东南大学国文系主任。

9 月,金陵大学改组国文系,经金大文理科主任程湘帆推荐,胡小石任金陵大学国文系教授兼主任,任职至 1927 年 8 月。讲授"楚辞"、"杜诗"、"李杜诗文比较"。又讲甲骨文,撰成《甲骨文例》,以油印本授学生。

陈中凡时已应新成立的广东大学聘请,因金陵大学改组国文系,金大文理科主任程湘帆请陈中凡主持改组事务,故暂留一学期,即从本月至次年 1 月。

易树声撰《中国文学史》由金陵大学出版。

1925 年

1 月 6 日,北洋政府国务会议通过免去郭秉文东大校长,任命胡敦复为校长的决议,引起东大校董会、教授会与政府教育部之间的分歧与斗争。校董会派郭秉文出国考察,胡敦复未能履职。

3月12日,孙中山先生逝世,东大、金大师生参加各界民众悼念孙中山先生的活动。

5月15日,上海日商纱厂日籍职员枪杀中国工人顾正红,30日,上海学生、群众声援工人,遭租界巡捕镇压,造成"五卅惨案"。6月1日起,东大、金大师生发出通电,上街游行,全校罢课,各自组织"上海惨案后援会",组织学生和民众游行,向各国政府和报界宣传事件始末,要求惩办凶手,赔偿损失。

7月,新任江苏省长郑谦请原江苏省教育厅厅长蒋维乔(字竹庄,1879—1958)为东大代校长。

8月,因东大文理科主任孙洪芬的推荐,胡小石兼任东南大学教授、文科主任,讲授文学史。

1926 年

3月22日,东大实行文、理分科。文科设国文、历史、外国语文、政治经济、哲学五系。

9月,梁实秋(名治华,1903—1987)至东南大学任教,至1927年4月。

11月,顾实编纂《中国文学史大纲》,作为"东南大学丛书"之一,由上海商务印书馆出版。

姚永朴(字仲实,1861—1939)至东南大学任教,有《丙寅秋至东南大学赠校长武进蒋竹斋教授兴化李审言上海姚孟埙》诗。

范况(彦殊)至东南大学国文系讲授"诗学通论"。

卢前撰写杂剧《琵琶赚》《茱萸会》《无为州》《仇宛娘》《燕子僧》(合称《饮虹五种》),并请吴梅削定。

2月,陈中凡应聘为金陵大学国文系教授兼系主任,为补充办学经费,与本系同仁胡小石、叶长青(1898—1944)、束世澂(字天民,1896—1978)等联名致函胡适,呼吁从"庚子赔款"之退款中秉公接济金大。

金大文理科增设国文专修科,目的是培养中等学校国文教师及研究国学人才,修业年限为二年。文理科科长夏伟思返美,陈裕光接任。

吴白匋(字徵铸,1906—1992)考入金陵大学国文系。

1927 年

3月,国民革命军北伐,逼近南京,东南大学被迫停课。24日,国民革命军攻克南京。

4月18日,南京国民政府成立,接收东南大学。

6月9日,国民政府教育行政委员会颁布"大学区制",在江苏、浙江两省试行。同日,教育行政委员会明令原国立东南大学、河海工程大学、江苏政法大学、东苏医科大学、上海商科大学、南京工业专门学校、苏州工业专门学校、上海商业专门学校、南京农业学校等江苏境内9所专科以上学校合并,成立为国立第四中山大学(又因学区位于首都,故冠以"首都大学"称号),以纪念孙中山先生及北伐军攻克第四座历史文化名城。上述各校学生经审查合格者,入第四中山大学试读一学期再行甄别,合格后予以登记学籍。任命江苏省教育厅厅长张乃燕(1894—1958)为校长。

第四中山大学下设9个学院,院下分系或门组。其中文学院下设中国文学系和外国文学系,并从文学院中分出哲学院,汤用彤任哲学院院长,楼光来(字昌泰,1895—1960)任文学院院长。中国文学系专任教师仅王伯沆、王易、汪东(字旭初,1890—1963)三人,兼任教师胡小石一人,此外有讲师徐天闵(字汉三,1888—1957)、助教陈延杰、支伟成(1899—1929?)、王焕镳(1900—1982)、谢央文、钱子厚等。

8月,胡小石任国立第四中山大学教授兼中国文学系、中文研究所主任,教授"文学史"、"甲骨文"、"金文"、"楚辞"、"杜诗"、"书学史"等。

9月1日第四中山大学开学。

2月,陈中凡所撰《中国文学批评史》一书由中华书局出版,此乃中国文学批评史的第一部专著,对学科建设有开拓之功。次年,陈中凡应聘暨南大学。

4月14日,金陵大学理事会第23次会议召开,包文辞去校长一职,选举过探先(1886—1929)、陈裕光、刘国钧(字衡如,1887—1978)、陈中凡、陈嵘、李德毅、李汉生等七人组成校务委员会。

9月,胡小石兼任金陵大学教授,任职至1937年8月。

11月10日,金大理事会选举陈裕光为校长。

本年

卢前在金陵大学讲授戏剧史，编有《中国戏剧史大纲》讲义。卢前在金大任教至1928年。

经胡小石介绍，胡翔冬任金陵大学中国文学系教授，讲授杜甫诗。

1928年

2月9日，大学院（由教育部更名）大学委员会发布165号训令，要求国立第四中山大学更名为"国立江苏大学"。1927年在南京组建"国立第四中山大学"后，教育界人士普遍认为"中山大学"不止一处，不易辨认，故国民政府在本年颁行《大学区条例》，要求"各省大学依据各地名名之"，故"第四中山大学"改名"江苏大学"。此令一出，招致广大师生的反对，以此更名"既不足以冠全国中心之学府，又不足以树首都声教之规模"。国立第四中山大学师生组成"改定校名请愿团"，要求大学院收回成命，照英国伦敦大学，法国巴黎大学等的做法，改校名为"国立南京大学"。但国民政府执意要改名为"江苏大学"。10日，大学院饬令改名。23日，改名。

2月26日，黄侃（字季刚，1886—1935）受第四中山大学之聘抵达南京，定居大石桥17号，至1935年病逝于任上。

经胡小石介绍，郦承铨任国立第四中山大学艺术教育系讲师。

春，胡小石将1921年至1928年间先后在北京女高师、武昌高等师范学校、东南大学、金陵大学主讲的"中国文学史"课程讲义整理成为《中国文学史讲稿上编》十一章，由上海人文出版社出版。[1984年，吴白匋为《胡小石论文集续编·中国文学史讲稿》（上海古籍出版社，1991）作《后记》，称："盖师在清末，肄业两江师范学堂农博科，专攻生物学；民初在上海，从史学家沈曾植先生受业三年，是以能融合清儒考据与西方科学方法于一炉焉。《讲稿》虽属草创，实为后进开一途径。建国前继出之文学史，若冯沅君、陆侃如合编之《中国诗史》、刘大杰之《中国文学发展史》，其体例实受先生启发，明眼人加以对比，自能辨之，二君皆铸同门先进也。"]

4月5日，大学院规定大学区内的大学均不加"国立"二字，只称"江苏大学"。13日，学生集会抗议，受到大学院训斥。20日，学生罢课。

22日，黄侃、胡小石、汪东、汪辟疆、王伯沆、王晓湘、汪友箕上巳日（三月初三）于玄武湖禊集，有诗作《戊辰上巳北湖湖神祠楼修禊联句》。

本年的雅集及联句活动据《黄侃日记》还有：5月6日，青溪集会；5月20日，玄武湖集会；5月25日，社集，有陈伯弢加入，以咸、衔、严、凡韵联句；6月3日，社集，有王伯沆、汪东、胡小石、汪辟疆（名国垣，以字行，1887—1966）、陈伯弢（名汉章，1864—1938）等，柳诒徵新加入，先后游梅庵、扫叶楼、石头城；6月24日，社集，游孝陵，陈伯弢、胡小石、汪辟疆等参加，有联句纪游词及诗；7月2日游玄武湖，黄侃与汪东联句，和姜白石《念奴娇·闹红一舸》词；12月2日，游古林寺，黄侃与王易、汪东、汪辟疆联句。

24日，大学委员会临时会议议决江苏大学改名为"国立中央大学"，简称"中大"。

5月4日，大学院院长蔡元培到校宣布更名决定。16日，国民政府行政院复议批准。任命吴稚晖（1865—1953）为校长，遭拒。遂乃命张乃燕任校长，汪东任中国文学系主任。

6日，因5月3日日军攻占济南，屠杀中国军民一万多人，杀害18位民国政府外交官员，造成"济南惨案"，中大学生千余人举行集会，成立"国立中央大学教职员反日救国委员会"，推举汪东等6人为起草委员会委员。会后游行示威。8日，上午，柳诒徵、胡铁岩等作《甲午后中日之关系》《日本在中国经济侵略之政策》等演讲。下午，全体师生游行宣传，向国民政府呈递请愿书，要求对日宣战。金大师生也参加了南京各大中学生游行示威，罢课一周，组织反日暴行国际宣讲会和金大教职员反日暴行国际宣传部，以多国语言将事实向世界报道，致电日内瓦国际联盟秘书处，要求国际社会主持公道。

7月，胡小石《甲骨文例》作为《中山大学语言历史学研究所考古丛书》之一出版，该书为第一本研究甲骨文文法的著作。

秋，吴梅重主潜社社集，云："余方与诸君子谈曲，遂易作南词，仍集多丽舫"，因汪东、王易担任词课，故吴梅改教南北曲。该社凡十集，得曲九十二支，汇为《潜社曲刊》。第一次社集有汪东、吴梅、王起、唐圭璋等十二人。

本年

中大中国文学系的教师有：副教授谢寿康（字次彭，1897—1974。兼文学院院长）、汪东（兼主任）、黄侃、王伯沆、王易、胡光炜、汪国垣、吴梅；讲师徐震、陈延杰,助教钱堃新、黄焯、张述明、董文鸾、周慧尊。

中大中国文学系的"学程"分为四类,第一类:"各体文选"、"国学概论"、"文学史纲要"、"文字学"、"修辞学"、"目录学"、"校勘学";第二类:"秦汉文"、"六朝文"、"唐宋文"、"骈文史"、"史记研究"、"文学研究法"、"汉魏诗"、"六朝诗"、"唐诗"、"宋诗"、"诗歌史"、"诗歌通论"、"唐宋诗"、"元明曲"、"词曲史"、"词曲通论"、"训诂学"、"屈原赋"、"清真词"、"杜甫诗"、"音韵学"、"钟鼎文"、"清代朴学大师列传"、"陶谢诗"、"毛诗"、"尔雅"、"甲骨文";第三类:"经学专书研究"、"诸子专家研究"、"小学专书研究"、"总集研究"、"专集研究"、"小说专书研究";第四类:"特别研究"(如历代礼制、乐律之类)。共计42门课程。

1月,陈中凡在《金陵周刊》第五期、第六期连续发表《本校国文系的过去和将来》和《本校国文系之现状》二文,介绍金陵大学国文系的情况及改革计划。文中指出,金大国文系原来只有主任1人,教员2人,至1924年秋前主任程湘帆和陈中凡提出改革计划,增加预算、教员,改革学程,预科设"各体文选"、"文字学大纲"、"文学史略"、"近百年史"、"读书法"五门课程,本科学程分文学组(有"中国韵文"、"散文"、"专家诗"、"专家散文"、"修辞学"、"文学评论"、"训诂"、"声韵"、"诗学"、"诗史"及"专家研究"等课)、史学组、哲学组,因此而名"国学系",不叫"国文系"。本年学校改组,将文科分为国文系、英文系、史学系、哲学系、教育系、图书馆系等。在《本校国文系的过去和将来》一文中还提出第二次改革的计划提议,包括厘清系统(文史哲三系统)、缩小范围、充实内容(把古体诗、宋词、元曲、明清两代小说列为专目,增入诗史、诗学概论、小说概论、剧曲概论等。近三十年来新兴文艺亦应该注意研究)、语文并重(语言与文学并重)、分组教授(将二十四种本科学程就性质相近的分为六组,每组由一人担任。一方面专门研究,一方面指导学生)、增聘教员、扩充预算等多条。

5月,金大向国民政府大学院呈报立案申请书。

9月20日,大学院发布668号训令,批准金陵大学立案。

9月,刘国钧应金陵大学校长陈裕光聘,任文理科科长。

1929年

1月1日,禊社(上巳社)成员黄侃、陈伯弢、王伯沆、胡翔冬、胡小石、汪辟疆、王晓湘登临南京玄武湖畔鸡鸣寺豁蒙楼。以"纸"韵联句为诗,题为《豁蒙楼联句》。

4月2日,禊社有新加入者,于玄武湖作诗,黄侃有相聚兰亭之感。7日,黄侃与胡小石、汪长禄、林学衡、陈伯弢、汪辟疆、汪东、王伯沆、王易在石桥禊集联句。21日,吴梅加入禊社的游玄武湖活动。

7月26日,大学院公布《大学组织法》。中大拥有8个学院,40个系科,成为全国院系最全、规模最大的大学。

10月10日,黄侃与吴梅、汪辟疆、汪东、王易游后湖,并有《霜花腴》联句。

10月,中央大学中国文学系学生常任侠与李孟平、陈穆等组织中大剧社,演出《娜拉》一剧。

据《国立中央大学一年工作报告》,中国文学系本科开设28项学程,有毕业生22人。

本年

胡小石任中央大学教授,并兼金陵大学教授。(金大兼职教授任至1936年,1946年至1949年又兼此教职;而中大教授一直任至1949年)。

黄侃因胡小石之介绍,兼任金陵大学教授。

金陵大学中国文学系学生闵君豪倡议组织国学研究会,以联络感情,观摩学术,与会者二十余人,刊有《咫闻》一册。

1930年

1月1日,《国立中央大学半月刊》第一卷第七期"文艺专号"出版,此期刊有胡小石的《中国文学史上的几个重要问题》一文。

6月,《国立中央大学半月刊》第一卷第十五期出版,刊有《上巳社诗钞》,其中包括王伯沆、黄侃、汪辟疆、胡小石、王易、汪东等人诗作;以及《禊社诗钞》,包括黄侃、何鲁、汪东、胡小石等人诗作。

7月7日,仓石武四郎(1897—1975)来南京拜访黄侃。

秋,沈祖棻(字子苾,1909—1977)考入中央大学上海商学院。

10月,张乃燕辞去中大校长职务。

12月13日,中山大学校长朱家骅(1893—1963)调任中大校长。

谢寿康出任中国驻比利时公使馆代办。由汪东任中大文学院院长(1931年一度由张歆海代理)。

陈去病在国立中央大学讲授辞赋学。

本年

《国立中央大学一览》第二种《文学院概况》介绍中国文学系教职员情况，汪东为系主任兼副教授，黄侃、王瀣、王易、胡小石、汪辟疆、吴梅皆为副教授，陈延杰为讲师，钱子厚、黄焯、张述明、黄文鸾为助教。(按，1930年前后，中大以及中国各高校均无所谓的"教授"。按照1927年教育部颁布的《大学教员资格条例》，教授必须是"副教授完满二年以上之教务而有特别成绩者。"因此，中大成立时所聘诸多国内外知名学者均从副教授起聘，依规于两年后才能晋升为教授。)

中大中国文学系的课程与1928年课程基本一致，第一类中增加"高级作文"；第二类中增加"经学通论"、"文艺评论"和"近代诗"；第四类中增加"曲论"、"曲律"和"曲选"。共计54门课程："各体文选"、"国学概论"、"文学史纲要"、"文学研究法"、"文字学"、"目录学"、"修辞学"、"高级作文"、"经学通论"、"声韵学"、"训诂学"、"文艺评论"、"诗歌史"、"诗名著选"、"汉魏诗"、"六朝诗"、"唐诗"、"乐府诗"、"宋诗"、"秦汉文"、"六朝文"、"唐宋文"、"辞赋选"、"骈体文"、"词曲史"、"词曲通论"、"唐宋词选"、"曲论"、"曲律"、"曲选"、"小说史"、"唐人小说"、"四子书"、"毛诗"、"尔雅"、"春秋左氏传"、"史记"、"庄子"、"韩非子"、"墨子"、"扬子法言"、"屈原赋"、"陶谢诗"、"杜诗"、"韩文"、"温李词"、"苏诗"、"清真词"、"甲骨文"、"钟鼎文"、"李诗"、"诗品"、"近代诗"、"稼轩词"。据《课程及课程说明》，中国文学系的目的在于养成："(1)以文字、声韵、训诂为研究一切国学之根底；(2)欣赏高等文学之能力；(3)阅读古书之能力。"

6月10日《金陵大学文学院季刊》第一卷第一期出版，总编辑为严元章。

10月10日《金陵大学校刊》有"文学院近况"报道，该院分中国文学、外国文学等八系。

本年

根据《大学组织法》施行学院制，规定每所大学至少须由三个学院组成。金大将文理科分为文学院、理学院，改农林科为农学院。刘国钧任金陵大学教授兼图书馆馆长、文学院院长等职。

金大得到美国巨富霍尔(Hall)资助美金60万元,以30万元设立中国文化研究所,徐养秋(字则陵,1886—1972)主持所务,李小缘(1897—1959)任专任研究员。陆续聘请专任、兼任研究员10多人,如商承祚、徐益棠、陈登原、黄云眉、刘国钧、刘继宣等。创办《金陵学报》,李小缘任主编,至1940年停办。

商承祚(字锡永,1902—1991)受聘金大,整理研究福开森捐赠金大的文物,出版《福氏所藏甲骨文》、《殷墟佚存》等。

1931 年

2月18日,日本留学生吉川幸次郎(1904—1980)上午拜访胡小石,因其介绍,下午拜访黄侃。

9月18日,日军占领沈阳,"九·一八事变"爆发。28日,中大学生冒雨上街游行,经过外交部质问并怒打外交部长王正廷。中大、金大会同复旦大学赴宁请愿团再次至国民政府请愿,蒋介石出面接见。

秋,沈祖棻转入中央大学中国文学系。

11月20日,各地学生来南京请愿。

12月初,北京大学南下示威团300多人来南京,借住中大体育馆。5日,上街示威游行,遭军警围攻。中大、金大学生集合至首都卫戍司令部,要求释放北大学生。17日,各地在南京学生和中大、金大等校学生3万多人举行示威游行,至珍珠桥冲砸《中央日报》馆,遭军警镇压,死伤百余人,造成"一二·一七"学生惨案("珍珠桥惨案")。

17日,朱家骅因惨案事引咎辞职。法学院院长刘光华代理校务。

7月31日,黄侃应7月23日金大文学研究会之请,为《金声》创刊号题签并作题辞。

本年

刘继宣任金陵大学中国文学系主任。

吴白匋任教于金陵大学国文系,至1941年6月,先后任助教、讲师、副教授。

胡小石为金陵大学作校歌歌词,词曰:"大江滔滔东入海,我居江东,石城虎踞山蟠龙,我当其中。三院嵯峨,艺术之宫,文理与林农,思如潮,气如虹,永为南国雄。"

1932 年

1月8日,国民政府任命政治系教授桂崇基为中大校长,遭学生反对而辞职。31日,国民政府任命任鸿隽(1886—1961)为校长,任坚辞不就。

1月28日,日军进攻上海闸北,十九路军奋起抵抗,淞沪抗战爆发。28日当日,中大学生500多人赶赴行政院质问政府,并组织后援队支持十九路军抗战。31日,中大教授会发表《告国民党领袖书》,要求奋起抗战。

5月4日,杨树达、余嘉锡来访黄侃,杨氏令其侄伯峻从黄氏学。

5月19日,黄侃与诸生游龙树院,结兴艺社。诸生请黄侃讲《周易》。

6月28日行政院任命教育部政务次长段锡朋(1896—1948)代理中大校长。29日,段锡朋到校视事,遭学生抗议扭打,仓皇离校。蒋介石下令即刻解散中央大学。

7月2日,教育部接收中大,解聘全部教员。4日,布告全体学生离校,听候甄别。6日,行政院聘蔡元培、李四光等组成中大整理委员会,李四光代理校长,竺可桢为教务长。经过整理,开除19名学生。

8月26日,国民政府任命罗家伦(字志希,1897—1969)为中大校长。

9月5日,罗家伦上任,聘请文学院院长汪东等为甄别考试委员,考试合格的学生全部返校。

秋,"梅社"第一次社集,参加者有王嘉懿、曾昭燏(1909—1964)、龙芷芬、沈祖棻和尉素秋。后来相继入社的还有杭淑娟、徐品玉、张丕环、章伯璠、胡元度。成员多为国立中央大学中国文学系学生。

10月7日,《国立中央大学日刊》刊布《中国文学课程一览》(1932年9月—1933年7月),其中有"各体文选(一)"(钱子厚)、"各体文选(二)"(黄耀先)、"国学概论(一)"(钱子厚)、"国学概论(二)"(黄耀先)、"方言或文字学"(汪旭初)、"文学史纲要"(胡小石)、"目录学"(汪辟疆)、"修辞学"(王晓湘)、"文学研究法"(黄季刚)、"练习作文"(王伯沆)、"汉书"(黄季刚)、"音韵学"(黄季刚)、"周以后文学"(胡小石)、"诗歌史"(汪辟疆)、"唐诗"(陈仲子)、"诗名著选"(汪辟疆)、"乐府通论"(王晓湘)、"宋诗"(陈延杰)、"词曲史"(王晓湘)、"词学通论"(吴瞿安)、"专家词(梦窗)"(吴瞿安)、"南北词简谱(南词)"(吴瞿安)、"论孟举要"(王伯沆)、"毛诗"(陈仲子)、"庄子"(徐哲东)、"左传"(徐哲东)、"书经举要"(王伯沆)、"汉魏六朝诗"(伍叔傥)、"钟鼎释文名著选"(胡小石)、"楚辞"(徐哲东)。

10月11日,中大重新开学。是日,罗家伦在全校大会上作就职演说"中央大学的使命"。

12月27日,《国立中央大学日刊》报道,中国文学系廿二年级同学"感于各同学埋头研究,少交换智识之机会,特发起分组研究",包括:小学组、骈文组、散文组、词曲组、近代文组、文学史组,并定年内出版《艺风》一刊,专载学术文艺,以收互相观摩之效。

31日,中央大学中国文学系代表五人造访黄侃,劝其不赴重庆大学之聘。

本年

柳诒徵、缪凤林、张其昀等人结为"国风社",以传承、发扬中国学统、弘扬中华文化和昌明世界最新学术为己任,并创办《国风》学刊。

5月11日,金陵大学文学院院务会议讨论出版"金陵大学丛书",该会由院长刘廼敬(字觉凡,1893—1969)主持。

秋,程会昌(号千帆,1913—2000)考取金陵大学中国文学系。

金陵大学中国文学系同学向映富、徐复、高小夫发起组织中国文学会。该会会员还有尚笏、周荫棠、高文、武酉山、陆恩涌、程会昌、曾昭燏、黄念田等60余人,顾问有黄侃、胡小石、吴梅、胡翔冬、刘继宣。

1933年

1月5日,《国立中央大学日刊》报道,中国文学系"梦窗词"课程55位同学应吴梅1月2日之约,于中山院302号教室举行雅集,由吴梅出题"三姝媚"(过玄武湖),依梦窗格,用《词林正韵》第七部仄韵。各同学抬毫申纸,两小时后交卷,共赴北门桥大中华宴会。

2月22日,《国立中央大学日刊》报道中国文学系新辟图书室,原图书室创设于1930年,附于校图书馆西楼。

4月30日,黄侃《日知录校记》一册由中央大学铅印出版。

9月18日,《国立中央大学日刊》中国文学系通告黄侃所授各课用书:"小学纲要",暂用大徐本《说文解字》;"训诂学",采用《诗》毛传郑笺、《尔雅》郭注为教本,能购《毛诗注疏》《尔雅》邢疏或郝疏尤佳;"总集研究",暂用《文选》。以上诸书,不拘何本,皆可备用。

11月10日,文学院主编的《国立中央大学文艺丛刊》第一卷第一期出版,刊有章炳麟(字枚叔,1899—1977)的《古文六例》,胡小石的《古文变迁论》、汪辟疆的《汉魏六朝目录考略》,方东美(1899—1977)的《生命情调与美感》,张月超的《爱默生与歌德》等论文。

6月,据《私立金陵大学一览》(1933年6月刊)所示,中国文学系"学程纲要"规定"凡以中国文学为主系者宜选外国文学、哲学、史学等为辅系","凡以中国文学系为主系者除本院一二年级必修学程外",还必修"文字学大纲"、"目录学"、"文学概论"、"诗选"、"文学史"、"词选"、"文艺批评"、"毕业论文"诸课程。

本年

金陵大学中国文学系教授有胡小石、吴梅、胡翔冬、黄侃、刘继宣;讲师有余贤勋(字磊霞,1903—1942)、高炳春、张守义,助教有吴白匋。

1934 年

4月16日,柳诒徵、滕固、吴梅、谢国桢、唐圭璋等87人玄武湖修禊,陈衍主持。

5月,国立中央大学中国文学会成立,聘请章太炎、陈汉章、柳诒徵、黄侃、汪旭初、吴瞿安、王伯沆、胡小石等为顾问进行指导研究。

吴梅、廖忏庵、林铁尊、仇述庵、石云轩、陈匪石、乔大壮、汪东、蔡嵩云、唐圭璋结词社"如社",每月集会一次,所作后汇为《如社词钞》。

秋,林公铎(1891—1940)应黄侃之邀,任国立中央大学文学院教授。

本年

罗家伦在市郊考察中大新校址,计划建造能容纳万人的首都大学,得到民国政府支持,国民党中央全会通过《建立中大新校址》提案。罗家伦勘察地点,选定中华门外石子岗一带。

2月26日,《金陵大学校刊》刊出《中国文学研究会上季会务略志》,介绍该会举行学术演讲会一次,第一次为中央大学文学院长汪东的《欲统一国语须从考正方言始》,第二次为金大中国文化研究所所长徐养秋的《南京与民族文学》,第三次为吴梅的《词章学研究方法》。

4月,孙望与程会昌等在金陵大学西楼结春风文艺社,在《新京日报》副刊办《春风周刊》。

6月,金大文学院成立国学特别研究班,学制二年。聘请黄侃、吴梅、胡小石、胡翔冬等为指导教师。研究范围暂定中国文学、文学史、史学、哲学四大类。

4日,《金陵大学校刊》(第128期)头版刊发题名"文学院中国文学系将增开高等国学课程,招收国内各大学文史哲学系毕业生"消息。

从第一学期至第三学期(1934年9月至1936年1月),金陵大学"国学特别研究班"开设的课程有:黄侃的"服经旧说集证"、"唐人经疏释诸经辞例辑述"、"《说文》纂例"、"《尔雅》名物求义"、"《史》、《汉》文例"、"《新唐书》列传评文"、"樊南四六评"、"声偶文学源流";胡小石的"书学史"、"商周书征文"、"古文变迁论"、"甲骨文例"、"古文字学整理"、"程瑶田考古学"、"钟鼎释文名著选"、"从甲骨记录中所推得之古史";吴梅的"乐章词释"、"清真词释"、"二窗词释"、"南词斠律"、"北词斠律"、"散曲研究"、"度曲述要"、"订谱述要";胡翔冬的"《庄子》"、"杜韩诗之比较及其发源与流衍"、"玉川子诗"、"苏文忠诗"、"《晞发集》"、"李怀民《重订中晚唐诗主客图》"、"七绝诗论";刘国钧的"《汉书艺文志》研究"、"《老子》"及刘继宣开设的四门专题课。

沈祖棻考入金大国学研究班。

《金陵大学校刊》(第141期)上刊登在校备案的学生社团,其中有"中国文学会",负责人程会昌。

本年

吴梅仍兼任中大、金大教授,至1937年。本年有《辽金元文学史》出版,又应中央大学《文艺丛刊》之约,作《长生殿传奇校律》。

吴梅教书情况,在其日记中亦有反映,1934年10月17日日记:"早赴中大,三课毕,偶与诸生谈起诗钟,即拈'雨'、'不'二字,约作一联。尉素秋云'不夜城中听法曲,雨花台下访高僧'为最佳"。9月13日日记:"改金大生词卷,苦无佳者,只女生沈祖棻、曾昭燏,男生高文、章薆荪尚可。"吴梅任二校教职至1937年。

1935 年

3月,"如社"举行第一集,参加社集者有廖恩涛、林昆翔、石凌汉、仇埰、沈士远、陈世宜、吴梅、汪东、乔曾劬、唐圭璋、吴白匋等,议定"月举一集,集必交卷,由值课者汇录成帙,分赠同人。"至1937年6月5日,共举行十八次社集。

6月,《国立中央大学文艺丛刊》第二卷第一期出版,刊有章太炎的《汉学论》、汪辟疆的《近代诗派与地域》等论文。

8月,陈中凡任南京金陵女子文理学院教授,1937年学校迁至成都后兼当主任,任职至1951年8月,期间曾到四川大学师范学院中文系兼任中文系课,每周2小时(约在1941—1942年),又曾到朝阳法学院兼教中文一学期(约在1937年或1938年)。

9月,《国风》第七卷第二号出版,此为"南京高等师范学校二十周年纪念刊"(上)。胡先骕在其中发表《朴学之精神》一文,有意从学术精神上分出北京大学与南京高师、东南大学的不同:"当五四运动前后,北方学派方以文学革命、整理国故相标榜,立言务求恢诡,抨击不厌吹求。而南雍师生乃以继往开来,融贯中西为职志。王伯沆先生主讲四书与杜诗,至教室门为之塞,而柳翼谋先生之作《中国文化史》,亦为世所宗仰,流风所被,成才者极众。……自《学衡》杂志出,而学术界之视听以正,人文主义乃得与实验主义分庭抗礼。"

《国风》第八卷第一号出版,为"南京高等师范学校二十周年纪念刊"(上)。

10月8日,黄侃病逝,年仅五十。《金陵大学校刊》(第171期)出版"金陵大学国学研究班黄季刚先生追悼专刊"。徐复编有《黄季刚先生遗著篇目举要初稿》。

"中国文艺俱乐部"(又名"中国文艺社")召开第一届理事会,理事会成员有邵力子、叶楚伧、张道藩、胡小石、汪东、吴梅、汪辟疆、宗白华、刘白闵、华林等,此次会议通过会章。

吴梅带领国立中央大学中国文学系师生前往南京大戏院观摩昆曲"传"字辈的演出。

吴梅、汪东、蔡桢、仇埰、卢前、陈匪石、乔大壮、林鹍翔、吴白匋、唐圭璋等十六人寻访媚香楼,以《高阳台·访媚香楼遗址》命题填词。沈祖棻未赴社集,吴梅嘱其补作。

11月,内政部颁发公告,征得中华门外石子岗8000亩土地为中大新校址。

本年

徐曦伯(名无禅)在国立中央大学中国文学系开设"经学通论"。

1月,《金陵大学文学院季刊》第一卷第二期出版,由刘洒敬撰写《弁言》,刊有胡小石《金文释例》、《磐石集》,武酉山《论宋代七家词》、《虹州集》,徐复《说文心部诸形声会意字诠释》、《小学折中记》,向映富《民族文学论》、《曙曦诗草》,余洒成《老子文学色彩之观察》,张守义《论文杂记》,黄侃《寄勤闲室涉书记(卷一)》、《岁暮书感二首》,高耀琳《笺杜工部秦州杂诗二十首》、《三间屋集钞》、《玉林词草》,钱存训《图书馆与学术之研究》,胡俊《牛首诗钞》,高文《草堂集》,周荫棠《印潭诗稿》,丁廷洧《菱溪诗草》,吴徵铸《灵琐词初稿》,约廉《词一首》,周涯夫《皮簧声律论》,吴芳智《两个小兵》等诗文。

6月,《金陵大学文学院季刊》第二卷第一期出版,季刊会会员主席为程会昌,顾问为刘国钧、刘继宣、胡小石、胡翔冬、吴梅、黄侃、商承祚等。刘国钧为本期刊物作序,其中有"舍彼声华,安我朴素。淬厉人格以为始基,深研学术以应时变,避舍本逐末之讥,怀立已立人之旨"之语。其中的重要论文有孙望的《元次山年谱》、程会昌的《汉书艺文志诗赋略首三种分类遗意考》、《别录七略汉志源流异同考》等,另有吴怀孟的《我国诗歌与音乐之因缘》,章莫荪的《姜夔》,王永芬译小泉八云的《圣经文学论》,萧奚荣的《庄荀淮南马班论列诸子异同考》,陶芸的《战神在欧洲》。

10月,金大师生在大礼堂南侧建立高121尺的钢管旗杆,升起国旗。因上一年与金大毗邻的日本领事馆建一旗杆,高与金大北大楼齐,全校师生愤而共慨,遂发起捐款,筹建旗杆。新建旗杆高出北大楼10尺,以扬国威。(1964年,南京大学于其地建造教学楼,遂西移至大操场南侧,并建纪念广场。)

11月,金陵大学《金陵学报》第五卷第二期出版,刊有胡小石《考商氏所藏古夹钟磐》,刘继宣《战国时代之经济生活》,商承祚《说文中之古文考(续)》,吴徵铸《白石道人词小笺》,高文《文字证原举例》,王重民《敦煌本东皋子集残卷跋》,万国鼎《方志体例偶识》等文。

12月,《金陵大学校刊》(第175期)报导国学研究班即将将平时研究所得,汇为"国学研究丛刊"(三种)出版,后只出《小学研究》一种,收胡小石、高文、游寿、朱锦江、徐复、曾昭燏文。

金陵大学文学院根据教育部颁布的《大学研究所暂行组织章程》，在国学研究班的基础上，筹办成立文科研究所史学部及中国文学部。

日本策动华北自治运动，"一二·九"学生抗日运动爆发。18日下午，中大、金大等3000多名学生游行示威。22日，中大学生救国会召开记者招待会，宣布罢课、游行宣传，遭到戒严。

1936 年

1月1日，《国风》第八卷第一号出版，为"南京高等师范学校二十周年纪念刊（下）"。

《文艺丛刊》第二卷第二期出版，此期为"黄侃纪念专号（上）"。前有插图六幅（黄季刚先生遗像、量守庐图、集韵声类表、手批广韵、手批说文、手批尔雅）及章太炎先生序；刊载其遗著十种，包括《礼学略说》、《讲尚书条例》、《春秋名字解诂补谊》、《声韵略说》、《说文略说》、《尔雅略说》、《谈添盍帖分四部说》、《广韵声势及对转表》、《音略》、《声韵通例》附《与人论治小学书》。

2月，《制言》第11期出版，刊登"上巳诗社第一集"、"上巳诗社第二集"诗作。同年6月1日《制言》第18期刊出"上巳社诗钞"。

4月，吴梅为唐圭璋《全宋词》作《序》。

6月，《如社词钞》刊印，共12集收词266首。如社词集作者共24人，有仇埰、夏仁虎、吴梅、汪东、陈世宜（匪石）、乔曾劬（大壮）、唐圭璋、卢前、吴徵铸（白匋）、石凌汉等，多为国立中央大学中国文学系教师。

林公铎辞任国立中央大学中国文学系教授。

7月，国立中央大学中国文学系裁员，伍俶傥、陈仲子不再延聘。此时文学院学生数量不足八十名，课程却有八十余种，几乎是一人一课。

8月，吴梅、褚民谊、俞平伯、居逸鸿、徐炎之等参加上海啸社发起、禾中怡情社、苏州道和曲社等江浙曲家百余人在嘉兴烟雨楼举行的盛大曲会。

1月，金陵大学"国学特别研究班"第四学期的课程做了新的调整，在原定由胡小石讲授"钟鼎释文名著选"、刘继宣讲授"文史教学研究"、吴梅讲授"北词斠律"的基础上，增加"《史记》"、"《文始》"两门课程，分别由汪辟疆与商承祚讲授。

3月，金陵大学文学院国学研究班编辑《小学研究》出版，收胡小石、高文、游寿、朱锦江、徐复、曾昭燏等文，该书列入《金陵大学文学院文史丛刊》。

春，汪辟疆为金陵大学国学研究班开设《史记》专题课，商承祚开设《文始》专题课。本年至次年，汪辟疆兼任金陵大学文史研究所导师，教授课程有"目录学"、"唐人小说"及"近代诗派"。

6月，金陵大学"国学特别研究班"首届研究生12人（女生4人，男生8人）自1934年7月入学，经过两年的学习，于1936年6月提交毕业论文，分别为：游寿的《殷周秦汉神道设教观》、杨秉礼的《老子之哲学方法》、萧奕荛的《西汉儒道法消长论》、朱人彪的《西汉政治思想研究》、张惠贞的《魏晋南北朝之山水文学》、沈祖棻的《宋代遗民文学》、朱锦江的《边塞文学史》、章黄荪的《古剧考原》、吴怀孟的《南曲题识》、陆思涌的《南曲板式为乐句述例》、尚笏的《蒙古民族变迁考》、钱卓升的《唐宋以来之市舶司制度》。毕业生提交论文后，于6月4日于扫叶楼开会讨论。（据金陵大学教务处统计表，国学研究班毕业生有十二人，其中有游寿、杨秉礼、萧奕荛、朱人彪、张惠贞、沈祖棻、朱锦江、章黄荪、吴怀孟、陆思涌、尚笏、钱卓升。）

1937年

1月，中大新校址破土动工，预计次年秋落成。

《国立中央大学文艺丛刊》第三卷第一期出版，此期为"黄季刚先生遗著专号（下）"。前有插图六幅（黄季刚先生遗像、黄季刚先生景宋本说文题识、黄季刚先生词稿、黄季刚先生诗稿、黄季刚先生日记、黄季刚先生篆书楹帖）；刊载其遗著九种，包括：《反切解释上篇》《诗音上作平证》《求本字捷术》《说文解字常用字》《说文声母字重音钞据类篇》《冯桂芬说文解字段注考正书目》《蕲春语附陈肇一先生墓表》《文心雕龙札记》《汉唐玄学论》。另附录章太炎先生撰《黄季刚墓志铭》及汪东先生撰《蕲春黄君墓表》。

7月7日，"卢沟桥事变"爆发。日本发动全面侵华战争。

8月13日，日军进攻上海。15日，敌机轰炸南京。中大被炸。

8月下旬，罗家伦提出迁校于重庆、医学院迁成都华西大学的方案。

9月23日，教育部下达西迁令。

11月中旬,全部学生到达重庆。选址重庆大学东北沙坪坝松林坡建造校舍。后又在沙坪坝沿嘉陵江而上25华里之柏溪建立分校。

12月1日,开学上课。

《国立中央大学各学院院长系科主任教授讲师助教一览》所示中国文学系院长兼系主任为汪东(在假),代系主任为胡小石,担任课目为"文学史纲"、"甲骨文"。王伯沆、吴梅在假。汪辟疆担任课目为"练习作文"、"目录学"、"民族诗歌"。赵少咸担任课目为"小学纲要"、"训诂学"、"声韵学"。讲师有钱子厚,助教有黄焯、潘崇奎(重规)、殷孟伦。

李长之(1910—1978)任教中央大学中国文学系,至1944年。

本年

《潜社汇刊》出版,其中收录有:《潜社词刊》,共四集词63首;《潜社曲刊》,共十集曲92支;《潜社词续刊》,共六集词151首。据《潜社汇刊同人名录》,潜社成员共有70人,其中有卢前、张世禄、唐圭璋、徐景铨、段天炯(熙仲)、王起、常任侠、张惠衣、王玉章、徐益藩、周法高、吴怀孟、沈祖棻、盛静霞等,多为国立中央大学中国文学系师生。

教育部颁布《战时动员计划》,要求"战时各级学校教育,均应力求切合战时需要,各级学校之课程与管理应实际情形,量予变更"。中大、金大中国文学系在此后开设民族诗歌、战时文学讲座等激励民族精神的课程与演讲,为抗战服务。

11月25日,金大开始西迁成都华西坝。

1938年

2月,教育部根据行政院命令,停办国立山东大学,学生和设备并入中央大学。

8月,中央大学试行导师制。

12月,中央大学创办研究院,下设所、学部。校长兼任院长。

本年,卢前在中央大学任教。

徐中玉进入中大中国文学系学习(1934年考入山大),任"中大文学会"主席,次年毕业,进入当时西迁云南澄江的国立中山大学研究院文科研究所读研究生,研究中国古代文论,1941年毕业。

钱谷融考入中央大学中国文学系。1942年毕业。

2月,金大师生全部到达成都。

3月2日,金大开学。

6月11日至14日,金陵大学举办朱锦江、郦承铨(字衡叔,1904—1967)山水花卉画及刘继宣、商承祚、高文、吴白匋书法展览,参观者约3000余人。

7月,《金陵大学文学院迁蓉后事业报告》第七节为"国文系同人之研究工作",其中介绍刘继宣研究题目为"中日文化关系"、"中等学校文史教学研究",胡翔冬研究题目为"杜诗之渊源与流衍",余贤勋研究"诗学声律"及"中国文艺批评研究",高文研究"说文纂例",朱锦江研究"边塞诗史"和"近代文艺史"。

1939 年

6月11日,中央大学举办吴梅追悼会。(吴梅举家内迁,从苏州经南京、武汉、湘潭、桂林、昆明,1月1日,至大姚镇李旗屯,因颠沛流离,复发喉疾,3月17日逝世。)

秋,中央大学研究院正式招生。

本年

汪辟疆任国立中央大学中国文学系主任,至1944年。

唐圭璋从此年起至1946年,先后在中央大学任讲师、副教授、教授,先后发表《温韦词之比较》、《李后主评传》、《云谣集校释》、《敦煌词校释》、《词的作法》、《论梦窗词》、《纳兰容若评传》等论文。

胡小石任云南大学教授兼文学院院长,任职至1941年1月,教授"诗选"、"楚辞"等。

8月,郦承铨应浙江大学竺可桢校长聘请,离金陵大学,赴广西宜山任中文系教授,后随浙江大学经贵州都匀到遵义。

本年

《金陵大学校刊》第263期出版,刊有《文学院中国文学系消息一束》,内容包括:为适应教育部新章而改编课程;对大部分为文理农三院学生所必修的一年级课程内容加以调整；为纪念建校五十周年而雕印胡翔冬生平著作选《自怡斋诗集》；刘继宣因事告假一年，由余贤勋代理系务。

1940 年

1月，罗根泽（字雨亭，1900—1960）任教国立中央大学中国文学系，至1949年。所讲课程有"文学史"、"文学批评史"、"传记文学"、"诸子专书"、"国文"等。

3月，金陵大学中国文学研究会召开全体大会，议决今后会务推行事项，改选总干事及编辑、文书、事务、出版各股干事，并增加交际、会计二股。同时兼办迎新会，接待新同学。

金陵大学中国文学研究会为敦睦友谊，在外南武侯祠内举行交谊会，该会会员全体列席。次月15日，于同地举办第二次交谊会。

春，刘继宣因受聘他校，遂由朱锦江代理系务，同年夏由余贤勋任系主任，至1941年9月去世，系务由刘国钧院长兼代。

金陵大学中国文学研究会交由黄桴骧负责。

5月，《金陵大学校刊》第275期出版，刊有《中国文学研究会之动态》一文，内容包括：一、研究会的主要活动为请校外名流学者作学术上之演讲和举办读书会；二、因经费所限，原先集师友作品发行季刊计划改为出版壁报；三、已组织会员赴新繁春游，参加者十五人，文学院院长刘国钧及国文系代理主任余贤勋亦同往。

6月，《金陵学报》第八卷第一、二期出版，此二期为"文学院文史专号"，收录有商承祚《程瑶田桃氏为剑考补正》，常任侠《巴县沙坪坝出土之石棺画像研究》，孙望《箧中集作者事辑》，徐复《黄补文心雕龙隐秀篇笺注》，余贤勋《李义山七律诗研究》，高文《中国文字教学法之商榷》，赵幼文《韩诗外传识小》，赵世忠《古今切语表叙》，吴怀孟《南曲题识》，朱锦江《老子与淮南子》等文。

10月1日，金陵大学文学院中国文学系主编的《斯文》半月刊出版，刘国钧撰《发刊词》，刊有倪青原《释智学》，周荫棠《大学文学院各体文选例言》，高文《石门颂集释》，余贤勋《杜茶村及珍庐诗稿》，胡翔冬《自怡斋诗钞》等诗文。此刊之宗旨在于方便同仁发表学术研究所得，并以此提倡战时后方之学术空气。此刊出至1943年7月。

金陵大学中国文学系借新南门外竹林茶社,于午后二时半举行茶会,欢迎新任教授罗倬汉,并讨论系务推行与教材选择问题。出席者有刘国钧、余贤勋、罗倬汉、周荫棠、高文、吴徵铸、丁廷洧。

11月9日,金陵大学文学院胡翔冬因病在成都去世。

4月,汪伪行政院通过在南京设立中央大学案,恢复中央大学,在沦陷区招生。

8月,南京中央大学开学。校址设于南京建邺路红瓦廊。校长为樊仲云(1901—1989)。

9月,杨正宇被聘为南京中央大学文学院院长,接替王钟麒原文学院院长。其时文学院学生人数为50人。

龙榆生(名沐勋,以字行,1902—1966)任南京中央大学中国文学系教授兼主任,编有《文学概论》、《中国文学史》等教材;又创办《同声月刊》。

1941年

8月,罗家伦辞去中大校长之职。顾孟余(1888—1972)继任。

教育部实行"部聘教授"制,按学科评选出一批资深、有名望的教授,改由教育部直接聘任(原则上每学科1名)。

1月16日,金大《斯文》半月刊第一卷第八期出版,本期为"胡翔冬先生逝世纪念专刊"。

2月,金陵大学文学院征募胡翔冬先生纪念奖学金,捐款者有50余人。

20日,金大举办"国父纪念周",刘国钧报告文学院之概况,涉及中国文学系内容较多。

9月7日,中国文学系主任余贤勋去世,系主任一职暂由院长刘国钧兼任。

9月27日,陈独秀致书台静农,嘱寄其所撰《古音阴阳入互用例表》给胡小石:"韵表写好(不必订)望即检一份送与小石,并征求他的批评"。11月13日,又致书台静农,嘱寄《古音阴阳入互用例表》给陈中凡与胡小石:"韵表正文及自序印好,不俟装订即求检一份代寄'成都华西坝金陵女子文理学院陈觉玄教授'收,因其来函急欲得此为授课参考之用也。装订好时,请送胡小石一份。"陈独秀得知中央研究院的黄淬伯(1899—1970)在重庆,又于1942年3月29日致书二纸征求意见。1927年大革命失败后，陈独秀便留心文字音韵之学。1929年，成《中国拼音文字草案》稿。1932年被蒋介石判刑八年，入南京第一模范监狱，1937年，因日寇轰炸，陈氏被提前释放。1938年，陈氏由武汉入川，1942年5月27日贫病交加，逝于江津。狱中三年，陈氏草成文字音韵学论稿数种，其时胡小石、陈中凡、黄淬伯等师友后学皆与其交往。到四川后，他着手刊印这方面的著作，与学界讨论。1948年，黄淬伯将陈独秀写给他的信工楷誊录，与两纸书信合裱为《陈仲甫先生论韵遗墨》立轴，并请胡小石、陈中凡题写款识。"文化大革命"中被抄没。"文革"结束后，由其子黄东迈教授捐赠南京大学中文系收藏。

10月，金陵大学中国文学系本学期新聘李相珏、刘道龢二人为教员，分别任国文系副教授、国文系兼任讲师。

本年

陈柱（1890—1944）任南京中央大学文学院院长，刘诗孙（名文兴，1910—？）任文史系主任。

1942年

6月，国立中央大学艺术系在新建成的大礼堂组织盛大展览，庆祝校庆纪念日（6月30日），文学院教授作品均有陈列。

8月，朱东润（1896—1988）任中央大学教授，任职至1947年夏。

12月，国立中央大学在重庆小龙坎地区汉渝公路旁所建新校舍基本竣工，文学院迁往此处开展教学活动。

本年

胡小石在中央大学任教，给本科生讲授"中国文学史"和"书学史"两门课程。

吴组缃（1908—1994）任教中央大学中国文学系。

蒋礼鸿（1916—1995）自此年至1947年，约四年时间，先后任教中央大学师范学院国文系、文学院中文系助教、讲师。

5月，金陵大学中国文学系与历史系合请齐鲁大学教授叶绍钧演讲。

秋，金陵大学国文系一年级国文作文条例，在本年度秋季学期公布施行。《金陵大学校刊》第313期刊载其内容为："一、必须用规定作文簿；二、必须用毛笔书写；三、必须用正楷；四、不得写简体字；五、必须点句；六、必须分段；七、必须按时交卷；八、每两星期作文一次，每学期至少作六篇（在一簿内抄写用完后方得另换）；九、作文分数为学期总分三分之一；十、本条例应由各生自行粘贴于作文簿封面内页。"

程会昌应刘国钧院长安排，在金陵大学中国文学系讲授校雠学课程。

10月，金陵大学中国文学系正式聘请高文继任中文系主任一职，并新聘程会昌、沈祖棻、孙自强三位教员，分别担任副教授、兼任副教授和讲师。

金陵大学国文系依据教育部所定规则，并兼顾学生需要，制定新的必修课目表及国文专修科选课指导书，于本学期第一次系务会议通过。新的课目表具有充实基本学程、衔接春秋两季入学学生所读课程、研究与写作兼重等特点。由于一年级教材尚未统一，国文系参酌教育部所拟篇目及实际需要编印《金陵大学各体文选》四卷，分为"记叙"、"论著"、"抒情"、"公文"、"略说"等几部分，以"文字流畅易于取法"、"思想纯正适合现势"、"内容具体有俾实用者"为选文标准。另外，由于投考人数增加，国文系由7个班扩充至14个班，每班40人为限。

7日，金陵大学中国文学研究会举行本届首次全体会员大会，欢迎吕叔湘、程会昌、沈祖棻暨新会员，并改选干事，到会新旧会员约30余人。由总干事朱声致欢迎词，后由吕叔湘、沈祖棻、程会昌、陈延杰（字仲子、仲英，1888—1970）、丁济人、高文致辞。

金陵大学中国文学会、历史学会、与金陵社会学会联合举行第二次公开演讲，请前任大公报桂林版主笔，现任燕京大学新闻系主任蒋荫恩演讲"同盟国胜利之把握何在？"。

本年

金陵大学中国文学系学生邹枫枰获教育部组织全国专科以上学校学业竞赛会第一名。

金陵大学中国文学系学生郑枫枰、邱祖武、卢兆显等在系主任高文的支持下，成立正声诗词社，聘请沈祖棻、程会昌、高文、刘道龢等为导师，定期聚会，出版社刊《正声》。

金陵大学中国文学研究会本学期由朱声任总干事，邱祖武任编辑，董月庵任会计，徐志和负责交际事宜，胡守兴负责文书、出刊文学壁报及搜集民间歌谣等事宜。

金陵大学本学年新增课程中,有"韵文声律学"、"专家诗(王荆公诗)"、"专家词(双白词)"、"诸子通论"、"专书选读(《春秋穀梁传》)"。

8月,南京中央大学迁至天津路原金陵大学校址。

1943 年

1月,《国立中央大学文史哲季刊》第一卷第一期出版,刊有范存忠《十六七世纪英国流行的中国思想(上)》,罗根泽《墨子探源》,唐君毅《心,理,道颂》,柳无忌《希腊悲剧中的人生观》,金毓黻《宋代兵制考实》、《千华山馆读史札记》,贺昌群《清谈之起源(上)》,黄淬伯《诗传笺商兑》,唐圭璋《云谣集杂曲子校释》等文。

汪辟疆主编的《中国学报》在重庆出版。

年初,顾孟余因与当局意见不合,提出辞呈,未待获准即赴美。学生为挽留顾孟余,向国民政府请愿。行政院批准顾孟余辞职,行政院长蒋介石兼任中大校长,任命湖南省教育厅厅长朱经农为中大教育长,主持校务。

3月5日,蒋介石到校视事并发表演讲。

6月,《国立中央大学文史哲季刊》第一卷第二期出版,收有李翊灼《悉昙声字实相义释》、胡光炜(胡小石)《卜辞中之👁即昌若说》、屈万里《周易爻辞中之习俗》、杨树达《语源学论文十篇》、朱希祖《汉王劫五诸侯兵考》、贺昌群《烽燧考》、韩儒林《吐蕃古史于传说研究》、范存忠《十七八世纪英国流行的中国思想(下)》、方管《释无久》、缪凤林《古代巴蜀文化》等文。

8月,罗根泽《中国文学批评史》中的《魏晋六朝文学批评史》部分和《隋唐文学批评史》部分由重庆商务印馆先后在本月和11月出版。该书为"中央大学文学丛书"之一种。

12月11日,中大中国文学系举办第一次学术座谈会,李长之作《水浒传与红楼梦》的专题演讲,系主任汪辟疆评讲,到会师生两三百人。

国立中央大学中国文学系举办第二次学术座谈会,由唐圭璋主讲"清代词人纳兰容若"。

国立中央大学教授会第五届理监事评选会召开,文学院院长楼光来被选为理事。

12月,据统计,本年度国立中央大学文学院在校师生共299人,在各院系人数中排名第五。

教育部评出第二批部聘教授,中大楼光来、胡小石、柳诒徵、高济宇、常导直、徐悲鸿、戴修瓒7名教授荣任。

本年

张世禄任教国立中央大学中国文学系,并成立语言文字组。

杨晦(1899—1983)任教中央大学中国文学系,至1947年。

1月1日,《斯文》半月刊第三卷第一期刊出高文的《金陵大学中国文学系之精神》。

2月,金陵大学文学院主办的《斯文》半月刊第三卷第三期刊载程会昌(千帆)《论今日大学中文系教学之弊》一文,指出大学中文教学"不知研究与教学之非一事,目的各有所偏,而持研究之法以事教学,一也。不知考据与词章之非一途,性质各有所重,而持考据之方法以治词章,二也。""研究期新异,而教学必须平正通达";"考据重知,而词章重能";"义理者意,所以贵善;考据者知,所以贵真;词章者情,所以贵美。则为用不同。"又提出"从习作旧文体欣赏旧文体,及从习作旧文体去创造新文体"的主张。此文早前于1942年10月《国文月刊》第16期刊发。

春,程会昌在金陵大学中国文学系讲授"文学通论"。

4月,刘国钧撰《五年来之金陵大学文学院》,阐释在国难时艰的岁月,"文科之文"对于倡导发挥"我国固有文化",借鉴整合"西方文化",以"支持我民族之中兴"的重要意义。

9月,金陵大学中国文学研究会为提倡学生练习书法,在国文系办公室集体书写,由系主任高文指导临摹。

秋,沈祖棻在金陵大学中国文学系讲授"词选"课。

10月2日,金大中国文学研究会举办生联欢暨迎接大会,沈祖棻、程会昌、刘道龢演讲,勖勉同学,脚踏实地,虚心求学。

金大中国文学系有鉴于学生国文程度低浅,特设韵文声律一课,由系主任高文担任,该课程注重韵文作法等基本训练。

12月,"金陵大学文学院中国文学系丛书第一种"《一年级各体文选》出版,该教材由中国文学系参酌部颁大学国文选目编辑，分为记叙、论著、抒情三卷。程会昌《文学发凡》作为"金陵大学中国文学系丛书第二种"出版。

6月，南京中央大学校长樊仲云被解职，伪教育部长李圣五兼任校长，继而正式任命文学院陈柱为校长。

秋，龙榆生任南京中央大学文学院院长，钱仲联（1908—2003）任中国语文系主任。时任职教授有纪国宣、吕贞白、施则敬、杨鸿烈等。

1944 年

1月1日至2日，国立中央大学中国文学系接受学生自治会请求，于元月一、二两日举办聚珍书画展览会，其中珍品颇多，包括汪辟疆藏益府兰亭五种并图长卷、仇英仕女长卷，贺昌群藏述下河笕诗篇，宗白华藏周尚文山水，王玉章藏吴瞿安手札，张世禄藏《韵镜易解》（日本刊本），唐圭璋藏吴梅书屏等等。

15日，国立中央大学中国文学系举办第三次学术座谈会，由卢前讲"元曲之艺术"。

1月，罗根泽著《中国文学批评史》中的分卷《周秦两汉文学批评史》由重庆商务印书馆出版，1947年2月再版。该书为"中央大学文学丛书"之一。

《国立中央大学文史哲季刊》第二卷第一期出版，刊有钱穆《两汉博士家法考》、柳诒徵《三国志裴注义例》、程憬《泰一考》、金毓黻《宋国史所载岳飞战功辨证》、冯和侃《真妮·奥斯汀的艺术》、张健《十八世纪英国诗人的词藻》、张世禄《杜甫诗的韵系》、杨潜斋《离骚义证》等文。

3月25日，国立中央大学中国文学系举办第六次学术座谈会，由文学院院长楼光来演讲"英国文学之民族性"。

3月，《国立中央大学文史哲季刊》第二卷第二期出版，刊有李证刚《孔子大同小康说之现实价值》、柳诒徵《从周官观其时社会》、商章孙《启蒙运动之德国文学》、方竑《礼运说》、李长之《章学诚的文学批评》、游寿《金文武功文献考辑》、黄少荃《战国史异辞》等文。

国立中央大学中国文学系举办第五次学术座谈会，由汪辟疆演讲"唯美诗人李义山"。

4月16日，《国立中央大学校刊》报道3月25日"中国文学系第六次学术座谈会"情况,由文学院院长楼光来主讲"英国文学之民族性"。

4月27日,"中国文学系第七次学术座谈会"举行,由宗白华主讲"歌德及其浮士德"。

4月,国立中央大学中国文学月刊社编印之《中国文学》第一卷第一期出版,刊有汪辟疆《方湖论学三书》,胡小石《楚辞辨名》,张世禄《中国历史语音学之方法》,方玹《论荀子之学习精神》,唐圭璋《敦煌唐词校释》,萧月高《补唐书韦应物传》,汪辟疆等《文录》,柳诒徵等《诗录》,朱经农等《词录》,潘慈光《中国文学系会记》,及座谈会记录《艺文丛话(一)——水浒传与红楼梦》等文。

5月16日,《国立中央大学校刊》报道中国文学系马骙程同学主编《民族诗坛》第五卷第四、五合辑出版,内有罗根泽等人论文。

5月,国立中央大学中国文学月刊社编印之《中国文学》第一卷第二期出版,刊有汪辟疆《记与马生骙程谈李云章父子学术》,王伯沆《与王雷夏论学书》,张世禄《新文学商榷》,李长之《司马迁生年为建元六年辨》,王玉章《大忽雷述略》,刘葑予《释䐉聤》,路朝銮《吴瞿安霜厓遗书序》,卢前《曲选序》,汪东《寄庵诗》,程学恂《影史楼诗》,胡先骕《忏盦诗》,汪辟疆《方湖诗》,程会昌《闻冰庐鬻书渝州感题奉寄》,鞭芬录《群雅集》,陈匪石、沈祖棻等《词录》,唐圭璋《梦桐室词话》,及座谈会记录《艺文丛话(二)——纳兰容若》等文。

《中国文学》第一卷第二期报道,中大中国文学系举办第二次学术座谈会,由唐圭璋主讲"清代词人纳兰容若"。

国立中央大学中国文学系举办第八次学术座谈会,由王玉章演讲"临川四梦"之一《牡丹亭》。

6月,国立中央大学校友,在北碚国立复旦大学任教者,计三十余人,其中包括中文系主任陈子展、教授汪东、卢冀野等。

夏,蒋介石辞去中大校长,改任永久名誉校长。

8月2日,教育部批准中央大学研究院文科研究所增设中国文学部、法科研究所增设法律学部、师范科研所增设教育学部。文科研究所由系主任胡小石兼任所长。《设置文科研究所理由书》指出:"本校理农工各学院均于二十七年(1938)秋季设置研究所……惟文学院现有中国文学、外国语文、历史、哲学四系,经过之历史甚长,毕业生之人数甚多,地处中枢,冠冕诸校,以言设置研究所必备之三条件,如经费、图书、师资,均不甚困,而文科研究所尚付阙如……不足以应学子要求。"此前大学设文科研究所者有北京大学和浙江大学。中央大学文科研究所中国文学部先后招收了十多名研究生，其中有濮之珍（后为复旦大学教授）、金启华（后为南京师范大学教授）、徐家婷（后为南京大学教授）。

8月，顾毓琇（1902—2002）任中大校长。

国立中央大学中国文学系举办学术座谈会，由卢前主讲"西厢记考证研究与欣赏"。

张世禄任国立中央大学国文系教授。

吴世昌任教国立中央大学中国文学系，至1948年。

国立中央大学中国文学月刊社编印之《中国文学》第一卷第三期出版，刊有汪辟疆《修订部颁中国文学系科目表意见书》、《方湖读书钞》，方竑《文赋绎意》，张德钧《关于濂溪伊川两件事》，蔡嵩云《乐府指迷笺释引言》，唐圭璋《两宋词人占籍考》，徐中玉《论诗话之起源》，宗白华、罗家伦等《诗录》，夏承焘、蒋礼鸿等《词录》，贾景德《常评事写情事序》，马骕程《国立中央大学校史》，及座谈会记录《艺文丛话（三）——西厢记》等文。

9月，文学院教授李翊灼兼任国立中央大学文学院院长。

国立中央大学中国文学月刊社编印之《中国文学》第一卷第四期出版，刊有汪辟疆《水经注与水经注疏》，敖士英《经之起源与名称》，张世禄《字义略说》，王玉章《南词入韵举要》，唐圭璋《清真词释》，程康、程会昌、沈祖棻等《词录》，唐圭璋、王玉章等《词曲录》，汪辟疆、展龛《修订中国文学系科目表旁记》，及座谈会记录《〈艺文丛话〉（四）——语言与文学》等文。

国立中央大学本年度第一次纪念周举行，校长作校务报告后，请柳诒徵演讲"孟子性善之道"。

10月1日，《国立中央大学校刊》介绍本校教师获得教育部服务奖状者、即卓有劳绩的教师66位，其中汪辟疆、胡小石、楼光来获二等服务奖状，范存忠、李翊灼获三等服务奖状。

11月16日，《国立中央大学校刊》报道中大教授会推定汪辟疆于11月6日纪念周讲"夏完淳"，阐明青年从军之意义。

11月，《中国文学》第一卷第四期报道中大中国文学系举办学术座谈会，由张世禄主讲"语言与文学"。

本年

据本年度教员学生课目统计,国立中央大学文学院有教授38人,副教授9人,讲师8人,助教7人,学生254人,课目145项,授课每周428小时;另据研究院所属各研究院所学生数字统计,文科研究所一年级5人,二年级1人。校本部所开课目计997项,文学院169项,其中中文系43项;师范学院252项,其中国文系49项。

蒋礼鸿在柏溪撰成《商君书锥指》。此书获教育部学术审议会三等奖。蒋氏凭此书升为国立中央大学讲师。

管雄(1910—1998)约于此年完成《洛阳伽蓝记疏证》五卷稿,约35万余字,后毁于火。凭此书稿管雄晋升为副教授,评阅者为沈尹默。

霍松林考入重庆中央大学中国文学系。

1月1日,正声诗词社社刊《正声》第一卷第一期出版,发行所标为"正声诗词社成都光华街八十五号附四号程宅转"。

5月6日,金大与华西大学、齐鲁大学、燕京大学、金陵女子师范大学五校中国文学系师生举行联谊大会,推陈寅恪为大会主席。

9月14日,金大文学院请西南联大教授朱自清作广场讲演:"文学的修养与文字的修养",听众九百余人。

9月25日,王瀣逝世。[1937年,王瀣因病滞留南京,未能西迁。南京沦陷后,他不畏强敌,拒绝与日伪合作。1945年8月18日,国民政府给予"明令褒扬"(《国民政府令》1945年8月18日处字106号,载《南京文献》第21号,南京市文献委员会、通志馆1948年9月刊行),称其"坚贞守道,皭然不污"。]

秋,程会昌因揭发金陵大学当局贪污被解聘,至成都中学任教;沈祖棻亦被解聘,至成都华西协和大学中文系任教。

金大文学院研究部毕业生邱祖武的毕业论文为《周树人年谱》。

本年

蔡乐生任金大文学院院长。

至本年,金大文学院已出版陈延杰《晞发集注》、罗倬汉《史记址二诸侯年表考证》、高文《汉碑集释》、程会昌《目录学丛考》、张守义《中国文学疏证》、孙望《唐诗补遗》、沈祖棻《双白词肌参》、刘道龢《方言疏证补》等文学研究专著。

春,南京中央大学校长陈柱被调离,陈昌祖任校长。本年文学院学生70人。

1945 年

3月,《国立中央大学文史哲季刊》第二卷第二期刊发李长之的论文《章学诚的文学批评》,另有商章孙、柳诒徵、游寿等的论文。

4月,中大中文系为纪念吴梅,特设"霜厓文学奖助金",借以倡导学生研究词曲之兴趣。

文学院郭廷以兼任国立中央大学训导。

《国立中央大学校刊》第二卷第三期暨国立中央大学三十周年专刊出版,由朱家骅题词"中央大学三十周年纪念特刊"及"为国储才"。刊有编辑处纂《本校史略》,内容包括:(1) 南朝之国学,(2) 明代之国学,(3) 南京高师与东南大学,(4) 中大之成立与西迁。另有金毓黻《本校三十周年校庆献诗》;柳无忌《最高学府的最高理想》;陈家庆《台城路》(母校三十周年纪念集宋元人词);汪辟疆《夏日松林坡杂诗示中文系诸生》;唐圭璋《满庭芳》(三十周年校庆)等文章。

6月,《国立中央大学校刊》报道"本校三十周年之一大纪念刊物《南雍文徵》已编竣付印",由柳诒徵、胡小石、汪辟疆、宗白华、卢冀野、罗根泽、段熙仲等商定,辑印前三江、两江、南高、东大、中大已故教授代表著作12篇,共选23人。

夏,国立中央大学文科研究所中国文学部招收第二届研究生,有刘溶池、王季星、公方苓、李毓芙、郭银田五人。

8月,国立中央大学师范学院国文系并入文学院中国文学系,由伍俶傥任系主任。原师范学院国文系罗根泽、朱东润、徐英、吴世昌、杨晦、吴组缃、敖士英、乔大壮等均随调至文学院中国文学系。

罗根泽自此年至次年兼任四川教育学院教授。

本年,钱仲联任南京中央大学文学院院长。

8月15日,日本宣布无条件投降,汪伪政府灭亡。

8月,吴有训(1897—1977)出任中央大学校长。

9月下旬,国民政府教育部下令解散南京中央大学,颁布《伪专科以上学校学生、毕业生甄审办法》,规定沦陷区专科以上学校之已毕业及在读学生,必须通过甄审方可承认学籍。

9月底,中央大学复员委员会成立,吴有训任主任,负责重庆复员和南京校产接收。

10月中旬，国民政府于北平、天津、上海、南京四地设立临时大学补习班，对原南京中央大学在读学生通过补习，参加甄别考试；已毕业学生补交学科论文和蒋介石《〈中国之命运〉阅读心得报告》各一篇。甄审合格者颁给《审查合格证书》。南京补习班设于金陵大学。《甄别办法》颁布后遭到沦陷区学生的抗议，南京专科以上学生举行游行集会，提出"学校无伪"、"学术无伪"、"学生无伪"的口号。国民政府遂将"临时大学补习班"改为"临时大学"，取消甄审，改为学生由原来的年级程序，选择相应的院系就读。

10月，金陵大学派贝德士与顾俊人赴南京办理接收事宜。

中大与金大商定，将南京中央大学的土木工程系、艺术系、医学院等院系的图书设备归中大，其余概归金大。

11月，吴有训赴南京办理接收。

12月，金大校长陈裕光返回南京，对接收工作表示满意。

1946 年

5月，中央大学开始复员，至7月底全部返回南京。

11月1日，中大开学。文学院学生571人。

据《国立中央大学卅五年度第一学期研究院学生统计表》，中国文学研究所第一年招生2人，第二年6人，第三年2人。

本年

罗根泽兼任编译馆编纂，并兼《中央日报·文史周刊》编辑，约编此周刊六十余期。

据《国立中央大学一览》所示，中国文学系主任和文科研究所所长为伍俶傥。

4月，金陵大学迁返。

9月，金大在南京原址开学。

武酉山由陈裕光介绍，至金陵大学国文系任教，至次年2月。

胡小石任金陵大学兼职教授，至1951年9月，教授"文学史"、"诗选"、"楚辞学"等。

12月，据本月5日《金陵大学校刊》报道，本学期金陵大学文学院国文系新聘教授中，有胡小石、刘继宣、高耀琳、唐圭璋、武酉山五人。

1947年

2月，王气中到国立中央大学任职，以副教授名义兼训导处秘书，至1949年7月止。

4月，《国立中央大学校刊》复员后第一期出版，由吴有训题词："国立中央大学校刊"，本期刊有《本校概况》一文，其中提及各学院系科与研究所及其主持人：楼光来任文学院院长，伍俶傥任中国文学系、中国文学研究所主任，范存忠任外国语文学系、外国语文研究所主任，贺昌群任历史系、历史学研究所主任，刘国钧任哲学系、哲学研究所主任。另介绍文学院有专任教授57人，副教授8人，讲师13人，助教15人；兼任教授6人、副教授1人，其他专任职员4人。

5月6日，中央大学教授会召集教授大会，通过《要求提高教育经费，改善教员待遇宣言》。13日，全校学生罢课，要求因物价上涨增加公费生的副食费。15日上午，中大、剧专等学校学生集体请愿，举行"反饥饿"游行。南北高校纷纷响应。

20日上午，南京、上海、杭州等高校学生和中大、金大学生举行游行，军警包围中大、金大。学生冲破包围，至鼓楼汇合后举行大规模"反饥饿、反内战、反暴行"游行示威，遭到军警镇压。中文系学生参加游行，陈瘦竹教授因保护青年学生遭国民党政府拘捕。当晚中大、北大、清华教授会发表声明，抗议政府暴行，社会各界纷纷支持。形成了声势浩大的"反饥饿、反内战、反压迫"的民主运动。

6月21日，《国立中央大学校刊》报道："六月十四日中国文学系庆祝伍俶傥任教中大十五周年；中国文学系本学期主办文艺讲座，顾颉刚讲《诗经》，杨晦讲《新文艺的道路》，曹禺讲《美国的戏剧和电影》。

张世禄任中央大学中国文学系教授。

夏，胡小石任国立中央大学中国文学系主任，新聘吕叔湘、段熙仲、李笠、洪诚（1910—1980）、唐圭璋、卢前、游寿、王气中等至中国文学系任教。

朱东润离任国立中央大学，转任无锡国学专科学校。

陈匪石因胡小石之荐，任中央大学国文系教授，至1950年。陈匪石开必修课"诗选及习作"、"词选及习作",选修课有"玉溪生诗"、"目录学"。霍松林尝从陈匪石习诗词。

7月6日,国立中央大学卅二周年校庆暨卅五级毕业典礼在大礼堂合并举行,胡小石致辞:"九年抗战,复员还都,今日纪念卅二周年校庆及本届毕业典礼,因感想到学校的历史很宝贵,中大现址原系三江师范校址,由三江师范而两江师范而南京高师而东南大学以至中大,实已不止卅二年,有悠久的历史。当我在两江师范读书的时候,侧重文史哲学,北京大学侧重政治学,两地相互辉映,现在各种科学同时益重,发扬光大而为今日中大。毕业同学为社会中坚份子,为国家优秀分子,要有精密客观的态度,发扬本校最优良的精神。"

7月,《国立中央大学校刊》刊出汪东所作《国立中央大学校歌》:"维襟江而枕海兮,金陵宅其中,陟升皇以临睨兮,此实为天府之雄。焕哉郁郁兮文所钟,宏我黉舍兮,甲于南东,干戈永戢,弦诵斯崇。百年树人,郁郁葱葱,广博易良兮吴之风,以此为教兮,四方来同。"(程懋筠谱曲;1932年罗家伦出任中大校长时曾创作过一首校歌,由唐学咏谱曲)

胡小石、吴麟若诸教授在体育馆举行画展。

陈瘦竹(1909—1990)应胡小石聘,任国立中央大学中文系教授,讲授"小说"、"戏剧"、"欧洲文艺思潮"、"大一国文"等课,至1949年7月。

鲍明炜任国立中央大学中国文学系助教。

12月,据《国立中央大学校刊》1947年第19期,国立中央大学1947年度各院系科主管人员中,范存忠任文学院院长兼外国语文系主任,胡小石任中国文学系主任,贺昌群任历史系主任,刘国钧任哲学系主任。

本年

金陵大学文学院本学期教职员共计58人,其中专任者40人,兼任者16人,内有西方学者3位,僧人1位;在读学生共计279人,除借读生、特别生25人外,正式学生为254人,其中男生193人,女生61人,研究生8人。各系学生中以国学专修科人数最少,仅6人;应届毕业生共计38人(男生32人,女生6人)。

1948年

1月,方光焘(1898—1964)至国立中央大学中国文学系任教。

3月,《国立中央大学校刊》第二十七期"科系介绍"一栏中,刊有邓中龙纂《中国文学系》一文,主要介绍了国立中央大学中国文学系之历史沿革、课程设置以及教授阵容等内容,强调中央大学中国文学系的宗旨在于"综合古今,贯通中外",其治学之要为"既不偏于古文,亦不醉心新体,大抵考据与创作并重,务期以实事求是之精神,达到博而能约之境界"。

该文介绍国立中央大学国文系的沿革情况、现状为:"本系系继承东南大学时代之国文系而产生,民国十六年,改设为国立中央大学,乃定名为中国文学系。卅四年度遵部令将师范学院国文系(注:国立中央大学师范学院国文系)合并,自此本系规模日益宏大。现有教员27人,计教授15人,副教授4人,讲师5人,助教3人;同学99人,计四年级43人,三年级29人,二年级22人,一年级5人。历届主任为汪东、胡小石、汪辟疆、伍俶傥诸先生,自去岁胡小石先生担任系主任后,又恢复语言文字组……现该组学生有十余人,教授张世禄、李笠、方光焘、吕叔湘、游寿、敖士英诸先生,皆国内极有地位之语言文字学家。……系中有中国文学研究会、新文学研究会等纯粹学术性组织,兼容新旧,相互切磋。"

据此文,当时国立中央大学中国文学系设置了如下课程:

必修科:包括"历代文选"、"历代诗选"、"中国文学史"、"文字学概要"、"声韵学"、"训诂学"、"词选"、"曲选"、"中国文学专书选读"、"个体文习作"、"西洋文学史"、"读书指导"、"毕业论文"等。

选修科:包括"文法研究"、"文学批评"、"广韵"、"小说研究"、"戏剧史"、"近代语法研究"、"目录学"、"校勘实习"、"铜铭文"、"新文学概要"、"现代方言"、"语文名著选读"、"欧洲文艺思潮"、"四书"、"五经"、"诸子"、"翻译文"等。

除此之外,还有"基本国文"、"基本英文"、"中国通史"、"伦理学"、"理则学"、"哲学概论"、"自然科学"、"社会科学"等共同必修科。

又,该文介绍了当时国立中央大学国文系的教授阵容:

胡小石主任,名光炜,擅小学,尤精金石甲骨,复长于中国文学史,讲授"楚辞"、"杜诗"、"书学"、"中国文学史"等,著有《中国文学史》、《甲骨文例》等。

汪辟疆教授,原名国垣,讲授"唐宋诗"、"目录学"、"读书指导"等,著有《目录学研究》、《唐人小说》、《光宣诗坛点将录》、《方湖类稿》等。

伍俶傥教授,名俶,讲授"《文选》"、"八代诗"、"汉晋散文"等。

张世禄教授,专治语言训诂声韵之学,尤长于语音学,讲授"文字学"、"声韵学"、"比较语音学",著有《广韵研究》等。

李笠教授,擅训诂,长校勘,曾任中山大学中文系主任,讲授"训诂学"、"校勘实习"、"古文字学"等,著有《史记校补》等。

方光焘教授,对文法、语言方面极有研究,讲授"文法"、"语言"、"文学理论"等。

罗根泽教授,精诸子之学,对中国文学史,亦有独到研究,讲授"中国文学史"、"中国文学批评史"、"《韩非子》"等,著有《两汉文学批评史》、《隋唐文学批评史》等。

吕叔湘教授,深谙中国文法研究,讲授"近代语法研究"、"世界文学史"、"翻译文学"等,著有《文言虚字》、《中国文法略例》等。

陈匪石教授,讲授"历代词选"、"专家词"、"《法言》"等,著有《宋词举》等。

段天炯教授,讲授"中等国文教材法研究"、"《公羊春秋》"等。

卢冀野教授,名前,工词曲,讲授"曲选"、"戏曲专书"等,著有《中兴鼓观》、《散曲选》、《饮虹簃曲丛》等。

敫士英教授,讲授"《毛诗》"、"《尔雅》"等。

陈瘦竹教授,讲授"小说选"、"戏剧选"、"欧洲文艺思潮"等。

此外,任教者尚有游寿、管雄、方竑、周德高、陈行素、戚法仁、陈舜年等教师。

5月,国立中央大学文学院中国文学系为提高学生国文作文兴趣,25日在丁家桥二部举行基本国文作文会考。考卷由担任教师评阅,并请胡小石先生评定名次,其中优良学生十名,荣誉奖十六人。奖品为陈之佛、张书旂、傅抱石、胡小石、游寿诸家书画扇面十帧。

20日,南京大中学生在中大操场举行"五·二〇"周年晚会。

路翎(徐嗣兴,1923—1994)被聘为国立中央大学中国文学系讲师,讲授"小说创作"。

8月,吴有训辞职获准,教育部任命原教务长周鸿经担任校长。

5月4日,南京大中学生在金大礼堂举行"五四"纪念会。

8月后,罗根泽兼任金陵大学课一学期。

秋,唐圭璋在金陵大学开"断代词选(唐五代、两宋)"、"专家词选(柳永、周邦彦、姜夔、吴文英等)"、"元曲选"等课程。

11月12日,金大举行建校60周年庆典礼,教育部长朱家骅出席。英美两国电台播出金大校庆节目。

11月,金陵大学中国文学研究会举办学术讲演会,请吴世昌教授主讲"中国文学之题材与研究方法"。

金陵大学中国文学会请宗白华讲"艺术的境界"。

冬,罗根泽任教台湾师范学院,到1949年3月回国立中央大学。

本学期,金陵大学文学院于国文系增设"诸子通论"、"音韵学"等课程,并新聘教职员多位,其中有罗根泽教授、徐复副教授(兼)。

1949 年

年初,唐圭璋重回国立中央大学中文系任教。

1月初,周鸿经接教育部迁校密电,派员赴广州、厦门、台湾等地考察校址,布置疏散。21日,校务会讨论迁校问题,教授大多反对。23日,行政会议提出迁校厦门方案,被否决。27日,周鸿经弃职。31日,中大教授会投票选举,产生"中央大学校务维持会"11名委员,梁希、郑集、胡小石为常务委员,主持校政。

2月4日,校务维持会召开系科代表大会,汇合各应变会组成"中央大学应变会",向李宗仁政府提出"彻查校长周鸿经"、"拨发应变费及粮食"、"释放被捕学生"三项要求。胡小石等多次赴总统府交涉,得到款项,清点校产,维持校务。

4月1日,中大、金大学生参加南京市专科以上十所学校举行"争生存、争和平"请愿大游行。中大校务维持会常务委员胡小石坐吉普车跟随队伍保护学生。下午,胡小石、刘庆云、吴传颐、张江树四教授和学生一起在总统府前请愿,遭到大批军警围攻,学生拥入总统府,中大47人受伤,其中1人重伤死亡,造成"四一"血案。中大校务维持会以无力保护学生,向教授会集体辞职,选举产生新校务委员,组织护校应变。

23日,中国人民解放军解放南京。

5月7日,南京市军管会主任刘伯承、副主任宋任穷派员接管国立中央大学。

教授会、助教会、职员会、工友会、学生会组织中大师生进行政治学习。

8月8日,南京市军事管理委员会文教委员会通知:国立中央大学更名为

"国立南京大学"。12日,梁希、潘菽、胡小石、楼光来等21人成立国立南京大学校务委员会,梁希任主席。胡小石任文学院院长。

王气中被聘为南京大学中文系副教授,教授国文与写作。

9月,方光焘出任国立南京大学中国文学系主任。

胡小石出任南京市文物保管委员会委员、南京博物院顾问。

11月,陈中凡当选为新政府南京市文学联合会副主席。

1950年

3月,国立南京大学师生集中政治学习一个月,进行思想政治教育。孙叔平、潘菽任政治教学委员会主任委员。

5月20日,奉华东军政委员会命令,南京军管会高等教育处结束工作,国立南京大学、国立安徽大学、私立金陵大学、金陵女子大学改由华东军政委员会直接领导。

9月,为贯彻团结、教育、改造旧知识分子的政策,在苏州成立华东人民革命大学政治研究院学习班,院长为匡亚明。

10月10日,接华东军政委员会教育部长吴有训签发的通知:"经政务院核定,除私立学校于校名上加冠'私立'二字外,各级学校校名不加国立、省立、市立及公立字样。""国立南京大学"径称"南京大学"。据现存文学院图书馆所藏期刊钤印,本年印章仍为"国立南京大学文学院中国语文系"。

6月,朝鲜战争爆发。

8月,政务院颁布《高等学校暂行规程》、《私立学校暂行管理办法》,大学改行校长制。

金陵大学选举产生校委会,校长陈裕光任主席。因陈裕光参加华东人民革命大学政治研究院学习,由理学院院长李方训代理校务。王绳祖任文学院长,李小缘任图书馆长兼中国文化研究所所长。

12月17日,美国政府宣布冻结中国在美国的全部财产。26日,中国政府下令冻结美国在华财产。金大西籍教职员全部回国。

1951 年

4月17日,卢前在原中央大学医学院逝世。

7月,南京大学改校务委员会制为校长制,潘菽任校长,孙叔平任副校长。

1月1日,教育部颁布《关于处理接受外国津贴的教会学校及其他教育机关的指示》,重申不允许外国人在中国办学的方针。

2月14日,金陵大学根据政务院《关于接受美国津贴及外资经营之文化教育救济机关和宗教团体登记条例》,向南京市人民政府办理登记,冻结存款。

3月,陈裕光校长辞职,定居上海。李方训(1902—1962)任金陵大学校长。

23日,金陵大学与金陵女子文理学院合并筹委会成立,由李方训、吴贻芳、包志立、陈中凡等组成。南京市文教局长孙叔平主持筹备工作。金陵女子文理学院由美国浸礼会等基督教会创办于1913年,1916年建校址于南京宁海路。1919年获得美国纽约州立大学的学位认可。1928年向国民政府立案后,吴贻芳任校长。两校合并后,原设院系经调整,设文、理、农三院,仍以金陵大学为新校名。陈中凡任校务委员会委员、文学院长。

9月1日,金陵大学成立庆祝大会在金陵大学礼堂举行。南京市长柯庆施出席。

本年年底至1953年底,教育部参照苏联高校模式,对全国高等学校展开有计划、大规模的院系调整:以培养工业建设人才和师资为重点,发展专门学院;整顿和加强综合性大学。

1952 年

3月,按照华东教育部的部署,南京大学全体师生员工3700人参加思想改造运动,搞"人人洗澡"、"个个过关"、"思想改造展览"。

24日,南京市市长柯庆施向中央呈报《关于南京大学、金陵大学合并、调整方案的请示》。

7月26日,南京大学与金陵大学两校校务委员会举行联席会议,通过《南京、金陵两大学合并、调整工作进行办法》。按此办法,从南京大学调出工学、农学、师范等院系，分别成立南京工学院、南京农学院、南京师范学院等院校；以南京大学文、理、法学院与金陵大学文、理学院合并，同时并入复旦、震旦、同济等大学的外文学科，齐鲁大学、中山大学的天文学科，浙江大学、四川大学的地理学科，将南京大学组建成文理学科型的综合性大学，校址从四牌楼2号迁至鼓楼原金陵大学校址。

教育部任命潘菽任南京大学校长。孙叔平、李方训分别任第一、第二副校长。胡小石、陈中凡参加南京大学文理学院与金陵大学文理学院的合并工作，任合并筹委会委员。

调整后的南京大学设13个系，20个本科专业。中文系设有汉语言和文学两个本科专业。

陈瘦竹填写《思想改造学习总结登记表》，其中有：1949年8月—1952年7月讲授"现代小说"、"现代戏剧"、"现代文学名著选"、"文艺写作"、"现代文选"、"国文与写作"等课程，1951年8月起，任文艺写作教研组主任。

8月，陈中凡任教南京大学中文系，讲授"中国近代文学史"、"近代小说选"、"中国戏曲选"、"中国戏曲史"等课，任职至1965年。

9月，汪辟疆填写《高等学校教师调查表》，其中"何种专长与技能"一栏内容为："本人早年喜治目录学，因目录兼及版本，故对于中国书籍分类、版本鉴别，积四十年之经验，差有所得。又以素好中国诗歌，于古今源流正变，作家得失，极力研讨，颇思撰成《中国诗歌史》一书，供编撰文学史家参考。间为诗文，在他人或认为专长，本人殊未敢自信也。""现在担任课程"有"历代韵文选"（唐宋诗）；"可能担任课程"有"中国典籍分类学"、"工具书使用法"、"目录学史"、"中国诗歌史"、"历代散文选"、"杜甫诗"、"白居易诗"；"过去曾担任的课程"有"目录学"(1928—1940)、"中国诗歌史"(1928—1936)、"历代诗名著选"(1928—1937)、"唐人小说"(1929—1935)、"高等作文"(1930—1935)、"民族诗歌"(1938—1940)、"史记"(1930—1932)、"苏诗"(1929—1932)、"杜诗"(1939—1940)、"水经注"(1943—1944)、"诸子文"(1929—1931)、"水经注十讲"(1947—1948)、"中国名著选读"(1948)。

罗根泽填写《高等学校教师调查表》，其中"过去曾担任的课程"（注明年限）一栏内容是："文学史"(23年)、"文学批评史"(10年)、"传记文学"(1年)、"诸子概论"(10年)、"中国学术思想史"(2年)；简历中写"1949年5月至现在"所教课程为:"文学史"、"文学名著选"、"国文与写作"。

10月1日,举行"南京大学"校门横匾揭幕典礼。10日,南京大学于新址开学。

11月,胡小石任南京大学图书馆馆长。

本年

江苏学院并入南京大学,其中文系主任黄淬伯至南大中文系任教,主讲"汉语音韵学"、"文字学"、"汉语史"和"诗经学"等课程。

1953 年

3月,陈中凡出任江苏省文史馆副馆长。

春,赵瑞蕻(1915—1999)从南京大学外文系转入中文系任教。

5月,中共南京大学党委成立,孙叔平任党委书记,陈毅人任副书记。

1954 年

4月,校务委员会决定,出版一定期的学术刊物,由高济宇、范存忠、方光焘、施士元、石延汉、胡小石、陈旭、欧阳翥、曾远荣九人组成编辑委员会。高济宇、范存忠为正、副主任委员。次年1月2日,《南京大学学报》创刊号出版。

6月16日,校务委员会通过决议,确定南京大学校史"自三江师范学堂建立算起";确定"'五·二〇'斗争日为校庆日"。

9月,方光焘当选为江苏省文联主席。

1955 年

4月,陈中凡带领中文系毕业班学生前往明星大戏院观摩浙江省昆苏剧团周传瑛、王传淞等的昆曲演出。

5月,"五·二〇"校庆期间,南京大学举行首届科学讨论会。

10月,南京大学与民主德国莱比锡卡尔·马克思大学建立校际联系。赵瑞蕻被高教部选派赴该校东方语言系任客座教授,1957年回国。

12月，陈中凡撰写《汉魏六朝散文选前言》，结语中有"本书以教学余暇，从事选注……承罗根泽、戚法仁、陆曼炎三位同志详加校勘"之语。该书于次年11月由上海古典文学出版社出版，北京中华书局1962年2月出版新一版。

1956 年

3月31日，校长潘菽、教务长高济宇、中文系主任方光焘、外文系副主任陈嘉、地质系主任徐克勤、副主任张祖还、教授李学清等7位学者加入中国共产党。

5月，"五·二〇"校庆期间，南京大学举行第二届科学讨论会。方光焘作"汉语词类研究中的几个根本问题"的报告。

7月，汪辟疆将重价购得的明代万历本《楚辞集解》捐赠南京大学图书馆。此书原为杭州王绶珊九峰旧庐所藏，后由上海温知书店收买，为海内孤本。

9月，根据高教部规定，南京大学秋季入学的本科新生修业年限由4年改为5年，此学制延续到1970年65级学生毕业。

南京大学开始招收副博士研究生，设25个专业方向，学制4年，由胡小石、陈中凡等42名教授任导师。

8日，学校以系为单位在玄武湖组织划船比赛，中文系获第一名。12日，中文系全体师生在玄武湖樱洲举办迎新联欢会，欢迎首届五年制本科百余名新生入学。方光焘、胡小石、陈中凡、黄淬伯、刘继宣、罗根泽等教授参加。

胡小石招收首批副博士研究生，入学者有谭优学、周勋初、侯镜昶、杨其群、吴翠芬。

陈中凡招收首批副博士研究生，入学者有吴新雷、徐惜阴。

为纪念鲁迅逝世二十周年，中文系四年级同学一行40余人前往绍兴、上海参观鲁迅故居。

10月24日，在大礼堂举行鲁迅逝世二十周年纪念会，由陈瘦竹为师生作报告，题为《鲁迅的生平和创作》。

中文系四年级本科生组成鲁迅研究小组，举行鲁迅小说讨论会。

25日，中文系举办语音训练班，至12月31日。内容包括国际音标的符号及发音、音韵学的基本知识及方言调查的方法。

11月17日,中文系举办诗歌朗诵会。

21日至30日,中文系文学史教研组主任罗根泽和王气中参加了在北京召开的"中国文学史"编委会扩大会议。

本年

陈毅人升任南京大学党委书记。

中文系文学史教研组主任罗根泽的《中国中古文学史》于年底付印,《中国文学批评史》修订出版。

管雄代罗根泽讲授古代文学史课程。

1957 年

1月,中文系建立三个科学研究小组:语言研究小组、文学史研究小组、文艺理论研究小组,分别由方光焘、陈中凡、杨咏祁作关于研究方法的学术报告。

4月至6月,中文系聘请南京师范学院唐圭璋教授开设"宋词"课程。

5月13日,为响应中共中央4月27日《关于整风运动的指示》,校党委、行政先后14次召开帮助党整风的鸣放座谈会,计邀全校207位教授、副教授、100名讲师、助教参加座谈,陈中凡等党外著名教授在座谈会上发言。

15日,毛泽东在《事情正在起变化》一文中提出:"党外知识分子中,中间派占70%左右;左派占20%左右;右派占1%—10%。"

20日,中文系文学史、语言、文艺理论三个教研组积极提交论文参加"五·二〇"校庆科学报告会,共有"曹雪芹的世界观和《红楼梦》的现实性及其反映的社会背景"(罗根泽)、"一般语言学的对象与任务"(方光焘)、"论文学的典型性问题"(文艺理论组全体青年教员和研究生合写)等16篇。

胡小石带领中文系文学史教研组研究生和助教参观南京六朝和明代陵墓,同行者有南京图书馆陈方恪。

30日,受北京高校学生参与鸣放的消息影响,中文系两名学生率先在北园校门口贴出大字报,形成了南大的"民主墙"。当天贴出大字报500多张。

6月6日,中央发出"关于组织力量反击右派分子"的指示。24日,孙叔平代表党委作反右动员报告。全校师生展开对鸣放中错误言论的批判。党委书记陈毅人表示对反右做法的担忧,借病退出运动;次年受到批判并下放劳动;后于1958年留党察看,被撤销职务;1967年1月被迫害致死。

中文系助教刘锦和各年级的32名学生被错划为"右派分子"。

校报第131期刊登采访胡小石教授文章《要办好中文系除了搞好团结没有其他出路——鸣、放声中采访胡小石教授》一文。

9月,校长潘菽调任中国科学院心理学研究所所长。原云南省省长郭影秋(1909—1985)调任南京大学校长兼党委书记。

中文系方光焘开设"索绪尔的一般语言学"专门化课程,这是国内首次讲授索绪尔学说的专题课程。

11月,郭影秋校长设在斗鸡闸设宴祝贺中文系"三老"胡小石、陈中凡、汪辟疆七十寿辰。

12月,中文系将分在三个教研组的图书资料清点集中管理,成立中文系资料室。

1958年

1月,中文系政治工作组收到政治工作方面的大字报391张,并积极研究整改。

中文系研究认为需要缩减办公用房,全部迁出现有办公室,搬往原马克思主义教研室,23日上午即完成了全部一万七千册图书的搬迁。

2月,南京大学中文系成立戏曲研究室,陈中凡为研究生讲戏曲史课,在《南京大学教职员履历书》中写道:"拟编《宋金元戏曲俗语方言词典》、《中国戏曲史》、《中国戏曲理论》等专著,由同人合力编著。"

校报第171期第1版刊登《省委书记的报告振奋人心:中文系教师决心打破保守大胆跃进》,并提出具体规划。其中在科学研究方面,1958年全系批评右派知识分子的论文26篇。教材编写方面,文学史组1958年修订出版先秦到明清的文学史讲义(约80万字),两年内完成编订两汉到明清文学史参考资料和作品选注;文艺理论组将组织关于"中国文学史上的现实主义的发生和发展"以及"关于社会主义现实主义"两个专题的学习。语言组讲师以上教师争取三年内大部分达到最高工作量(每位老师每周十小时),五年内全组开出22~26门新课。

校报第173期第5版刊出《中文系教职员工社会主义竞赛指标》，包括保证贯彻向工农开门的方针，加强全系教职员工的劳动锻炼、政治理论学习和思想改造，扩大工人阶级知识分子的队伍；发扬勤教、勤工的精神，提高教学质量、工作效率；积极开展资产阶级学术思想批判，加强科学研究工作；积极培养青年师资；厉行节约，改进图书仪器管理办法，大力开展爱国卫生运动，除四害；协助学校搞好拼音方案、文字改革和推广普通话工作。

3月29日，中文系召开全体师生大会，党团总支和行政针对师生们的批评作检查和答复，中文系一般整改结束。

俞铭璜（原江苏省委文教部部长）出任中文系主任。

春，管雄迻录《如隐堂本洛阳伽蓝记校记》，此为抗战时期撰写《洛阳伽蓝记疏证》的先行工作。

4月7日，系主任俞铭璜为全系师生作文艺讲座，题为"文艺思想战线上的两条道路的斗争"。

中文系收到举报《中文系厚古薄今情况严重》（该举报信后刊登于校报4月10日第190期第1版），随后决定展开"三查"运动，查厚古薄今、查教学、查教学科研的观点和方法。

14日，中文系举办"双反"（反浪费、反保守）现场会议。

27日系主任俞铭璜向全系同学作"三查"动员报告。

5月，中共八届二中全会提出"鼓足干劲，力争上游，多快好省地建设社会主义"的总路线，进行"大跃进"和教育大革命。南京大学开展勤工助学活动，提出贯彻生产劳动、教学和科研三结合的方法，要求文科以办农场、工厂，从事工农业生产为主，接触实际，体验生活，配合中心，进行社会工作。下半年进行教学改革，强调"政治挂帅，理论与实际相结合，厚今薄古，古为今用"。修订后的教学计划，规定文科学生一年中4个月劳动，1个月假期，7个月业务学习。中文系增设"毛泽东文艺思想"课程，取消"文字学"、"音韵学"、"训诂学"等课程。中文系两个本科专业合并为"汉语言文学专业"。

校报第212期第1版刊登《插上红旗　轻装迈进　中文系教师思想大丰收涌现不少新气象》，总结中文系交心运动的成果。

7月，中文系全体师生参观溧阳、常州、苏州、南京等地的工农业生产"大跃进"情况，由此初步订出"大跃进"规划："总的要求是赶上、超过北大中文系。"随后校报第 216 期于第 1 版、第 2 版刊登《厚今薄古,联系实际:中文系订出新的教学计划决定下学期立即开设语言、文学、新闻三专业》一文。

8 月 15 日,中共南京大学第二次代表大会召开,郭影秋代表校党委作整风总结报告,宣布整风运动结束。

中共中央、国务院发出《关于教育工作的指示》,规定"党的教育方针是教育为无产阶级政治服务,教育与生产劳动相结合"。

据校报勤工助学专刊第 5 版载,中文系办农场炼钢铁。

9 月,中文系在语言、文学两个专业外,设新闻专修科,学制三年。南京大学中文系新闻专修科共招收三届学生,于 1961 年合并到江苏省新闻学校。

管雄、夏锡骏、夏延章、陈国珩等教师被选派支援江西,参与创办江西大学中文系,管雄担任该系主任。

为了向资产阶级学术思想宣战,中文系写出近 200 篇学术文章,本科学生结合教改创办了两份理论刊物,是为二年级的《新军》和三年级的《东方红》。

中文系展开大争大辩,青年教师和学生编写出四门课程的新教学大纲:"中国文学史"、"中国现代文学史"、"语言学概论"和"毛泽东文艺思想"。

10 月,中文系系主任俞铭璜任南京大学党委常委。

16 日,戚法仁逝世。

11 月,陈中凡与日本东洋大学波多野太郎教授进行学术交流活动。

12 月,校报第 237 期第 1 版刊发中文系迎接新中国成立十年"大放卫星、大搞科学研究、大编教材"计划,主要内容包括撰写教科书和专著 42 种,科学研究 70 种,编写"大众文艺丛书"100 本,创作 20 多种,以及与物理系联手制造语言翻译机等。

本年

刘继宣逝世。

1959 年

3 月,中文系语言教研组在《中国语文》发表《关于改进汉语教学和科学研究的几点意见》。

8 月 10 日,东大楼火灾,中文系 58 级新加坡华侨学生、中共党员陈万里奋勇救火,身受重伤,不幸牺牲,被南京市人民政府授予"烈士"称号,葬雨花台,胡小石隶书题碑:"陈万里同志之墓",并楷录郭影秋所撰碑文镌于碑阴。

9月,在陈中凡筹划下,钱南扬(1899—1987)自杭州师范学院(杭州大学前身)离任,至南京大学任教。

校报第281期刊登《中文系根据八中全会精神安排教学》一文,内容包括"搞好备课小组、大力抓教材建设、加强对工农同学的辅导、积极开展科研工作"四个方面。

10月,中文系热烈讨论人民公社问题。

11月,中文系古典文学教研组讨论提高教学质量的关键举措:改进课堂教学、加强课外辅导和阅读指导、改进考试考查。

中文系现代文学教研组组织基础课的集体备课活动。

胡小石为四年级学生开设《楚辞》课程。

校报第290期第1版刊登《敲响跃进锣鼓,掀起跃进高潮:中文系充分发动群众深入进行教学检查》一文。

本年

叶子铭(1935—2005)在中文系研究生毕业,留校担任助教,所撰《论茅盾四十年的文学道路》由上海文艺出版社出版,1963年重印,1978年修订重版。

侯镜昶(1934—1986)在南京大学中文系研究生毕业,留校担任助教。

方光焘与施文涛在《南京大学论坛》第4期上发表论文《言语有阶级性吗?》,针对高名凯"言语有阶级性"论断提出"言语没有阶级性",引起一场语言与言语的争论。本年方光焘撰写的论文还有《评索绪尔的语言和言语的区分》、《涂尔干的社会学与索绪尔的语言理论》、《语言的记号性问题》等重要论文。

1960 年

1月初,为响应中共八届八中全会反右倾的精神,南京大学提出"持续跃进"的口号。校务委员会通过《南京大学1960—1962年三年规划纲要》,提出力争三年内把南京大学建成全国综合性大学中规模最大、质量最高、一切工作最先进的大学之一,七八年内赶超剑桥大学。9日,召开全校科学研究跃进大会。

1月,系主任俞铭璜向全校师生员工作中共八届八中全会文件学习专题报告,题为"抛弃资产阶级世界观,树立无产阶级世界观"。中文系召开"比先进、比干劲、立大志、争上游"的规划汇报大会,各教研组均汇报了三年跃进规划,决心大干60年代,大干1960年,保证全系政治思想、教学和科研等各项工作全面大跃进。

3月30日,罗根泽逝世。

3月,中文系举行科学报告会,纪念"左联"成立三十周年,报告论文八篇。

中文系编写的《左联时期——无产阶级革命文学》由江苏文艺出版社出版。该书三十万字,由中国现代文学教研组和三、四年级部分同学在寒假期间完成。

中文系部分青年教师和56级文学专业同学突击编写完成《毛泽东文艺思想》一书初稿。

4月,江苏省书法印章研究会成立,胡小石出任会长。

夏,俞铭璜调中共华东局任宣传部副部长,陈瘦竹出任中文系主任。

1961 年

4月,钱南扬在《戏剧报》七、八期合刊发表《魏良辅南词引正》。

9月,陈瘦竹应邀在江苏省及南京市文联举办的"纪念鲁迅诞生八十周年逝世二十五周年大会"上,作关于鲁迅小说的专题报告。

10月,浙江大学教授夏承焘来中文系作学术报告。

复旦大学教授陈望道来中文系作学术报告,题为"关于文法修辞研究的几点意见"。

本年

南京大学党委授予中文系青年教师叶子铭、黄景欣学习标兵称号,号召全校教师向他们学习。

陈瘦竹《论田汉的戏剧创作》由上海文艺出版社出版。

1962 年

3月16日,胡小石逝世。身后其藏书赠南京大学图书馆,所藏文物捐赠南京博物院。

9月,南京大学中文系举行庆祝校庆六十周年科学讨论会,方光焘、黄淬伯、洪诚、施文涛等教师提交了论文。

10月,复旦大学教授郭绍虞来中文系作关于古代文学理论的学术报告。

1963 年

5月,接中央通知,郭影秋调任中国人民大学党委书记兼第一副校长,吉林大学党委书记兼校长匡亚明(1906—1996)出任南京大学党委书记兼校长。任职至1966年。

7月,为永远纪念陈万里同学,南京大学党委命名中文系五年级为"万里班"。

本年

方光焘讲授索绪尔《一般语言学教程》的同时,撰写《我们为什么要介绍哥本哈根学派》、《关于结构主义学派的答问》等论文。

1964 年

7月27日,方光焘逝世。

8月22日,徐铭延逝世。

6月,毛泽东对文艺界提出批评。文艺界开展对一大批优秀文艺作品的批判。中文系也开展了学习和批判活动。

8月,吴翠芬、顾曼君、冯雪珍、朱家维等四位年轻教师奉命去苏州太仓县浏河人民公社参加"四清"运动,为期一年。

10月,南京大学组织文科高年级学生及部分教师、机关干部470人,由匡亚明校长带领,赴南通地区海安县参加为期10个月的"四清"运动。中文系大部分中青年教师以及高年级学生、研究生,奉命参加该县双楼人民公社"四清"运动。

陈中凡、钱南扬编撰《中国戏剧概要》讲义由南京大学教材科出版,其中由陈中凡撰写《中国古代戏剧略述》及《元人杂剧》部分,钱南扬撰写《宋元戏文》部分。

1965 年

2月,为响应毛泽东"要改造文科大学,学生要下去搞工业、农业、商业"的指示,中文系一年级(64级)本科学生到晓庄林场进行半工半读试点,本科二年级学生到溧阳果园进行半工半读试点。

9月30日,黄景欣逝世。

9月,越南留学生200人进入中文系学习汉语,中文系成立越南留学生教研室,徐慧征、徐曼华出任教研室主任、副主任。是为南京大学首次正式建立的留学生教学机构。

11月,《文汇报》发表姚文元《评新编历史剧〈海瑞罢官〉》。此后扩大到批判邓拓、吴晗、廖沫沙撰写的《三家村札记》。

中文系64级本科学生从晓庄林场迁往溧阳果园,继续进行半工半读试点。

12月15日,高教部为贯彻中央和毛泽东的指示,讨论全日制高校改革问题,强调半工半读。南京大学选择江苏溧阳县果园作为南大"小三线"建设基地,筹办文科分校,定名为溧阳分校,匡亚明任校长,溧阳县委书记任副校长。将文学、历史、哲学三系打通为大文科,实行半农半读,学制改为四年。

南京大学中文系戏剧研究学生小组就《海瑞罢官》问题展开讨论。

本年

诗人闻捷在中文系作关于新诗创作的学术报告。

1966 年

2月,中文、历史、哲学三系五个年级的所有学生及中青年教师、干部并为一部,迁往溧阳分校,按年级成立五个大队,从事农业生产。三个系年老体弱的教师留在南京成立"文史研究室",由陈瘦竹担任研究室主任。

3月12日,汪辟疆逝世。

5月4日至26日,中共中央政治局扩大会议在北京举行,16日,通过《中国共产党中央委员会通知》(《五·一六通知》),发动"文化大革命"。

7日,江苏省委召开6所高校党委书记会议。9日,得知中央提出了文化大革命不是学术批判而是政治斗争的精神方针。11日,匡亚明在全校总支书记会议上传达省高校党委书记会议精神,提出南京大学运动步骤:批判"三家村";开展群众性的"兴无灭资"自我教育;深入教改。13日,南京大学成立文化大革命办公室。13日,召开校务会议,匡亚明提出不提倡也不反对贴大字报,要求知识分子以愉快的心情,以整风的态度,迎接"文化大革命"。14日、20日,匡亚明分别在本部和溧阳分校作开展无产阶级"文化大革命"的动员报告。

16日至22日,江苏省委传达《五·一六通知》。南京大学组织师生学习。20日,学校决定,为让学生参加"文化大革命",本学期不进行考试,学生成绩依平时成绩而定。

25日,聂元梓等在北京大学贴出《宋硕、陆平、彭佩云在文化大革命中究竟干些什么》的大字报。

6月1日,中央人民广播电台全文播报聂元梓大字报全文;2日,《人民日报》刊登大字报全文。3日,刘少奇、邓小平主持中央政治局扩大会议,决定向北京市高校和中学派出工作组,保持对各校运动的领导。拟定"内外有别"、"注意保密"、"大字报不要上街"、"不要游行示威"、"不搞声讨会"、"不要包围黑帮住宅"、"防止坏人破坏"等指示,要求各地党委效仿这一做法。

2日,溧阳分校中文系一些学生和青年教师贴出《十问匡校长》大字报,批判匡亚明校长。分校党总支召开党员大会,动员反击大字报,并对为首的教师、学生进行批评教育。此为"六·二事件"。

6日,中共江苏省委常委会决议,撤销匡亚明一切职务,上报中央批准。

8日,江苏省向南京大学派出联络组。

12日,中共江苏省委在南京大学操场召开上万人的南京大学无产阶级"文化大革命"动员大会,宣布撤销匡亚明校长党内外一切职务。成为"文革"中继北大校长陆平之后被打倒的第二位大学校长。

15日,中共江苏省委驻南京大学"文化大革命"工作队进校,取代校党委领导南京大学的"文化大革命",汪冰石任队长。

7月4日,江苏省改派彭冲任驻南京大学"文化大革命"工作队队长兼南京大学党委书记。工作队人员达130多人。中文系领导工作由海军学院的赵福华接管。此后南京大学停课搞运动,教学科研工作全面停顿。

外文系陈嘉、中文系陈瘦竹等教授被加上"资产阶级反动学术权威"的罪名遭到《新华日报》点名批判。

月底,全国各高校撤销工作队。南大校、系均成立文革委员会。

8月1日至12日,中共中央八届十一中全会召开;8日,全会通过《中国共产党中央委员会关于无产阶级文化大革命的决定》(《十六条》),强调运动的"重点是整党内走资本主义道路的当权派"。开始了全国性的"红卫兵运动"和"革命大串连"。南京大学纷纷成立各种"红卫兵"和"造反派"组织。

10月21日以后,工作队分两批回南京大学,检查错误,接受教育。彭冲遭到批斗。25日,省文革小组传达中共中央指示,学校党委不领导运动。造反派查封并占领校部机关。

本年

全国高校停止招生,直到1972年开始招收工农兵学员。

1967 年

1月6日,上海造反派夺取上海市党政权力,掀起"一月革命风暴"。

26日,南京造反派组成"江苏省革命造反派联合委员会",向江苏省委夺权。

3月7日,中共中央发出《关于大专院校无产阶级文化大革命的规定》,规定外出串连的师生于3月30日前返校进行短期军政训练。

13日,由于江苏省造反派内部因夺权问题发生分歧与对立,中共中央决定江苏省的党、政、财、文教权力由中国人民解放军管制。但在江青等"文攻武卫"的鼓噪下,全国造反派之间斗争发展为大规模武斗,南京大学的造反派组织之间也发生了武斗,很多师生卷入其中。10月3日、4日下午,南京大学北园教学楼发生武斗,多人受伤,后由军队阻止。

10月14日,中共中央、国务院、中央军委、中央文革小组联合发出《关于大中小学校复课闹革命的通知》,要求全国大中小学校一律开学,边教学,边改革。

12月22日,中文三年级"教育革命小组"对中文系七名教授进行了一个半小时的政治常识考试。以"红卫兵考臭教授"为题,声称"从政治上、学术上把资产阶级教授批倒批臭","让工农兵登上大学讲台"。

28日,在周恩来的过问下,南京大学两派造反派达成联合协议。31日,中共中央"中发〔67〕411号文件"下达中央文革小组同意南京大学两派联合的意见。

1968

1月9日,中国人民解放军6483部队军训团进驻南京大学,与造反派组织达成协议,成立南京大学革命委员会。由军代表、南京军区某部政治部主任方敏任革委会主任,原南京大学党委委员、组织部长索毅然、造反派头目文凤来、曾邦元任副主任。

3月13日,召开庆祝南京大学革委会成立大会。各系、各单位也先后成立革委会或革命领导小组。

6月4日,中文、政治、历史、外文、生物5系1600多名师生组成"赴皖学习红卫兵团"赴安徽城西湖军垦农场劳动锻炼。

7月,中央发出《关于派工人宣传队进驻学校的通知》。

8月2日,67届、68届毕业生分配离校。

9月,南京浦镇车辆厂工人毛泽东思想宣传队进驻南大,领导学校"斗、批、改"。各种群众组织解散,报刊停办,"派斗"结束。

12月,校革委会组织全体师生到南京长江大桥工地参加劳动。

1969年

4月,南京大学革委会成立"当权派管理小组",将匡亚明等被打倒的原校领导集中管制学习。

接江苏省革委会通知,全体师生员工赴南京市郊区灵山参加打井和挖煤劳动。

6月,开展"清理阶级队伍"运动,成立"专政队",对所谓牛鬼蛇神进行集中管理,打击、迫害了一大批干部和师生。有师生不堪凌辱,含冤而死。

南京大学开展整党运动。

10月18日,下达林彪关于加强战备的紧急指示(林副主席第一号手令)。19日,根据江苏省革委会指示,全体师生徒步至溧阳分校,实行隐蔽,建立劳动基地。28日,溧阳分校改名"南京大学五七农场",师生从事修筑水利工程、农业生产和砍柴等劳动。校革委会 12 月 2 日《会议纪要》记载:"中文、历史、化学、生物、原校部机关和原后勤,兴修南大五七农场水利工程。"

12 月 2 日,为响应南京市疏散人口、下放干部的紧急动员,南大革委会成立"上山下乡办公室",强迫一些干部和师生下放。

1970 年

4 月,开展清查"五·一六"运动。校革委会成立"一打三反"办公室和"清查五·一六"办公室,在全校进行"大检举"、"大揭发"、"大批判"、"大清理"。大批干部、教职员工被乱揪乱斗。

5 月 28 日,为深挖"五·一六",除中文系和后勤机关留守溧阳五七农场之外,其余各系各单位人员全部回校集中住宿。

6 月 3 日,江苏省革委会负责人吴大胜等来校宣布成立南京大学党的核心领导小组,迟明堂任组长,军代表李登嵩任副组长。

7 月,69 届、70 届毕业生分配离校。

8 月,中文系从溧阳返校。

9 月 9 日,浦镇车辆厂工宣队离校。

15 日,南京电子管厂、港务局和凤凰山铁矿工人组成的第二批工宣队进驻南大。

10 月,中共南京大学党员大会召开。会后,深挖"五·一六"运动升级,造成大批冤假错案。

1971 年

2 月至 4 月,校革委会组织野营拉练。135 名教职工步行 1000 华里,经江宁、溧水、溧阳、宜兴、武进、金坛、句容,以走"五七道路"的名义,对教职工进行强制改造。

4 月 15 日至 7 月 31 日,全国教育工作会议召开,迟群主持,张春桥、姚文元撰写了《全国高等教育工作会议纪要》,提出了两个"基本估计":一是新中国成立后 17 年毛主席的无产阶级教育路线基本上没有得到贯彻执行,教育制度教育方针和方法几乎全是旧的一套,资产阶级专了无产阶级的政;二是原有教师队伍中的大多数的世界观基本上是资产阶级的。

6月19日,国务院发出《关于大专院校放暑假和招生工作的通知》,指出各省、市、自治区按照本地区和高校的实际情况,根据需要和可能处理招生工作。全国教育工作会议后,中央决定于1972年起全国普通高校全面恢复招生,招收工农兵学员。

8月13日,全校大会传达全国教育工作会议有关文件。

9月,林彪出逃,身亡。中共中央在全国范围内开展了批林整风运动,清查林彪反革命集团的罪行。

10月26日,中共中央发出《关于高等院校下放问题的通知》,规定教育部所属高校全部交由所在省、市、自治区革委会领导。南京大学划归江苏省管理。

1972 年

2月,江苏省高校恢复招生。

4月28日,南京大学招收第一批工农兵学员。

9月,中文系第一届工农兵学员30人入学,学制三年。中文系由工宣队负责人和本系教师杨咏祁、叶子铭组成教学领导小组。

1973 年

1月4日,学校制定《南京大学1973—1975年教材建设规划(草稿)》。

2月26日,召开学校教材工作会议。

9月,为开展"教育革命",南大首届工农兵学员和教师们带着教学、科研任务,到厂矿、公社、商店等单位进行"开门办学"。中文系72级学员赴淮阴地区"开门办学",由叶子铭任组长,朱家维任副组长。师生分成六个教学小组,分别驻泗阳棉花原种场、庄西大队、宿迁县的纲要大队、皂和公社、晓甸公社,涟水县的大飞大队,为期三个月。教学内容为采访"农业学大寨"的先进经验和"农村阶级斗争"情况,每个学生以此为题材,创作一篇短篇小说。

1974 年

2月2日,《人民日报》发表社论《把批林批孔的斗争进行到底》,宣告"一场群众性的深入批林批孔的政治斗争正在各个方面展开"。在"批林批孔运动"中,中文、历史等文科师生被派往各地宣讲"儒法斗争史",参加社会上的批林批孔运动。同时,南京大学在批林批孔运动中开始揭发、批判、清查"五·一六"扩大化的严重错误。

3月,江苏省委派原中共常州市委第一书记章德任南京大学党委第一副书记兼校革委会副主任,派周特夫为首的省委调查组进驻南大,帮助开展批林批孔运动。

5月,72级学员到苏州东山镇进行为期两月的"开门办学",教学内容为评论《红楼梦》,并修改第一次"开门办学"创作的小说稿,后由江苏人民出版社结集出版,命名为《红缨》。

1975 年

2月,邓小平主持中央日常工作,进行全面整顿。

3月至12月,根据1974年11月江苏省教育局会议要求各高校开办函授教育的指示,南京大学政治、中文、马列室、历史、物理、化学、地理、生物、气象等系分别在盐城、大丰、阜宁、射阳、东台、响水等区县设点举办短训班和函授班。

4月23日,国务院批转教育部《关于推广朝阳农学院经验和有关政策问题的请示报告》,要求各类院校可根据不同情况进行"社来社去"试点。

南京大学举办"社来社去"大文科,学员的学习内容包括中文、历史和政治等文科专业的基础知识。招生对象为35周岁以下,具有初中以上文化水平的本省县、社的在职人员。毕业后仍回原地区、原单位工作。学制两年。

4月,南京大学召开关于"五·一六"问题的平反大会,对218人的问题公开宣布平反。

10月,首届"社来社去"大文科50名学员入校。

11月20日,毛泽东停止让邓小平统管全面工作。下旬,政治局召开"打招呼会议",宣读了毛泽东批准的《打招呼的讲话要点》,发动了"批邓反击右倾翻案风"的运动。

12月,74级学生和部分教师到南京市江宁县参加"普及大寨县"运动,学生为期半年,教师为期一年。

年底,原贵州省委第一书记周林调至南京大学,接替王勇担任的党委书记兼革委会主任的职务。

1976 年

1月8日,周恩来逝世。南大师生自发到梅园新村中共代表团纪念馆吊唁。13日,南大师生自发在大操场举行追悼大会。

3月25日,南大历史系学生70多人到梅园新村举行悼念周恩来的活动。28日,数学系青年教师、系团总支书记李西宁等带领400多名师生抬着周恩来画像和花圈绕道新街口、大行宫前往梅园新村举行悼念活动。此间,中文系73级学生写信责问《文汇报》3月5日重新登载中央领导人给雷锋题词时为什么不登周恩来总理的题词,《文汇报》的答复引起南大师生的强烈不满。29日,南大师生在校园和市区、车站、码头张贴针对江青、张春桥和《文汇报》的标语。在全国引起很大反响。

4月1日,中央向各地发出追查"南京事件"的通知。南大数学系青年教师李西宁等被捕。校党委副书记章德受到审查。5日,北京爆发"四五运动"。

7月,1973级毕业生乔元忠同学主动申请去西藏工作。

9月9日,毛泽东逝世。

10月6日,中共中央政治局逮捕江青、王洪文、张春桥、姚文元,结束了十年"文化大革命"。

11月,中文系现代文学教研室部分教师和学生接受学校的任务,查阅20世纪30年代的报刊,搜集有关"四人帮"成员江青、张春桥当年的文章、图片,为批判"四人帮"提供历史证据。

1977 年

5月,中文系举办"文化大革命"后第一次"五·二〇"科学报告会。

10月,国务院批转教育部《关于1977年高等学校招生工作意见》和《关于高等学校招收研究生工作意见》,重新规定报考高等学校的考生应具有高中毕业或相当于高中毕业的文化水平;自愿报名,统一考试,地市初选,学校录取,优先保证重点院校;学制恢复为四年。

周林调任教育部副部长兼北京大学党委书记。章德主持南京大学工作。

12月,全国高等院校恢复招生考试。南京大学录取1977级四年制本科生885名。因寒假临近,当年未能入学。中文系录取本科新生50名。

1978 年

1月,首届恢复高等教育入学考试被录取的77级本科生入学。

教育部公布《关于高等学校招收研究生工作安排意见》,将1977、1978两年招收研究生工作合并进行,统称为1978级研究生。

2月,国务院转发《关于恢复和办好全国重点院校的报告》,确定第一批全国重点高校88所,规定部属重点高校实行双重领导,以教育部为主。南京大学名列其中。

5月,匡亚明校长复出,担任南京大学党委书记、校长,章德任党委第二书记兼副校长。

召开纪念建校76周年大会。

中文系洪诚向匡亚明汇报武汉大学程千帆情况。匡亚明在全国高校校长工作会议上向武汉大学校长刘道玉商调程千帆、张月超。

6月,南京大学派中文系副系主任叶子铭前往武汉与程千帆、张月超接洽来南京大学任教之事。

8月,程千帆、张月超应聘来南京大学工作,任中文系教授。

9月,尚未得到平反的陈白尘受匡亚明之聘,出任中文系主任。

10月,"文革"后第二届学生,也是"文革"后首届全国统一招生考试的78级本科生入学。此后本科生统一为秋季入学。

首批招收的研究生入学。学制两年。

教育部通知试行《全国重点学校暂行工作条例（草案）》，实行党委领导下的校长分工负责制，取消校务委员会，设立学术委员会。

本年

南京大学率先试行学分制。

1979 年

3月，南京大学中文、历史、考古、中国哲学史、气象学等专业接受外国留学生入学。同年9月，接受外国研究学者和高级进修生。

南京大学批准成立戏剧研究室，隶属中文系，由陈白尘全面负责。

4月，中文系团总支、学生会主办的文艺刊物《耕耘》和77级本科生主办的文艺刊物《蜜蜂》相继创刊。

5月，中文系学生举办诗歌朗诵会。

9月15日—12月15日，教育部委托南京大学举办全国高校训诂学师资培训班，由中文系洪诚主讲，并邀请山东大学殷孟伦教授、南京师范学院徐复教授讲学。

10月，中文系法国进修生罗汉·沙加尔参加了在法国社会科学高等研究所召开的第12届国际汉藏语言学会议，宣读论文《从汉语苏南丹阳方言论证中古汉语浊摩擦音及其发展》。

11月14日—15日，四川大学中文系主任杨明照教授来南京大学中文系作了两次关于《文心雕龙》的学术报告。

中文系团总支和学生会在玄武湖举行了划船活动，师生员工、外国留学生共200多人参加。

12月，中文系团总支、学生会召开体育工作会议，制订冬季长跑计划。

本年，陈白尘当选为全国文联委员及中国作家协会理事、中国戏剧家协会副主席。

吴白匋任教中文系，至1986年10月退休。

在匡亚明的呼吁下，南京大学在一年级新生中恢复开设"大学语文"课程。

1980年,匡亚明与华东师范大学徐中玉教授共同倡议,在高校中重新开设"大学语文"课程。南京大学和华东师范大学联合发起,在上海成立了全国大学语文教学研究会,匡亚明担任名誉会长,徐中玉担任会长。1982年在南京召开第一届年会。中文系侯镜昶、贾平年等参与编写《大学语文》教材。经教育部批准,中断33年的"大学语文"课程得以恢复。

南京大学根据国务院批转教育部《关于高等学校恢复确定和提升教师职务问题的请示报告》和1978年教育部召开的高等学校教师确定与提升职称工作座谈会的精神,成立机构,恢复教师职务评审和晋升工作。次年提出职称评审工作正常化。

1980年

1月21日,洪诚逝世。

10月,经全系教师投票选举,叶子铭教授出任中文系主任。投票选举产生系主任系全国首例。

12月,程千帆当选江苏省文联副主席、南京市文协主席。

本年

陈白尘当选江苏省文联名誉主席。

全国人大常委会通过《中华人民共和国学位条例》,决定实行学位制度。

1981年

1月,中文系学生成立江东诗社,聘请程千帆、许永璋担任顾问。

4月,南京大学设立研究生处。

6月,钱南扬、王气中、张月超晋升为教授。

11月,国务院第一次学位授予权专业评审中,南京大学获得24个专业的博士学位授予权、53个专业的硕士学位授予权,39人成为博士生导师。中文系中国古代文学学科为首批博士学位授予点,程千帆任博士生导师。中国古代文学、中国现代文学学科为首批硕士学位授予点。

12月下旬,叶子铭应邀参加香港中文大学主办的中国现代文学学术研讨会。

1982 年

1月,匡亚明不再担任党委书记和校长职务,任名誉校长。章德任党委书记,郭令智院士任代校长。

国务院古籍整理规划小组委托程千帆教授主编《全清词》,在南京大学成立《全清词》编纂研究室,该室隶属中文系,由程千帆教授全面负责。

3月5日,为纪念陈万里烈士,中文系召开"万里班"命名授旗大会。78级被命名为"万里班"。

6月,《胡小石论文集》由上海古籍出版社出版。《续编》、《三编》分别由上海古籍出版社于1991年5月、1995年10月出版。

7月22日,陈中凡逝世。

8月30日—11月30日,陈白尘应美国爱荷华大学"国际写作计划"邀请,参加在美国举办的第三期文学创作活动,作题为"古老而年青的中国戏剧"的学术报告。

1983 年

2月—3月,中文系为全体本科生开设语言文学讲座,每周一次,由陈白尘、陈瘦竹、程千帆等老教授和学有专长的中年教师讲授中国古典文学、现当代文学、文艺理论及语言、修辞、书法等有关专题。

4月2日,教育部批准南京大学成立古典文献整理研究所,该所挂靠中文系。

5月,在教育部于武汉召开的全国高等教育工作会上,匡亚明和浙江大学名誉校长刘丹、天津大学名誉校长李曙森、大连工学院名誉院长屈伯川等共同讨论起草了给中共中央书记处的《关于将50所左右高等院校列为国家重大建设项目的建议》。

管雄晋升为教授。

中文系影剧社公演了两出话剧:《十斤粮票换双袜子》(79级胡菊彬、徐成忠作)和《和天使在一起的二十分钟》(苏联剧作家万米洛夫作)。

9月,章德不兼任副校长职务,由郭令智担任代理校长。

受中共江苏省委组织部委托,中文系招收新闻秘书干部专科班,学制两年。共招收两届。

12月,郭维森出任中文系主任。

南京大学成立中国现代文学研究室,隶属中文系,由陈瘦竹全面负责。

本年

陈白尘当选为第六届全国政协委员。

1984 年

3月30日,南京大学古典文献研究所成立,程千帆任所长,周勋初任副所长。

7月,卞孝萱调入南京大学,任古典文献研究所教授。

8月,曲钦岳就任南京大学校长。

叶子铭、周勋初被国务院特批为教授。

9月,受南京军区委托,中文系招收一届军队干部专科班,学制两年。

10月6日,作家高晓声来中文系作专题文学讲座,题为"生活与创作"。

22日,中文系举行首次文学博士学位论文答辩,钱仲联、唐圭璋、徐中玉等九位答辩委员一致通过莫砺锋的博士学位论文《江西诗派研究》,建议授予文学博士学位。莫砺锋成为新中国培养的第一位文学博士,导师为程千帆。

10月30日—11月3日,中文系举办"纪念方光焘先生逝世二十周年学术讨论会",会上成立了方光焘教授学术思想研究中心。

11月,陆渝蓉任校党委书记。

12月1日,南大研究生院成立,冯端任院长。中文系周勋初任副院长。

12月27日—12月29日,南京大学召开首届教职工代表大会,中文系代表团提交了《文科建设亟须加强》的报告。

本年

中文系戏剧学学科被批准为全国第一个戏剧学博士点。

1985 年

1月18日,陈白尘、叶子铭和包忠文向全体师生传达了中国作家协会第四次会员代表大会的精神。

3月,经国务院学位委员会第六次会议讨论通过,叶子铭教授被聘为第二届国务院学科评议组成员(文学评议组)。

中文系团总支、学生会开展智力型勤工助学活动。82级本科生举办古汉语补习班,83、84级本科生应聘担任家庭教师。

4月22日—23日,中国社会科学院语言研究所语言理论研究室主任、《国外语言学》杂志主编赵世开副研究员来中文系作学术报告,题为"语言理论的新发展"和"乔姆斯基语言理论的发展和最新学说"。

5月10日—23日,应程千帆之邀,加拿大皇家学院院士、著名古典文学专家叶嘉莹教授来中文系讲学。

5月,包忠文当选为南京市作家协会主席。

6月1日—7日,中文系举办首届艺术周活动,内容涉及书画、影视、戏曲戏剧、歌舞等各个方面。

6月,"中国高等学校外国文学教学研究会"成立。该会由张月超发起,代表南京大学邀请北京大学、中国人民大学、南开大学、复旦大学等10所著名大学的同行发起。研究会在南京举行成立大会,160多位来自全国各地的代表参加了这次学术界的盛会,张月超当选为副会长。大会以"外国文学研究中的新发展"为主题,进行了5天的学术讨论。大会的论文选集《外国文学研究中的新发展》由张月超主编,1986年由南京大学出版社出版。研究会后改名为"中国高等教育学会外国文学专业委员会",至今仍是外国文学界一支活跃的学术力量。

7月,由高小方主持的中文系暑期课题研究培训班第一期开始,每期编印暑期班同学论文集,一直延续到2013年。

8月,中文系主办"黄侃先生逝世五十周年、诞辰一百周年学术讨论会",由程千帆主持。

9月,受中共南京市委组织部委托,中文系招收一届文秘干部专科班,学制两年。

10月21日，中文系召开黄侃学术奖首次颁奖大会，会议由郭维森主任主持，杨克平（黄侃外孙女婿）为获奖者授奖。

10月，中国话剧文学研究会成立，陈瘦竹当选为名誉会长。

本年

中文系现当代文学学科被批准设立博士点。

1986 年

3月，王希杰、卞觉非、方华编辑的《方光焘语言学论文集》由江苏教育出版社出版。

4月11日，中文系第二届艺术节开幕，影剧社公演了莎士比亚的著名喜剧《驯悍记》。

4月，包忠文、鲍明炜、卞孝萱、郭维森、吴新雷、赵瑞蕻晋升为教授。

程千帆辞去古典文献研究所所长职务，由周勋初出任。

6月，中文系研究生会举办首次读书会，其后每月活动一次。

9月，中文系中国古典文献学、汉语史专业新增为硕士学位授予点。

经国家教委批准，中文系恢复新闻本科专业。首届学生从三年级语言文学专业中招收。

作家赵本夫、顾小虎、朱苏进、储福金从北京鲁迅文学院转入中文系插班学习。此为中文系首届青年作家班。

莫砺锋赴美国哈佛大学哈佛燕京学社任访问学者，并参加在波士顿举行的亚洲学会年会。次年七月回国。

鲁国尧赴美国俄亥俄州参加国际汉藏语学术会议。

11月，吴新雷出任南京大学中国思想家研究中心副主任。

12月，叶子铭出任南京大学研究生院副院长。任期至1995年11月。

董健出任中文系主任。

董健赴俄彼得堡大学、莫斯科大学任访问学者，次年11月回国。期间由包忠文代理中文系主任。

中文系"古代汉语"（柳士镇主持）和"古代文学作品选"（钱南秀主持）两门课程获南京大学课程建设优秀奖一等奖。

1987 年

4月,钱南扬逝世。

6月,中文系《耕耘》丛书第二辑诗集《城墙与我们》印行问世,这是南京大学第一本铅印学生诗集。

中文系新闻专业和夜大新闻摄影班举办的"摄影习作展"在南大南园展出。

8月,杨正润赴美任堪萨斯大学英文系做访问学者。次年8月回国。

9月,中文系留学生教研室从中文系分出,与历史系留学生教研室合并,组建南京大学留学生部,中文系许惟贤教授任部主任。

国家教育委员会批准南京大学中文系正式设立本科青年作家班,大专起点,学制二至三年。

12月,董健、裴显生晋升为教授。

1988 年

2月11日,中文系古代文学教研组和古典文献研究所联合申报全国古代文学重点学科取得成功,被国家教委评为国家首批重点学科,由程千帆、周勋初为学术带头人。1987年至1988年,国家教委组织专家对全国拥有博士学位授予权的一千多个学科、专业进行评审,从中遴选、确定416个国家重点学科。南京大学18个学科入选,在全国高校中居第三位。

7月,边兴昌、陈瀛、张礼训、周锺灵、鲁国尧、吴翠芬、许志英晋升为教授。

11月,曲钦岳连任校长并兼研究生院院长。中文系董健出任副校长。

《胡小石书法选集》由江苏美术出版社出版,全国人大常委会副委员长彭冲题写书名。

12月,许志英出任中文系主任。

南京大学古典文献研究所整理的《汪辟疆文集》由上海古籍出版社出版。

本年

叶子铭被评为国家级"有突出贡献中青年专家"称号。

程千帆当选唐代文学研究会会长。

1989 年

1月,包忠文出任南京大学图书馆馆长。

4月,包忠文当选南京市文联副主席。

张月超逝世。

春夏之交,中国发生北京政治风波。

6月4日—6日,南京大学召开陈瘦竹戏剧理论研讨会,庆贺陈瘦竹教授八十寿辰。

12月26日—1990年1月10日,南京十竹斋画廊举办"胡小石书法展",由吴白匋教授作书法展的前言。

1990 年

6月2日,陈瘦竹逝世。南京大学及中文系隆重治丧。

23日,程千帆向南京大学图书馆捐赠包括《豁蒙楼联句手稿》在内的珍贵书画藏品38幅。

28日—29日,中文系举办"胡小石、陈中凡、汪辟疆三教授百年诞辰学术纪念会",会议由周勋初主持。

8月,韩星臣连任中共南京大学党委书记。

9月,鲁国尧赴东京大学任人文学院外国人研究员。

10月,鲁国尧参加日本中国语学会第四十届年会,并作"通泰方言的溯源与察今"演讲。

11月,中文系主办"唐代文学国际学术讨论会",周勋初任会议主席,莫砺锋任秘书长。

12月,高国藩、胡若定、钱林森晋升为教授。

本年

国务院正式批准启动任继愈主编的《中华大典》编纂工作,列为国家级重点古籍整理项目,作为"中国古代典籍的百科全书",是新中国成立以来最大的文化工程之一。中文系程千帆任《中华大典》副主编及《文学典》主编;卞孝萱任《中华大典》编委及《隋唐五代文学分典》主编;张伯伟任《文学理论分典》主编。两部《分典》由凤凰出版社于2000年、2008年先后出版。

南京大学戏剧研究室改名为南京大学戏剧影视研究所。

中文系办公地点从原金陵大学赛珍珠旧居(今赛珍珠纪念馆)和西南楼二楼迁至文科楼六楼、七楼、二楼。

柳士镇担任全国高考语文试题国家考试中心专家组组长。

1991 年

1月25日,中宣部、国家人事部、国家教委、国务院学位委员会联合举行表彰大会,表彰全国1000多名有突出贡献的博士、硕士、留学回国人员和优秀大学毕业生。南大有20名毕业生获"有突出贡献的中国博士、硕士称号"。中文系有莫砺锋、朱栋霖二人。

28日,中文系新闻专业与江苏省石油总公司正式成立"新闻宣传教学实践联合体"。中央人民广播电台报道称"这是我国第一个新闻教学实践联合体"。

30日,经国务院学位委员会第九次会议批准,南京大学汉语史被增设为博士点。

江苏省第三届哲学社会科学优秀成果奖评选结果公布,陈白尘、董健编著的《中国现代戏剧史稿》荣获一等奖。

3月,薛遴赴瑞典隆德大学东方语言系任客座研究员,教授汉语课程,次年2月回国。

5月30日,学校决定在原中文系中国现当代文学研究室的基础上建立"南京大学中国现当代文学研究所"。

31日,中文系和江苏省昆剧院联合组织昆剧教学观摩演出,特邀昆剧演员张寄蝶、张继青演出《打虎游街》、《琴挑》、《游殿》、《游园惊梦》四场剧目。

5月,程千帆为纪念亡妻沈祖棻捐赠1万元人民币设立"沈祖棻奖学金",用于奖励中文系品学兼优的在读本科生。

6月18日—21日,周勋初参加新加坡国立大学主办的"汉学研究之回顾与前瞻"国际会议。

6月,中文系和中国艺术研究院话剧研究所、中国戏剧家协会创作委员会、中国话剧文学学会、浙江大学中文系、中国戏剧出版社联合在北京主办"陈瘦竹戏剧理论学术研讨会",大会由叶子铭教授主持。

8月17日,钱林森赴日本参加第13届国际比较文学学术讨论会。

8月,卞孝萱赴香港参加隋唐五代史国际研讨会。

9月,鲁国尧入选全国哲学社会科学学科评议组(语言学)成员。

中文系新闻专业与中文系脱离,独立建系,丁伯铨出任南京大学新闻系首届系主任。同时建立新闻学研究所,裴显生任所长。

曹虹赴京都大学任外国研究员。

11月23日—30日,周勋初赴香港中文大学作短期学术访问。

国家人事部批准南京大学33位专家自7月1日起享受国务院政府特殊津贴,中文系有程千帆、陈白尘、周勋初、叶子铭。

12月30日,南京大学举行首届"南京大学研究生导师教书育人奖"、江苏省第二届"优秀研究生教师教书育人奖"、"南京大学第四届新星科学奖"颁奖大会。周勋初获南大和江苏省"教书育人奖"。

1992 年

1月25日,中共中央总书记江泽民视察南大。

鲁国尧赴美国合作研究6个月。

2月29日,任天石出任南京大学出版社总编。

莫砺锋晋升为教授。

3月11日,周勋初《唐语林校证》(上下)获得国家古籍整理图书奖。

12日,南大成立文学院、理学院、地学院、技术科学院、生命科学院。董健任文学院院长,这是在中国语言文学、历史学、哲学、政治学、文献情报学、外文等系的基础上成立的虚体学院。为实现学科整合,南大将校、系、教研室的管理体制向校、院、系的体制过渡,从1987年5月开始组建学院,至1994年组建了10个学院,其中有5个为虚体学院。

5月校人事处、科研处、校团委联合授予11位青年教师"南京大学青年科研新秀"称号。中文系有朱寿桐。

21日,庆祝南京大学建校90周年庆祝大会在五台山体育馆隆重召开。

6月10日,中文系隆重颁发沈祖棻奖学金、黄侃奖学金和胡小石奖学金,仪式由系主任许志英教授主持,程千帆颁奖。

7月2日,国家教委确定南京大学中文系为"国家文科人才培养和科学研究基地"试点单位。

吴新雷担任中国思想家研究中心主任。

8月25日,吴白匋逝世。

9月5日,南大遴选25名中青年骨干作为各门学科带头人的培养对象。中文系有赵宪章、潘知常。

21日,"程千帆先生八十寿辰庆祝会"在中美文化中心召开,会议由周勋初主持。名誉校长匡亚明、校党委书记韩星臣、全国高校古籍整理研究工作委员会副主任安平秋等致辞。程千帆先生讲话。在讲话中对匡亚明校长说"不遇明公,荆州老从事耳"。

10月7日,南京大学建立浦口校区。

28日,周勋初、许结赴香港参加第二届国际赋学研讨会。

王继志、赵宪章晋升为教授。

11月,陈白尘、董健主编《中国现代戏剧史稿》获第二届全国高校优秀教材奖特等奖。

12月,黄政枢、凌继尧、潘知常、汪应果、邹恬晋升为教授。

本年

中文系创办学术集刊《文学研究》,由南京大学出版社出版,至1997年出版5辑。

包忠文、鲁国尧、许志英、卞孝萱、董健、莫砺锋、赵宪章、高小方、潘知常享受国务院政府特殊津贴。

1993年

2月,曲钦岳再次连任校长。

23日,王气中逝世。

3月12日,南京大学召开1992年度表彰大会,表彰1992年度为学校作出重大贡献者。陈白尘、董健主编《中国现代戏剧史稿》获奖。

4月,卞孝萱当选为中国民主建国会第六届中央委员。

5月10日,胡若定任中文系主任。

6月8日—12日,周勋初、程章灿参加香港中文大学主办的"魏晋南北朝文学国际研讨会"。

23日,周宪赴荷兰参加第10届国际文学与心理学大会。

7月11日—14日,文学院主办"海峡两岸文学研究新趋势"研讨会。

26日至31日,全国高校首届"研究生杯"乒乓球赛在合肥中国科技大学举行,南大研究生代表队队员、中文系教师、在职研究生周欣展荣获男子单打冠军。

8月,本系制定的"国家文科人才培养和科学研究基地"建设方案在委属院校中文系主任云南会议获得通过。

《陈中凡论文集》由上海古籍出版社出版。

中文系中国现当代文学学科荣获江苏省教委表彰的优秀学科梯队,叶子铭荣获"优秀学科带头人"称号。

南京大学通报表扬1992—1993学年"三育人"积极分子,张伯伟入选。

9月,台湾作家白先勇访问中文系,与陈白尘、吴白匋会晤。

10月29日美国加州大学柏克莱分校东方语言学系讲座教授、台湾"中央研究院"院士丁邦新博士应邀来南大作学术演讲。

11月4日,中文系党总支改选,朱家维任总支书记,吕效平任副书记。

12月20日,周锺灵逝世。

丁帆、李开、柳士镇、王立兴、王希杰晋升为教授。

程千帆获日本岐阜县议长奖。为纪念中日邦交正常化20周年,1992年,南大东方书画艺术研究中心与日本书人会、日本水墨画会联合举办"一衣带水,友谊长存"书画展。

本年

南京大学遴选9名中青年学术骨干张伯伟入选。

胡若定、吴新雷、高国藩、管雄、钱林森、汪应果、郭维森、柳士镇、徐有富、王继志、朱寿桐享受国务院政府特殊津贴。

1994 年

1月2日,香港中文大学文学社华东旅游交流团访问南京大学,拜访中文系程千帆教授和周勋初教授,并与汇文学社和中文系学生进行交流、联欢。

3月,周宪赴韩国崇实大学任客座教授,为期一年。

中文系师生为浦口校区捐献专业参考书、学术名著、文艺书刊近400册。

4月,中文系被批准设立博士后流动站。

28日,陈白尘逝世。南京大学及中文系隆重治丧。

8月1日—11月3日,周勋初受日本文部省特邀,赴日本国立奈良女子大学讲学,期间曾前往京都大学、大阪市立大学作学术讲演,并参加了日本中国学会年会。

9月8日,南京大学首届奖教金评定,中文系包忠文、高小方、赵宪章、王继志分别荣获一等、二等、三等、单项奖。

9月,薛遴赴瑞典隆德大学东方语言系任客座研究员。

10月18日,吴新雷赴香港参加红学研讨会。

11月18日至20日,国家教委组织对南京大学申请进入"211工程"一期进行预审并通过,中国文学学科被南大确定11个重点支持的学科群点之一。

30日,董健、朱栋霖赴香港参加当代华文戏剧创作研讨会。

12月17日,王希杰赴澳门参加语言风格学与翻译写作国际研讨会。

本年

江苏省教委组织专家学者遴选江苏省重点学科,中国现当代文学专业入选。

程千帆、吴新雷著《两宋文学史》获江苏省第四届哲学社会科学成果一等奖。

周维培任哈佛大学哈佛燕京学社及东亚系访问学者,为期一年。

1995 年

1月15日,邹恬逝世。

30日,南京大学成立中国文化研究院,哲学系赖永海任院长,中文系莫砺锋、历史系刘迎胜任副院长。

2月,国家教委批准第一批全国30所高校49个国家文科基础学科研究与人才培养基地,南京大学中文、历史专业进入。

3月,吴枝培、俞为民、杨正润、张伯伟晋升为教授。

朱寿桐赴韩国任教,为期一年。

4月,莫砺锋赴日本访问17天。

5月20日,校庆大会颁发南京大学首届"青年教师奖教金",赵宪章获青年教师学术研究奖,张宏生获青年教师育才奖,徐兴无获青年教师希望之星奖。

6月5日—7日,中文系主办"陈白尘逝世周年纪念会暨中国话剧研究会第六届年会"。会上评出第二届中国话剧研究优秀著作奖和论文奖。陈白尘、董健主编《中国现代戏剧史稿》、周安华《深沉悲怆的生命旋律——论中国八十年代悲剧》、胡星亮《中国现代喜剧论》获优秀著作奖;董健《论中国现代戏剧"两度西潮"的同与异》、顾文勋《余上沅剧作简论》获优秀论文奖。董健当选为中国话剧研究会副会长。

7月11日,赵宪章教授出任中文系主任。杨正润、徐有富、杨锡彭为副主任。中文系成立系务委员会,由正副书记、正副系主任、学术(学位)委员会主席、工会主席组成,作为中文系最高决策机构。

系务委员会讨论通过《本届系行政工作设想》、《中文系系务委员会工作条例》、《中文系教学委员会简章》等文件及系行政办公会议、系学术(学位)委员会、系教学委员会等机构成员名单以及各专业和室(所)负责人。

16日校学位办通知,汪应果、李开被增列为博士生导师。

8月,程章灿赴美国哈佛大学担任访问学者,为期一年。

第二届国际大专辩论赛在北京举行,南京大学队荣获冠军。一年级硕士研究生杨蔚担任第四辩手,获得优秀辩手称号。教练周宪、周安华为中文系教师。

9月1日,学校发文公布获得南京大学1994—1995学年奖教金教师名单,中文系教师有柳士镇(一等),周安华、高小方、王继志、胡有清(二等),张育英、张建勤、杨锡彭、唐建清、莫砺锋、邓兴锋、陆炜、顾文勋、倪婷婷、李开、徐有富(三等),周宪、王希杰、吴永坤(单项)。

9月2日,南京大学实行每周五天工作制。

顾黔赴美国加州柏克莱校区赵元任语言学研究中心任访问学者,为期一年。

邹午蓉赴美国任教,为期一年。

10日,南京大学庆祝教师节大会,颁发奖教金,柳士镇荣获一等奖教金。

15日,校党委任命刘源担任中文系、新闻系党总支副书记。

10月13日—14日,周勋初教授参加韩国成均馆大学举办的第五回东洋学国际学术会议。

20日,戏剧研究所举办"国立剧专六十年史料图片集成展",纪念中国第一所戏剧学院——国立戏剧专科学校成立六十周年。

11月14日—11月17日,中文系与古典文献研究所联合主办"魏晋南北朝文学国际学术研讨会",会议由周勋初主持,张伯伟任秘书长。

24日—29日,周勋初赴马来西亚参加"传统思想与社会变迁国际学术研讨会"。

11月,国家语委在南京大学召开语言文字规范化座谈会,中文系鲁国尧、王继志等参加座谈。

12月8日,莫砺锋赴香港参加国际宋代文学研讨会。

12日,柳士镇出任南京大学社会科学处处长。李开出任海外教育学院副院长,院长由洪银兴副校长兼任。

15日,南京大学中韩文化研究中心成立。中文系高国藩任主任。

20日,南京大学首次奖管金发放,中文系获得此项奖励的有朱家维、孟锡平(二等),王恒明、程丽则、何剑叶、王一涓(三等)。

12月,江苏省重点学科评估,中文系中国现当代文学(含戏剧学)专业通过评估,并获得全校唯一的A级。

本年

中文系设立编辑学本科专业,徐有富任专业负责人。

叶子铭担任全国哲学社会科学学科评议组(现当代文学)第一召集人。

李开享受国务院政府特殊津贴。

中文系与留学生部联办韩国蔚山大学汉语研修班(8月31日—12月21日)及中文系HSK强化培训班(1995年12月21日—1996年1月16日)。此为中文系首次举办外国学生短期培训班及HSK培训班。

张伯伟编选《程千帆诗论选集》获国家教委人文社科优秀成果奖一等奖；高国藩《敦煌古俗与民俗流变》、朱寿桐《情绪：创造社的诗学宇宙》获二等奖。

柳士镇等"文科基地建设"获校优秀教学成果一等奖。胡有清"讲、评、练教学法在《文学概论》课中和实施与研究"、高小方"第五届暑期课题研究培训班"获二等奖。

1996 年

1月9日，国务院学位办会议通过南京大学中文系文艺学专业与华中师范大学文艺学专业联合博士培养点。

1月，赵宪章被教育部聘为"高等学校中国语言文学学科教学指导委员会"委员。

2月27日，国家教委同意曲钦岳的请求，带职休养，任命陈懿为南京大学代理校长。

博士生俞士玲赴日本奈良女子大学，联合培养，为期一年。

3月11日，人文学科教学强化班在浦口校区举行开学典礼。1月15日，南京大学设立哲学人文科学教学强化班，首届文科强化班从中文、历史、哲学三系一年级学生中选拔。中文系张伯伟出任基地主任。

16日，程章灿获霍英东教育基金第五届青年教师奖（研究类）。

程千帆、徐有富著《校雠广义·版本编》获国家教委第三届优秀教材一等奖。包忠文《现代文学观念史》荣获二等奖。

杨锡彭赴韩国东国大学任教一年，姚松接任其副系主任职务。

25日，中文系决定撤销原大一写作教研室，成立秘书学专业教研室，任命张建勤为秘书学专业负责人。任命周安华为系主任助理，负责涉外办学和社会办学。

3月，中文系决定建设微机房，组建内部局域网，同时调整、装修办公室。在南京大学文科院系中开办公自动化、现代化风气之先。

4月18日，中文系举办"《黄景欣语言研究论文集》首发式暨学术研讨会"。黄景欣亲属与会，南京大学党委书记韩星臣、副校长张永桃，中文系叶子铭、朱家维等出席会议，会议由系主任赵宪章主持。黄景欣外甥香港林格力先生在中文系设立"黄景欣语言文学奖教金"。

19日—28日,卞孝萱、周勋初赴台湾参加"两岸古籍整理研究学术研讨会"。

23—26日,江苏省比较文学学会、南大比较文学与比较文化研究所与欧洲跨文化研究所、人类进步基金举办"文化:中西对话中的差异与共存"国际学术讨论会。中文系钱林森担任会议组委会中方主席。

25日,中文系组织"当代学术进展"系列报告,王元化作"对五四新文化运动的再认识和再评价"报告。

26日,汤一介作"古今文化之争与中国现代化的发展"、乐黛云作"世纪转折时期关于文化发展的几点思考"报告。

29日,南大确定1995年度中青年学术骨干,中文系胡星亮入选。

丁帆、张伯伟、柳士镇、钱林森、俞为民被评为博士生导师。

徐有富、张宏生、朱寿桐晋升为教授。

5月1日—7月31日,张伯伟应聘为韩国国际交流财团特约研究员,赴韩进行"十至十四世纪中韩诗学比较研究"项目,在此期间曾参加"东方诗话学国际学术大会",应邀前往岭南大学作学术讲演。

15日,国家古籍整理出版规划小组、中共江苏省委宣传部和南京大学在北京人民大会堂举办匡亚明主编《中国思想家评传丛书》新闻发布会。中文系5位教师担任该丛书编纂组成员,程千帆任顾问,周勋初任终审小组成员。卞孝萱、巩本栋、周勋初任丛书副主编。

5月,系务委员会决定改革课时酬金分配方法,将教师承担的各种工作折算为课时,增加本科教学课时酬金系数以鼓励教师为本科生上课,设计工作量计算及酬金发放专用软件以减轻工作量计算难度。建立健全财务管理制度,改革系管经费使用方法。

6月,国务院学位办正式下文批准中文系文艺学学科与华中师范大学文艺学学科联合设立博士点。

7月8日—15日,董健赴奥地利参加"中国对战争和平世界的观念"专题国际会议"。

7月,投入3.5万元资金,改造系资料室,改善线装书收藏、借阅条件;建设多功能报告厅1间,办公室改造、装修完成,总投入6.5万元。

8月,孙蓉蓉副教授赴美国衣荷华州古林大学任教,为期一年。

9月5日,中文系局域网接入广域网,开通 Email。

9月9日,南京大学庆祝教师节大会颁发奖教金,张伯伟荣获特等奖,莫砺锋获一等奖,董健获二等奖,包忠文获三等奖。周勋初获1996年度江苏省优秀学科带头人,中国古代文学专业获优秀学科梯队。中文系获得南京大学第二批奖管金的有朱家维(二等)、吕效平、王恒明、程丽则、王一涓(三等)。

25日,中文系古代文学学科成立读书研讨会"素心会",并举行第一次中国古典文学专题讨论会。取陶渊明"闻多素心人,乐与数晨夕。奇文共欣赏,疑义相与析"句意。

9月,中文系独立主办韩国蔚山大学班开学。

莫砺锋赴韩国全南大学任教,为期一年。在此期间曾应邀前往成均馆大学、庆北大学、岭南大学、济州大学作学术演讲,并参加了"中韩戏剧学学术研讨会"和"韩国中国人文科学会"第14届年会。

张宏生赴美国哈佛大学燕京学社任访问学者,为期一年。在此期间曾应邀在哈佛大学、耶鲁大学、佛罗里达大学作学术演讲,并参加了在迈阿密举行的唐学会年会暨学术研讨会。

10月7日,中国社会科学院民族研究所研究员金有景向中文系赠送《中国拉祜族语方言地图集》,并就民族语言研究问题作学术报告。

10月,中文系文献光盘数据检索站试运行,姚松对部分老师进行培训。该检索站兼作多媒体教学实验室。

11月23日—25日,周勋初参加台湾政治大学主办的"台湾第三届唐代文化学术研讨会"。

27日,聘请石启忠为中文系编辑学专业兼职教授。

12月10日,南京大学中文系九五学科建设讨论会开始举行。计划会议分成三个阶段进行,预计1997年1月结束。

12月19日—24日,程章灿、许结赴台湾参加第三届辞赋学学术研讨会。

本年

胡有清等主持的"《文学概论》课程建设和教学改革"项目获1996年度江苏省普通高校优秀教学成果一等奖。

朱寿桐获教育部1996年资助优秀青年教师基金奖励。王爱松获南京大学新星科学奖。张伯伟获宝钢教育奖优秀奖。

丁帆享受国务院政府特殊津贴。

1997 年

1月,中文系建立浦口校区阅览室。

3月21日,香港环宇企业公司杨克平先生向中文系捐款人民币10万元,设立"黄侃——杨克平"奖教金,南京大学授予杨克平先生顾问教授荣誉称号。

3月19—26日,高国藩赴韩国参加韩国古典文学会学术发表大会。

3月,胡星亮、邹午蓉晋升为教授。

3月—1998年3月,曹虹赴韩国高丽大学任教一年,在此期间曾应邀前往慕山学术研究所作学术讲演,并参加诚信女子大学人文科学研究所主办的从女性主义观点看语言文学国际会议,岭南中国语文学会主办的中国文学文体研究国际会议,忠南大学宋子学研究所主办的第三届尤庵文化祭,顺天乡大学主办的中国文学研究国际会议。

4月10日,国家教委任命蒋树声为南京大学校长。

28日,程千帆、徐有富《校雠广义·版本篇》、胡有清等"《文学概论》课程建设和教学改革"项目获1997年度普通高校国家教学成果二等奖。

5月19日—20日,中国思想家研究中心召开两场以"中国传统文化"为主题的首届学术研讨会。《中国思想家评传丛书》(200部)有关编撰组织人员、撰写者参加了会议。中文系卞孝萱、巩本栋等与会。

5月,中文系总支换届,吕效平接任中文系总支书记,刘源为副书记。周欣展为中文系学生工作组组长、教学委员会委员。

6月3日—17日,吴新雷赴台湾参加两岸明清戏曲学术研讨会。

6日—30日,钱林森赴法国参加中欧跨文化国际学术研讨会。

20日,南京大学表彰97届统配毕业博士生自愿赴边远地区国家重点单位就业者,中文系有博士生殷祝胜。

27日,程章灿出任古典文献研究所副所长。

7月25日,以美国内布拉斯卡大学艺术表演学院院长理查德·德士特教授为团长的美国戏剧教育代表团访问中文系戏剧影视研究所。

7月,钱林森应欧洲跨文化研究院和法国人类进步基金会邀请,赴法国巴黎参加中欧学者和出版家会议。

10月14日—1998年1月18日,周勋初赴美国作学术访问,在此期间曾前往密歇根州立大学、西雅图华盛顿大学、休斯顿莱斯大学作学术讲演,均以李白为题。

15日,由信息管理系、社科处、中文系联合研制的"南京大学人文、社会科学类研究成果管理系统(UN—KCMS)"通过省教委组织的专家鉴定。

17日,中文系和外国语学院联合举行南京大学比较文学与比较文化研究所授牌、聘任兼职教授,赵宪章主持会议。研究所聘任的兼职教授有:国际中国哲学学会主席、北京大学哲学研究所所长汤一介教授,中国比较文学学会会长、北京大学比较文学与比较文化研究所所长乐黛云教授,中国文艺理论学会会长、华东师范大学王元化教授,欧洲跨文化研究院院长李比雄,法国巴黎大学比较文学首席教授谢福来。会后,乐黛云教授作学术报告,题为"比较文学与二十一世纪文化热点"。

23日—29日,张伯伟赴台湾参加第三届魏晋南北朝文学学术研讨会。

11月,中共南大第七次代表大会召开,韩星臣连任党委书记。

杨正润《传记文学史纲》获江苏首第五次哲学社会科学优秀成果奖一等奖;卞孝萱《刘禹锡评传》、吴新雷《中国戏曲史论》获二等奖。

23日—29日,赵宪章赴台湾"中央大学"参加两岸21世纪科技发展与人才培育研讨会。

12月,董健出任《南京大学学报》(文科版)编委会主任。

《陈白尘文集》8卷本由江苏文艺出版社出版。

本年

经国家教育部和国务院学位委员会批准,中文系在新加坡创办硕士学历学位研究生班。

中文系与中国社会科学院《文学评论》编辑部签订协议,将"《文学研究》以《文学评论丛刊》的名义继续编辑出版,双方共同编辑",编辑部设在南京大学中文系,由南京大学资助出版。

中文系系务委员会讨论决定,创办《南京大学中文学报》。

张伯伟入选江苏省"青蓝工程中青年学术带头人"。

杨正润享受国务院政府特殊津贴。

1998 年

2月,武秀成赴韩国东国大学任教,为期一年。

3月28日,中文系邀请"疯狂英语"创始人李阳为浦口校区本科生作演讲。之后中文系主办了"英语教学反思研讨活动"。

3月,滕志贤、周宪晋升为教授。

4月4日,南京大学成立基础学科教育学院,程千帆出席。

28日,中文系与中国社会科学院《文学评论》编辑部联合举办"《文学评论丛刊》首发式暨文学现状研讨会"。赵宪章主持会议。

5月6日—8日,周勋初、鲁国尧、莫砺锋、张伯伟参加北京大学为纪念建校百年而举办的"汉学研究国际会议"。

15日,管雄逝世。

18日—25日,南京大学浦口校区举办"田汉百年话剧周暨第一届校园话剧研讨会",开幕式上演了话剧《面具》(中文系96级本科生自编自导)。之后由中文系师生陆续推出话剧《咖啡店之一夜》、《潇潇春雨》等。

6月23日,中文系与江苏人民艺术剧院联合举办"田汉诞辰100周年纪念演出",中文系96级本科生上演话剧《咖啡店之一夜》(田汉早期作品)和《面具》(96级本科生自编自导)。

23日—25日,中文系国家级文科基础人才培养和科学研究基地接受教育部中期检查,被评为优秀基地。

6月,经国务院学位委员会批准,中文系荣获国家首批"博士学位授权一级学科点"。

7月—9月,程章灿应邀赴美国宾州大学历史系做高级访问学者,研究课题"中国文化在美国(1784—1844)"。

8月2日—6日,张伯伟赴台湾参加中华文化与世界汉文学学术研讨会。

11日—8月25日,张伯伟应邀赴越南河内汉喃研究院作学术考察。

15日—19日,刘俊赴美国参加台湾文学国际研讨会。

8月31日—1999年1月30日,周勋初应邀赴台湾"清华大学"中文系任教,在此期间曾前往玄奘大学、东海大学、中兴大学、逢甲大学、台湾交通大学作学术讲演,并参加了由成功大学主办的"台湾唐代第四届文化学术研讨会"、中国文化大学主办的"魏晋南北朝文学研讨会"。

9月,南京大学确定国家"211工程"一期19项标志性成果,中文系周勋初教授主持的"中国文学研究标志性成果"当选。

10月22日—25日,中文系与古典文献研究所联合主办"第四届国际辞赋学学术研讨会",会议由周勋初主持,许结任秘书长。

30日—11月8日,张伯伟赴新加坡短期授课,在此期间曾前往新加坡国立大学中文系作学术讲演。

11月3日—4日,张宏生赴香港参加香港浸会大学举办的"第三届宗教与文学学术研讨会"。

4日—8日,卞孝萱赴台湾参加"两岸章太炎与近代中国学术研讨会"。

11月,中文系出台"中文一级学科研究生培养方案"以及以"三专"(专书、专人、专题研究)课程为核心的本科教改方案。

12月1日—7日,张宏生赴台湾"中央研究院"参加"元代经学研讨会"。

18日,江苏省文联、省作协和南京大学联合举办"方光焘、黄淬伯教授百年诞辰纪念暨学术研讨会",徐复、鲍明炜、赵诚教授等到会发言。会上,黄淬伯之子黄东迈教授向南京大学捐赠了《陈仲甫先生论韵遗墨》。

19日,中华书局编审赵诚、中国社会科学院语言研究所研究员曹剑芬共同来中文系作了专场学术报告会,题目分别为"语言研究方法论"、"韵律特征和话语结构"。

28日,程章灿、张伯伟赴台湾参加魏晋南北朝学术研讨会。

本年

胡星亮《中国现代比较戏剧史》、张宏生《江湖诗派研究》获1998年国家教委人文社会科学研究优秀成果奖二等奖;张伯伟《全唐五代诗格校考》、赵宪章《西方形式美学》、杨正润《传记文学史纲》获三等奖。

1963级汉语言文学专业本科生孙家正担任中华人民共和国文化部部长,任期至2008年。

张伯伟享受国务院政府特殊津贴。

胡星亮入选教育部1998年"跨世纪优秀人才培养计划(人文社会科学)"。

1999 年

2月8日,周勋初出任江苏省文史研究馆馆长。原馆长程千帆改任名誉馆长。

2月15日,赵瑞蕻逝世。

2月,徐有富赴韩国东国大学任教,为期一年。

3月12日—14日,董健赴台湾参加台湾现代剧场研讨会。

31日—4月1日,作家王蒙受聘为南京大学兼职教授,同时在鼓楼、浦口两校区作了三场讲演,主题为"文学:精神的可塑性"。

3月,程章灿、巩本栋、胡有清、周维培晋升为教授。

南京大学在中文系召开1998年文科工作总结会,赵宪章介绍中文系在科研方面的措施与成效。

许结、徐兴无赴香港中文大学担任访问学者。

4月24—30日,董健赴台湾参加两岸媒体、社会和历史学术研讨会。

4月,《南京大学中文系本科生学生作品选集(1978—1998)》、《南京大学中文系本科学生论文选集(1978—1998)》由南京大学出版社出版。

5月14日—23日,孙蓉蓉赴台湾参加海峡两岸《文心雕龙》学术研讨会。

25日—27日,周勋初赴香港参加"《中国思想家评传丛书》百部首发式",参加南京大学与香港大学联合召开的"中国传统文化与现代社会论坛",并前往香港教育学院、香港中文大学、浸会大学作学术讲演,均以李白为题。

6月6日—7日,王希杰赴台湾参加海峡两岸修辞学学术研讨会。

10日—11日,曹虹赴台湾参加域外汉文小说学术研讨会。

15日,南京大学隆重举行"陈瘦竹诞辰90周年纪念会暨《陈瘦竹戏剧论集》首发式"。

7月8日—12日,许结、张伯伟赴韩国参加东方诗话学第一次国际学术大会。

7月,杨正润赴美国华盛顿大学比较文学系任访问教授。

8月6日—9日,刘俊赴美国参加加州大学台湾文学国际研讨会。

22日—29日,徐兴无赴台湾"清华大学"参加"纪念闻一多先生一百周年诞辰学术研讨会"。

9月,吕效平赴法国阿尔多瓦大学任教,为期一年。姚松接任中文系新闻系总支书记。张建勤接任副系主任。

10月,南京大学中国现代文学研究中心成立,该所挂靠中文系,主任为叶子铭教授。同时,该中心通过国家教育部验收,成为教育人文社会科学重点研究基地。

11月,南京大学施行岗位津贴制度,将所有教职工分为校聘和院系聘两类,教师校聘岗津贴为1—3档,院系聘为4—7档;其他系列及管理人员校聘岗位津贴1—5档,院系级校部机关聘岗位津贴为6—9档,金额从每年5万到3000元不等。在全校及全国引起反响。

中文系成立岗位聘任小组,根据学校政策确定各类岗位的岗位职责,并制定津贴施行办法。

12月中旬,赵宪章陪同洪银兴副校长赴日本考察访问,为期半个月。

12月30日,中文系举行首届优秀学科带头人颁奖仪式,蒋树声校长为程千帆、叶子铭、周勋初、董健四位教授颁奖。

本年

朱寿桐入选1999年度教育部"跨世纪优秀人才培养计划(人文社会科学)"。

莫砺锋入选1999年江苏省"333人才培养工程"(第二层次)。

中文系在马来西亚槟城韩江学院创办中国语言文学硕士班。9月开始筹办,11月底获得教育部批准。

2000年

2月14日,南京大学域外汉籍研究所成立,张伯伟任所长。

2月底,南京大学韩星臣书记来中文系召开全系大会,进行新一届系主任人选民意测验。

3月底,学校任命新一届行政领导班子,赵宪章继续任系主任,周宪、汪维辉、张建勤任副系主任。

4月初,南京大学召开文科工作会议,提出建设高水平大学文科的目标任务。要求设计"十五"及"985"发展规划。

4月11日,南京大学现代文学研究中心举行揭牌仪式,洪银兴副校长向中心主任叶子铭教授颁发聘书。

13日,宣布周欣展为中共中文系新闻系党总支副书记。

27日,浙江大学文学院院长、武侠小说家金庸来我校作学术报告,题为"南京与中国政治文化"。

27日—28日,曹虹赴台湾参加"明清文学国际学术研讨会"。

4月,曹虹、高小方、郭熙、周安华晋升为教授。

张伯伟、朱寿桐入选教育部"跨世纪优秀人才培养计划(人文社会科学)"。

5月16日—19日,中文系、南京大学明清文学研究所举办"明清文学与性别国际学术研讨会",会议由明清文学研究所所长张宏生主持。

25日,郭维森赴台湾参加"屈原研究国际研讨会"。

26日,周宪、方忠(博士后)赴香港参加"旅行与文艺学术研讨会"。

6月3日,程千帆逝世。中文系在文科楼六楼中文系报告厅设灵堂,隆重举行吊唁程千帆活动。

6月,张宏生出任基础学科教育学院副院长。

7月6日,张宏生、巩本栋赴台湾参加"中华儒学国际研讨会"。

21日,周安华赴香港参加"成人教育与社会发展国际研讨会"。

26日,张宏生赴新加坡参加"明清研究:现状的讨论与方法的反思"学术研讨会。

7月,徐兴无赴美国哈佛大学燕京学社担任访问学者,为期一年。

8月24日,叶子铭、丁帆赴韩国参加"第20届中国学国际学术会议"。

8月,中央电视台推出大型专题访谈节目《历程》,中文系98级本科生陈早担任特别主持。

9月15日,全系大会上,系主任赵宪章提出,"外延扩张"的发展阶段已基本结束,今后中文系将重点放在"充实内涵"方面。

刘俊赴台湾参加"两岸文学发展研讨会"。

20日,《江苏文史研究》刊出"纪念程千帆先生专号"。

25日,博士研究生孙立尧赴台湾参加大学生民乐文化交流。

29日下午,中文系与江苏省文史馆联合召开程千帆先生追思会。

9月,莫砺锋主编《程千帆全集》十五卷本由河北教育出版社出版。

《周勋初文集》七卷本由江苏古籍出版社出版。

周宪的博士学位论文《布莱希特与中国当代戏剧》荣获2000年全国优秀博士论文,导师为董健教授。

9月,1996级本科生顾涛赴宁夏隆德县中学支教。

10月12日,中国社会科学院研究员、《文学评论》主编钱中文来中文系作学术报告,题为"新理性精神文学论"。

14日,台湾作家林清玄来南大访问讲学。

18日,学校布置"三讲"(讲学习、讲政治、讲正气)教育活动。至12月底结束。

10月,中文系于浦口校区开设博士生导师讲座,第一期为莫砺锋教授主讲"中国古典文学中的爱情主题",以后每周举办一次。

胡星亮赴法国阿尔多瓦大学任教,为期一年。

中文系作家班学生孙歌《我想把日子过得简单一点》荣获"新世纪全球华人青年文学奖"一等优秀奖。1988级贾佳的《迁居》荣获二等优秀奖。

11月25日—26日,中文系召开"程千帆先生学术思想研讨会"。

11月,博士研究生徐雁平荣获宝钢教育基金优秀学生奖。

12月,南京大学中文话剧节在浦口校区举行。

本年

赵宪章等主持"中文学科人才培养模式研究"获江苏省高等学校优秀教学成果特等奖。

丁帆主编《中国现代文学史》入选教育部"面向21世纪教材"。

张伯伟入选2000年度教育部"跨世纪优秀人才培养计划(人文社会科学)"。

胡有清当选江苏省台湾同胞联谊会第七届会长。此后连任第八届会长,任期至2012年。

中国语言文学学科拥有文艺学、中国古代文学、中国现当代文学、比较文学与世界文学、古典文献学、戏剧戏曲学、汉语言文字学、语言学及应用语言学8个二级学科博士点、硕士点,专职博士生导师24人:赵宪章、周宪、周勋初、吴新雷、莫砺锋、张伯伟、张宏生、巩本栋、叶子铭、许志英、汪应果、丁帆、朱寿桐、董健、俞为民、胡星亮、鲁国尧、李开、柳士镇、王希杰、杨正润、钱林森、余一中、徐有富。兼职博士生导师4人:黄德宽、王先霈、邱紫华、张玉能。

文学院及中文系党政机构人员有:文学院院长董健,中文系、新闻传播学系党总支书记姚松,副书记刘源、周欣展。中文系主任赵宪章,副系主任周宪、张建勤、汪维辉。

2001年

1月1日,吴新雷整理陈中凡所藏书信集《清晖山馆友声集》由江苏古籍出版社影印出版。

2月—7月,钱林森赴法国进行合作研究。

3月10日—11日,召开中文系发展务虚会,系务委员会、学术(学位)委员会、教学委员会成员参加。就中文系的学科建设、队伍建设,如何处理坚守中文系优良传统与争取资源的关系,要不要搞标志性工程等问题展开讨论。

3月14日,浙江艺术研究所研究员、中国艺术研究院教授洛地来中文系作学术报告,题为"民间文艺与民族文艺"。

3月24日—4月2日,中文系98级本科生组成"古村落田野调查"小组对浙江衢州历史文化名镇廿八都以及温州楠溪江古村落群进行考察。

3月,陆炜赴韩国东新大学、孙蓉蓉赴韩国梨花女子大学任教,薛遴赴韩国外国语大学任教,为期一年。

4月9日,为纪念法国哲学家、戏剧家萨特逝世21周年,中文系99级本科生上演萨特名剧《禁闭》。

17日,周勋初赴台湾参加全国高校古籍整理研究委员会与台湾汉学研究中心举办的"第三届两岸古籍整理学术研讨会"。

4月,汪维辉、许结晋升为教授。

5月9日,东南大学教授、中国美学学会副会长张道一来中文系作学术报告,题为"艺术与艺术学"。

14日,美国俄亥俄大学讲座教授薛凤生来中文系作学术报告,题为"语言研究的目标"。

22日,香港城市大学教授郑定一来中文系作学术报告,题为"现代汉语形式辞典与形式语法的构建"、"方言间词汇积极比较的形式化问题"。

25日—30日，鲁国尧赴台湾进行学术访问。

美国莱斯大学访问学者、系友钱南秀教授来中文系作学术报告，题为"维新诗史——戊戌时期的妇女活动"。

5月，张晖的本科毕业论文《龙榆生先生年谱》由学林出版社出版，在学术界、教育界引起热烈反响。

5月—7月，程章灿赴英国担任牛津大学访问学者。

6月20日，吴新雷、俞为民赴韩国参加"中国戏曲国际学术研讨会"。

30日，南京大学确定由李叔同制谱、江谦作词的"南京高等师范校歌"为南京大学校歌。

7月10日—13日，中国现代文学研究中心主办"中国现代文学传统国际研讨会"。

程千帆审阅，唐文、许惟贤、王庆元、吴永坤整理的《黄侃日记》由江苏教育出版社出版。

9月，刘晓南受聘为南大中文系教授。

顾黔赴美国新泽西大学进行合作研究，为期四个月。

张育英赴法国阿尔多瓦大学任教，为期一年。

9月，莫砺锋赴台湾"清华大学"讲学，为期5月。在台期间，曾在台湾大学、"中央研究院"文哲所、政治大学、东海大学、逢甲大学、东华大学、慈济大学、佛光大学、成功大学、中兴大学、"中央大学"作学术讲演。

10月8日—11月1日，钱林森赴澳门参加国际会议。

9日，台湾作家卜乃夫（笔名无名氏）来中文系作学术报告，题为"文学语言与《无名书》"。

10月初，南京大学中文系倡议发起并主办，全国著名高校中文系主任参加的首届"中文系发展论坛"在南京举行。论坛就中文学科的发展、面临的机遇与挑战等问题展开讨论。并商定以后每年举行一次，各中文系轮流主持。

18日—21日，研究生王志均、陆宾参加在台湾举办的"中华两岸论坛协进会研讨会"。

10月，北京大学裘锡圭教授受聘为南京大学兼职教授。

鲁国尧赴法国任法国社会科学院东方语言研究所访问学者。

11月15日,北京大学教授、中国语言学会副会长蒋绍愚受聘为南京大学兼职教授,并在中文系作学术报告,题为"'给'字句和'教'字句表被动的来源——兼谈语法化、类推和功能扩展"。

16日,北京大学教授、中国语言学会副会长陆俭明受聘为南京大学兼职教授,并在中文系作学术报告,题为"现代汉语语法研究的成绩、不足、前景与展望"。

11月,中文系国家级文科人才培养基地接受国家教育部的评估与验收,中文系学生举办专场音乐汇报演出。

12月6日,中文系召开博士生培养工作会议。

30日,中文系举办新年音乐会,节目由中文系学生自编自演。

本年

由赵宪章主持,姚松、汪维辉、张建勤、周欣展等参加的"中文学科人才培养模式研究"项目成果获国家级教学成果奖一等奖。

柳士镇等《中外母语教材比较研究》、高国藩《中国巫术史》获第七届江苏省哲学社会科学优秀成果奖一等奖;丁帆、王世城《十七年文学:"人"与"自我"的失落》和张伯伟《中国诗学研究》获二等奖;莫砺锋《朱熹文学研究》、王彬彬《鲁迅晚年情怀》、胡星亮《中国话剧与中国戏曲》获三等奖。

周宪享受国务院政府特殊津贴。

朱寿桐入选教育部2001年度"高校优秀青年教师科研奖励计划"。

戏剧学科被评为江苏省重点学科。

北京师范大学王宁教授受聘为南京大学兼职教授。

中文系《研究生学刊》创刊。

2002年

1月18日,南京大学28个学科在新一轮全国高校学科评估中被评为高等学校重点学科,中文系中国古代文学、中国现当代文学、汉语言文字学3个学科入选,居南京大学文科院系首位。

2月19日,胡有清赴澳大利亚参加中国和平统一与世界和平大会。

2月,卞孝萱主编《中华大典·文学典·隋唐五代文学分典》获第三届全国古籍整理图书一等奖。

莫砺锋《朱熹文学研究》获江苏省第八届(1999—2000年度)优秀图书奖二等奖。

周勋初赴台湾东海大学任教,为期一学期。

赵宪章赴韩国外国语大学任教,为期一年。

3月15日,周勋初、严杰参加台湾辅仁大学主办的"建构与反思:中国文学史的探索"学术研讨会。

17日,周宪出任中文系主任。

29日,北京大学唐作藩教授来中文系作学术报告,题为"汉语语音史的分期"。

强化部文科强化班中文专业本科生孙承娟、魏艳同时录取哈佛大学东亚系,攻读博士研究生,并获三年以上奖学金。

陆炜、王彬彬、余斌晋升为教授。

徐大明、沈卫威受聘为中文系教授。

2月—7月,唐建清、董晓赴西北大学中文系支援教学。根据教育部与李嘉诚基金会共同实施的"西部地区14所重点建设高校重点课程教师岗位计划",南大派出10位教师对口支援西北大学。

赵益赴韩国东国大学任教。

4月18日,北京大学教授马真来中文系作学术报告,题为"现代汉语虚词研究"。

朱寿桐赴新加坡参加"中国现代文学研究的区域视角与多元探索研讨会"。

19日,日本国立大阪外国语大学教授、中文系主任佐佐木猛来南京大学中文系作学术报告,题为"《中原音韵》二题"。

22日,中文系首届文化节在浦口校区开幕,99级、00级、01级本科生上演自编自导的话剧《伊雷娜》、《小王子》、《自习女神》和《伤逝》。

23日,鲁国尧赴韩国参加韩国中语中文学会中国语言学50年研究之方向与成就会议。

5月2日,莫砺锋赴韩国参加第一届中语中文国际学术研讨会。

12日,唐建清赴加拿大参加"多元化社会中的身份问题国际研讨会"。

16日,新加坡国立大学副教授徐杰来中文系作学术报告,题为"形式语法的有限功能"。

18日,台湾高雄中山大学讲座教授、系友余光中来南京大学作学术报告,题为"中文与英文"。

19日,庆祝南京大学建校100周年文艺晚会在南京紫金大剧院举行。

20日,江苏省委省政府举行南京大学、东南大学、南京师范大学等江苏九所高校百年联合庆典大会,在五台山体育馆举行。

21日,全国人大常委会副委员长、北京师范大学教授许嘉璐前来参加南京大学百年校庆活动,受聘为南京大学兼职教授,并为中文系师生作了就职演说。

中华书局编审、系友赵诚与中国社会科学院语言研究所研究员、系友曹剑芬共同来中文系作了专场学术报告会,主题分别为"出土文献与汉语史研究"、"现代语音学的发展现状和前景"。

华东师范大学两位教授、系友徐中玉与钱谷融共同来中文系就现代文学研究中的若干热点问题作了专场学术报告会。

中文系在南京市青春剧场召开100周年校庆庆祝会,系主任周宪讲话。北京系友会赠送价值5万元图书资料和"钟灵毓秀"匾。中文系学生上演莎士比亚名剧《第十二夜》,由博士生蒋泽金担任导演。

22日,中文系举办《全清词》"顺康卷"首发式暨清词学术研讨会。中华书局熊国祯副总编、南京师范大学钟振振教授等应邀与会。

《求是》杂志总编戴舟、中国青年出版社总编陈增浩、中国社科院语言所研究员曹剑芬等系友与浦口学生座谈。

26日,张伯伟、张宏生赴香港参加第四届文学与宗教国际学术研讨会。

29日,当代作家莫言来南京大学就文学创作问题作演讲。

中旬,为庆贺南京大学百年华诞,中文系举办"薪火积传:南京大学中文系学术传统系列讲座",由程章灿教授全面主持。讲座依次为:① 莫砺锋教授"程千帆先生给我们的启示"(5月21日鼓楼校区);② 张宏生教授"汪辟疆与中国近代诗系的建构"(5月21日浦口校区);③ 卞觉非教授"一代宗师方光焘先生"(5月22日鼓楼校区);④ 郭维森教授"国学大师胡小石"(5月23日鼓楼校区);⑤ 吴新雷教授"陈中凡先生的学术成就"(5月23日浦口校区);⑥ 董健教授"善于'搞笑'的剧作家陈白尘先生"(5月24日浦口校区);⑦ 汪应果教授"陈瘦竹先生的学术成就"(5月28日鼓楼校区)。

《时尚》杂志社总编,1979级系友吴泓向中文系捐资人民币50万元,并在中文系资料室设立"《时尚》资料室"。

赵宪章主编《南京大学百年学术精品·中国语言文学卷》由南京大学出版社出版。

吴新雷主编《中国昆剧大辞典》由南京大学出版社出版。

6月1日,新加坡国立大学教授石毓智来中文系作学术报告,题为"范畴化中的数量语义特征的语法表达——形容词的数量特征对句法行为的影响"。

3日,濮存昕来中文系就北京人民艺术剧院的艺术创作与艺术革新等问题作演讲。

5日,朱寿桐赴香港参加华文文学与中国文化国际学术研讨会。

14日,中文系召开首届"岸根奖学金"颁发仪式暨学术报告会。奖金设立者岸根卓郎系日本京都大学名誉教授、南京大学客座教授。岸根先生作了题为"文明的大逆转——东方时代终于来临"的学术报告。

18日,美国宾州大学教授、系友刘康来中文作学术报告,题为"在全球化语境下文化研究的几个问题"。

7月23日,胡有清出任南京大学海外教育学院院长。

8月15日,中文系与外国语学院联合举办"中国比较文学学会第七届年会暨国际学术研讨会。"

16日—19日,中文系举办"第二届宋代文学国际学术研讨会",莫砺锋任会议主席,张宏生、巩本栋任正、副秘书长。

20日,董晓赴乌克兰参加帕乌斯托夫斯基生平与文学遗产国际学术会议。

9月10日,国际互动语言学家约翰·甘柏兹(John J. Gumperz)和夫人珍妮·甘柏兹(Jenny Cook Gumperz)来南京大学为中文系和外国语学院作学术报告,题目分别为"互动社会语言学的新发展(Recent Developments in Interactional Socialinguistics)"和"语文教育:社会角度的透视(Re-thinking Literacy from a Social Perspective)"。

11日,南京大学试行新学期制度。每学期教学时间由20周改为18周,暑期由8周改为10—11周。寒假由4周改为5周。在暑期举办为期5周的"暑期学校"。

9月,1998级本科生王嵘赴西藏拉萨市北京中学支教。

10月17日,许结赴澳门参加"都市文化与普世文明学术研讨会"。

10月,周安华任台湾艺术大学客座教授。

余斌赴法国阿尔多瓦大学任教,为期一年。

11月1日,汪维辉赴台湾参加"佛经语言学术研讨会"。

7日,朱寿桐赴意大利参加勃兰兑斯国际学术研讨会。

15日,张伯伟赴韩国参加"第三届东亚人文学国际学术会议"。

18日,荷兰莱登大学语言研究所范德博博士来中文系作学术报告,题为"语言的选择和保持"。

周安华赴台湾参加"两岸三地当代剧场研讨会"。

23日,董健、胡星亮、周安华赴澳门参加第四届华文戏剧节。

28日,周安华在澳门参加"第三届成人教育与社会发展研讨会"。

11月21日,台湾诗人洛夫来中文系作学术报告,题为"现代诗的继承与创新"。

11月,中文系行政办公用房装修改造工程完工。系图书馆完善了"线装书库"、"文革书库"和"30年代书库"等特藏书库。

12月5日,朱寿桐赴香港参加"异端与开拓:中国语文教学国际学术研讨会"。

9日,美国俄亥俄大学讲座教授薛凤生受聘为南京大学兼职教授,并在中文系作学术报告,题为"音韵史研究的若干原则问题"。

11日,南京师范大学华明教授来中文系作学术报告,题为"西方先锋派戏剧"。

12日,周勋初赴澳门参加"大雅正声与时代精神国际研讨会"。

17日,北京师范大学文艺学研究中心曹卫东博士来中文系作学术报告,题为"走向交往的诗学"。

20日,李开赴香港参加"明清学术国际学术研讨会"。

30日—2003年1月1日,由中文系戏剧影视研究所师生根据莎士比亚悲剧《罗密欧与朱丽叶》和《奥赛罗》改编的话剧《罗密欧还是奥赛罗》在南京大学礼堂首演圆满成功,剧本改编与导演为吕效平副教授。

本年

中国语言文学学科列入南京大学"十五""211工程"二期"重点学科建

设项目"。

周宪《中国当代审美文化研究》、胡星亮《中国话剧与中国戏曲》、汪维辉《东汉—隋常用词演变研究》获教育部第三届(2002年)高等学校人文、社会科学研究成果二等奖；朱寿桐《中国现代主义文学史》、莫砺锋《朱熹文学研究》获三等奖。

丁帆、朱晓进主编《中国现当代文学》、王步高、丁帆主编《大学语文》获2002年"全国普通高等学校优秀教材奖"二等奖。董健主编《中国当代文学史》、王步高、丁帆主编《大学语文》入选国家"十五规划"教材。

周宪、朱寿桐入选江苏省"333工程二期"培养对象(第二层次,2002—2004)。

程章灿、胡星亮入选江苏省"333工程二期"培养对象(第三层次,2002—2004)。

程章灿入选江苏省"青蓝工程中青年学术带头人"。

徐兴无入选江苏省"青蓝工程优秀青年骨干教师"。

赵宪章入选江苏省"有突出贡献中青年专家"。

中国现当代文学入选"江苏省高校'青蓝工程'第二期计划·优秀学科梯队"。

本年

专职博士生导师有37人：赵宪章、周宪、胡有清、周群、周勋初、吴新雷、莫砺锋、张伯伟、张宏生、巩本栋、曹虹、许结、叶子铭、许志英、汪应果、丁帆、朱寿桐、王继志、董健、俞为民、胡星亮、周安华、鲁国尧、李开、柳士镇、王希杰、滕志贤、汪维辉、高小方、刘晓南、郭熙、杨正润、钱林森、余一中、徐有富、程章灿、蒋广学。

文学院及中文系党政机构人员有：文学院院长董健,中文系党总支书记姚松,副书记周欣展；中文系主任周宪,副系主任沈卫威、徐兴无、张建勤。

2003年

1月8日—24日,周宪赴香港中文大学进行学术访问。

2月24日,中文系汉语言文字学学科举行发展座谈会。

3月7日,国家重点学科汉语言文字学科举行新春首场学术报告会,由鲁国尧和徐大明作学术报告,题目分别为"'颜之推谜题'与南北朝语言"和"语言变异和语言变化"。

15日,香港大学教授梁长城来中文系作学术报告,题为"临床语言学(Clinical Linguistics)"。

26日,荷兰莱登大学教授柯雷(Gevel)来中文系作学术报告,题为"关于荷兰汉学研究"。

张伯伟赴韩国外国语大学任教,为期一年。

3月,顾黔《通泰方言音韵研究》获2002年度中国社会科学院青年语言学家奖二等奖。

赵宪章获宝钢教育基金2002年度优秀教师特等奖。

4月1日,中文系授予2001级本科班"陈万里班"荣誉称号。

3日至4日,中文系第二届文化节在浦口校区举行。

4日,系党总支书记姚松、副书记周欣展率2001年本科生赴市郊祭扫先贤李瑞清、陈中凡和革命烈士陈万里墓地。

8日,南京大学成立非典型肺炎防治工作领导小组,开展"非典"防治工作。

5月3日,郭熙赴美国参加国际汉语教学学术会议。

22日,郭熙赴新加坡参加第3届肯特岗国际汉语语言学会议。

6月27日,中文系举办社会语言学实验室成立仪式暨"城市语言调查"专题学术报告会。该实验室为国内首创,主任为徐大明,澳门大学教授、澳门语言学会会长、中国修辞学会副会长程祥徽和南京大学社会学系主任周晓虹教授担任顾问。

6月,丁帆被聘为国务院学位委员会第五届中国语言文学学科评议组成员。

马俊山受聘为南京大学中文系教授。

7月,程章灿出任古典文献研究所所长。

8月,巩本栋赴韩国延世大学任教,为期一年。

9月19日,中文系为庆贺卞孝萱八十寿诞,举办"文史互证的现代学术意义"学术研讨会。卞孝萱作专场学术报告,题为"浅谈文史互证"。

27日,戏剧影视研究所研究生为南京大学师生演出《默剧》。

9月,1999级本科生李星、赵东祥、罗新桂赴西部支教。

9月—12月,包兆会到新疆维吾尔自治区昌吉学院中文系支教。

10月1日,朱寿桐赴台湾佛光大学人文社会学院讲学,为期四个月。

24日,刘晓南赴台湾中正大学参加第八届国际暨第二十一届全国声韵学学术研讨会。

29日,程章灿、沈卫威赴香港中文大学参加"中国文化的传承与开拓研讨会"。

30日,山东大学辞赋研究所所长、中国赋学会会长龚克昌教授来中文系作学术报告,题为"汉赋研究漫谈"。

博士生伍和忠与硕士生顾涛应邀参加香港大学语言学系主办的"第四届研究生语言学学术会议(The 4th Postgraduate Research Forum on Linguistics)"。

31日至11月2日,周勋初率古代文学、古典文献学专业教师赴徐州师范大学和淮阴师范学院进行学术交流。

11月10日,加拿大皇家学会院士、南开大学古典文化研究所所长叶嘉莹女士来南京大学作学术报告,题为"从李清照到沈祖棻——谈女性词作的美感特质"。

19日,郭熙赴澳门大学参加中国社会语言学学术研讨会。

22日,中共中央组织部任命洪银兴出任中共南京大学党委书记。

22日—30日,周宪赴台湾大学作学术访问。

27日,吴新雷、俞为民、张宏生赴香港岭南大学参加"明清小说戏曲国际研讨会"。

11月,徐兴无晋升为教授。

河北教育出版社向中文系捐赠1083种文学作品和学术著作。

12月4日,周勋初、许结、程章灿、徐兴无、赵益赴香港浸会大学参加"汉魏六朝宗教与文学"国际学术研讨会。

7日,徐兴无率中文系研究生参加香港浸会大学中文系主办的"东亚中文专业研究生国际学术研讨会"。

10日,浙江大学中文系教授、方志学家仓修良先生来中文系作学术报告,题为"读书与治学"。

11日,董健赴韩国参加"中国文学里的古典与现代——寻找新的焦点"国际学术研讨会。

13日,台湾高雄师范大学经学研究所所长黄忠天博士来中文系作学术报告,题为"乘风破浪会有时,直挂云帆济沧海——二十一世纪经学研究的展望与推广"。

12月,《全清词·顺康卷》获第六届国家图书奖。

周安华入选江苏省广播电视厅、省文联"江苏省十佳电视家"。

系友吴泓被聘为南京大学"顾问教授"。

本年

中文系增设戏剧影视文学、中国文学批评史、台港暨海外华文文学、汉语发展史、对外汉语教学四个博士点。

汉语言文学本科专业入选江苏省高校品牌专业。

董健《中国现代戏剧史》、徐有富《中国古典文学史料学》入选教育部"高等教育百门精品课程教材建设计划"。

南京大学江淮方言研究所成立,该所挂靠中文系,由鲁国尧担任所长。

汪维辉入选教育部2003年度"高校优秀青年教师科研奖励计划"。

2004 年

2月27日,台湾作家白先勇来南大演讲,题为"南京与我的小说创作"。

2月1日,鲁国尧赴台湾成功大学任客座教授,为期六个月。

2月,周宪出任南京大学校长助理。

2月—7月,俞士玲、赵益到西北大学中文系支教,魏宜辉到新疆维吾尔自治区昌吉学院中文系支教。

3月1日,柳士镇赴韩国外国语大学任教,为期一年。

2日,潘志强赴韩国东国大学任教,为期一年。

3月,中国国家话剧院副院长查明哲来文学院作题为"关于话剧《立秋》的创作谈"的报告。

美国戏剧理论家玛丽·舍芙特索娃来文学院作题为"彼得·布鲁克关于莎士比亚戏剧的导演"的学术讲座。

上海戏剧学院孙惠柱教授来文学院作题为"西方当代戏剧及其研究之沿革"系列专题讲座。

4月3日—12日,中文系第三届文化节在浦口校区举行。

17日,台湾佛光大学校长龚鹏程率该校文学系所一行32人访问南京大学。

4月,赵宪章被聘为国家哲学社科基金项目学科评审组专家。

20日,朱寿桐赴澳门科技大学讲学一个月。

莫砺锋出任中文系主任。张建勤、徐兴无、沈卫威任副主任。

26日,张宏生赴台湾"中央研究院"参加"王士禛及其文学群体两岸学术研讨会"。

5月,周宪出任南京大学出版社社长(兼)。

5月,汉语言文字学专业主办、鲁国尧主编的《南大语言学》第一辑由商务印书馆出版。

21日—7月11日,新加坡国立大学徐杰副教授应邀来中文系主讲"普遍语法研究的理论与实践"课程。

28日,中文系举行"社会语言学实验室成立周年纪念会暨第二届城市语言学调查专题报告会"。

6月,莫砺锋被聘为教育部社会科学委员会委员。

7月1日,李开赴澳门理工学院参加世界汉语教育史国际学术研讨会。

7月,程千帆《闲堂书简》(陶芸编)由上海古籍出版社出版。

8月8日,徐兴无赴香港岭南大学参加第17届国际比较文学学会年会。

16日—19日,中文系与古典文献研究所联合举办"中国古代文学文献国际学术研讨会"。由程章灿主持。国内外代表72人与会。

22日,日本京都大学文学研究科、系友平田昌司教授来中文系作学术报告,题为:"胡适与'维多利亚时代美国'"。此为中文系九十周年系庆杰出系友讲座之一。

8月,2000级本科生顾迁、楼岚岚、徐晓笑赴西部支教。

9月,王爱松赴韩国延世大学任教,为期一年。

9月—12月,陈文杰到新疆维吾尔自治区昌吉学院中文系支教。

10月1日,俞士玲赴法国阿尔多瓦大学任教,为期一年。

董晓赴俄罗斯圣彼得堡大学访学,为期半年。

15日,莫砺锋主持系庆首场嘉宾讲座,由北京大学中文系主任温儒敏讲"文学史观的建构与对话"。

16日上午,庆祝建系九十周年大会在鼓楼校区大礼堂举行,校党委副书记张荣、常务副校长施建军、副校长张大良及有关院系和部门负责人、中文系全体师生、返校系友和嘉宾出席大会。会议由姚松主持,施建军副校长代表学校致辞,中文系主任莫砺锋讲话,北京大学中文系主任温儒敏、复旦大学中文系主任陈思和、台湾大学中文系主任叶国良、香港中文大学中文系主任何志华等兄弟院校嘉宾致辞。王伯沆先生之女、周法高先生夫人王绵女士向中文系捐赠李瑞清、胡小石、汪东等前辈学人的书画作品。下午,在大礼堂演昆曲《绣襦记·教歌》、《牡丹亭·游园》、《虎囊弹·山门》、《玉簪记·琴挑》、《长生殿·小宴》五折。

陈思和教授作嘉宾讲座第二场"现代文学研究与文本细读"。

庆祝活动期间,举行了杰出系友讲座,出版了莫砺锋主编《薪火九秩——南京大学中文系九十周年系庆纪念文集》(南京大学出版社)、《南京大学中文系九十周年系庆论文集》等纪念文献。

17日,叶国良教授作嘉宾讲座第三场"台湾大学中文系的教学宗旨与研究方向"。

20日,晚,在大礼堂举行杰出系友讲座,报告文学作家、中文系青年作家班毕业生吴春桃与其夫陈桂棣作报告,他们的作品《中国农民调查》在国内外引起极大轰动,在柏林获得世界报告文学尤利西斯奖一等奖。报告会由丁帆主持,姚松、董健参加。

28日,丁帆赴台湾佛光大学参加"两岸现代文学与思潮学术研讨会"。

18日,张伯伟赴韩国参加"震檀学会三十周年纪念国际学术大会"。

19日,汪维辉赴韩国参加"《红楼梦》的传播与翻译"学术研讨会。

24日,钱林森赴澳门大学参加"中古会通与文化创新"国际学术研讨会。

21日—27,张伯伟赴台湾大学"中国文学的抒情传统研习营"讲学。

12月2日,张宏生赴香港科技大学参加"文本与实在——人文学中的诠释问题"学术研讨会。

18日—21日,南京大学、新加坡国立大学、北京语言大学、中国社会语言学会联合主办"第三届中国社会语言学国际学术研讨会",国内外代表126人与会。会后,由南京大学社会语言学实验室主任徐大明教授主编的《中国社会语言学新视角——第三届中国社会语言学国际学术研讨会论文集》于2006年12

月出版。

本年

中文系主持,外国语学院、社会学系协助的"汉语言文学与民族认同"哲学社会科学创新基地被教育部批准为"985工程"二期建设项目,为期四年。

经教育部批准,中文系新设"戏剧影视文学"本科专业,2005年开始招生,第一届学生在学生自愿的前提下从汉语言文学专业学生中遴选,直接进入该专业进入专业课程学习。

董健获得江苏省"优秀教育工作者"称号。

张宏生享受国务院政府特殊津贴。

程章灿、汪维辉教授入选教育部2004年度"新世纪优秀人才支持计划"。

沈卫威入选江苏省"青蓝工程中青年学术带头人"。

张光芒入选江苏省"青蓝工程优秀青年骨干教师"。

中国古代文学专业入选"江苏省高校'青蓝工程'第二期计划·优秀学科梯队"。

徐雁平的博士论文《整理国故与中国文学研究》获江苏省优秀博士学位论文。

丁帆《中国新时期小说主潮》获江苏省第八届(2004年)哲学社会科学优秀成果奖一等奖;周宪《现代性的张力》、张伯伟《中国古代文学批评方法研究》获二等奖;汪正龙《文学意义研究》、许结《中国赋学历史与批评》、李开《戴震评传》、莫砺锋《唐宋诗论稿》获三等奖。

1997级本科生邱冰的论文《副词"白"的始见书证》和1999级本科生陈莉的论文《关于〈训世评话〉的授予动词"给"兼及版本问题》同时在《中国语文》2004年第2期上刊登。

2005 年

1月14日,南大召开人文社会科学发展战略研讨会。中文系主任丁帆发言。

1月,刘俊、孙蓉蓉、顾黔晋升为教授。

武秀成的博士论文《〈旧唐书〉辨证》被评为江苏省优秀博士论文。

18日，吴新雷赴台湾参加2005年昆曲学术研讨会。

2月—7月，孙立尧到新疆维吾尔自治区昌吉学院中文系支教。

3月，汪正龙赴韩国首尔东国大学任教，为期一年。

4月20日，南京大学人文社会科学高级研究院成立，举行揭牌仪式。周宪出任院长。文科"985工程"二期建设启动。

28日，南大、台湾法鼓人文学院共同在南京举办"心灵环保与人文关怀"学术研讨会。中文系徐兴无、曹虹等与会并提交论文。

5月7日，张宏生赴美国、加拿大参加"明清女作家：新技术和新研究路向的探讨"国际研讨会。

15日，莫砺锋应邀赴台湾大学中文系担任学科评鉴专家。

22日，白先勇青春版《牡丹亭》研讨会在文科楼六楼中文系报告厅举行。

6月21日，文学院举行首届南京大学中文系程千帆奖学金颁奖仪式，博士研究生张宗友，硕士研究生张珊获奖。由系友捐设的南京大学中文系程千帆奖学金，其宗旨在于继承程千帆先生的治学精神，弘扬程千帆先生的学术成就，鼓励中国古代文学、中国古典文献学专业的研究生勤奋学习，做到品学兼优，成为有志于传承、发扬中华文化的有用人才。此后每年均在上述专业的研究生中评选。

6月，中文系举办"暑期学校"，邀请欧美高校12位学者开设国际汉学前沿性系列讲座。计有：美国哈佛大学东亚系王德威教授作题为"历史与怪兽：历史，暴力，叙事"的讲座；密西根大学东亚系奚密作"现代汉诗研究"、林顺夫作"艺术境界的充扩：中国诗与画的交融"；得克萨斯大学东亚系张诵圣作"性别与经典的缺失：晚明的女性诗选"；莱斯大学东亚系钱南秀作"外国列女传与女性空间的拓展"；布朗大学东亚系王玲珍作"中国现代文学的女性史传书写"；新泽西州立大学东亚系史皓元作"官话渗入金坛县城的背景因素"；迪金森学院周明朗作"普通话普及与普通话地方化：对语言认同作用的理论思考"；加拿大多伦多大学东亚系林理彰作"中国经典的翻译与文化碰撞"；英国伦敦大学东亚系贺麦晓作"五四文学，没有这回事"；纽卡斯大学语言学系李嵬作"语言与认同"；荷兰莱顿大学东亚系范德博作"Vitality and language identity：the case of Shang-nainese"。

丁帆主持的"十五"国家哲学社会科学基金项目《中国西部现代文学史》被

评为2004年度全国哲学社会科学优秀项目。

7日,汪维辉赴韩国参加"朝鲜时期译本清代小说与弹词研究"国际学术研讨会。

9月18日,张光芒赴马来西亚参加马来西亚中国当代文学国际交流会议。

9月,武秀成的博士论文《〈旧唐书〉辨证》获2005年度全国优秀博士学位论文提名。

9月,2001级本科生叶莱、徐旸、蒲黎明赴西部支教。

10月8日,丁帆任南京大学中文系主任。徐兴无、汪维辉、张建勤、吕效平任副系主任。

18日,汪维辉赴美国参加"第2届哥伦比亚大学古代汉语史研究与教学国际学术研讨会"。

28日,叶子铭逝世。中文系在文科楼6楼报告厅举行吊唁活动。

11月1日,中文系本科《凝眸》文学社与其他学生文艺社团举办南京大学诗歌节。

22日,刘重喜任中文系党委副书记。

11月,吕效平、严杰、倪婷婷晋升为教授。

12月8日,中文系"中国语言文学"本科品牌专业通过江苏省验收。

11日,中文系"中国语言文学"通过南京大学"211工程"二期结项。

本年

董健领衔的"现代启蒙思潮与百年中国文学"竞获教育部人文社会科学重大课题攻关项目。

莫砺锋主持的"中国古代文学史"获2005年度"国家精品课程"。

丁帆《中国西部现代文学史》、鲁国尧《鲁国尧语言学论文集》获江苏省第九届(2005年)哲学社会科学优秀成果一等奖;董健《中国现代戏剧总目提要》、赵宪章《文体与形式》、武秀成《〈旧唐书〉辨证》获二等奖。

南京大学诗学研究中心成立,莫砺锋任中心主任。

张光芒入选教育部2005年度"新世纪优秀人才支持计划"。

王继志赴韩国外国语大学、顾文勋赴韩国东新大学,汪正龙赴韩国东国大学任教一年。

王彬彬赴日本东京大学任教,为期一年。

刘俊赴美国格林奈尔学院任教,为期一年。

周欣展赴法国阿尔多瓦大学任教,为期一年。

2006 年

1月,黄发有应聘为南京大学中文系教授。

3月18日,解玉峰、沈旭杰等发起成立南京大学昆曲研习社第一次雅集。社约每周一集。

3月28日,举行纪念匡亚明校长诞辰100周年座谈会暨匡亚明学院揭牌仪式。原基础学科教育学院更名为匡亚明学院。

4月25日,江苏省教育厅对南京大学2005年全优通过验收的23个省高校品牌专业正式授牌。中文系"中国语言文学"本科品牌专业列名其中。

5月23日—28日,中文系戏剧影视专业上演话剧《〈人民公敌〉事件》,纪念易卜生逝世一百周年。

6月4日,董健主编的《中国现代戏剧总目提要》荣获教育部第四届(2006年)中国高校人文社会科学研究优秀成果二等奖;张伯伟《中国古代文学批评方法研究》、丁帆《中国西部现代文学史》获三等奖。

8日,中共中央、国务院任命陈骏为南京大学校长。

6月,王爱松、张光芒、武秀成晋升为教授。

语言学及应用语言学专业举行"暑期学校",邀请国外学者讲学,计有:新加坡国立大学包明智讲"生成音系学入门";荷兰莱顿大学范德博讲"经济实力、多语状况和发生在欧洲与中国的语言扩散"、"语言扩散在中国:上海、广州两地的对比研究"。

8月15日,周安华赴香港参加"他山之石:西方戏剧对香港戏剧的影响"国际学术研讨会。

15日—18日,中文系举办"中国文学与文化认同"国际学术研讨会。

23日—25日,中文系举办"中国音韵学研究会第十届学术讨论会暨汉语语音学第九届国际学术研讨会"。

9月14日,吴新雷赴美国参加"《牡丹亭》及其社会氛围:从明清至今昆曲的时代内涵与文化展示"国际学术研讨会。

20日,周宪赴美国参加"反思今日文学国际会议:从中国和美国观点看"。

23日—25日,南京大学召开"《中国思想家评传丛书》整体出版暨纪念匡亚明100周年诞辰学术研讨会"。该《丛书》200部,中文系教师撰写了其中15部:郭维森《屈原评传》;徐兴无《刘向评传(附刘歆)》;许结《张衡评传》;严杰《颜真卿评传》;曹虹《慧远评传》;周勋初《李白评传》;莫砺锋《杜甫评传》;卞孝萱、张清华、阎琦《韩愈评传(附李翱)》;卞孝萱、卞敏《刘禹锡评传》;徐有富《郑樵评传》;巩本栋《辛弃疾评传》;武秀成《陈振孙评传》;俞为民《李渔评传》;李开《惠栋评传》、《戴震评传》。

29日,余斌赴香港参加"张爱玲逝世十周年纪念国际学术研讨会"。

9月,张建勤赴法国阿尔多瓦大学任教一年,其副系主任职务由武秀成担任。

2002级本科生陈璐、茆雅凤、王亚芳、季明刚、吴戬赴西部支教。

10月14日—16日,中文系和南京大学人文社会科学高级研究院联合承办首届两岸三地人文社会科学论坛"中国文学与文化的传统及变革"学术研讨会,会议在南京召开,来自两岸三地和美、韩等国学者107人与会。校党委书记洪银兴致开幕词,香港中文大学副校长郑振耀教授和台湾"中央大学"图书馆馆长李瑞腾教授分别致词。开幕式由中文系副系主任徐兴无主持。中文系周勋初、董健分别发表主题演讲《从古今不同的教育方式说起》、《启蒙视野下的文化民族主义》。

11月12日,徐大明赴台湾参加"第二届海峡两岸现代汉语问题学术研讨会"。

12月9日,中文系举行叶子铭教授逝世周年追思会暨《别梦依稀:叶子铭教授纪念集》首发式。

29日,潘毅副校长来参加中文系的人事工作专题会议,对中文系队伍建设尤其是人才引进方面的工作给予肯定。

12月,徐兴无赴台湾大学东亚文明研究中心参加"体知与儒学国际学术研讨会"。

本年

教育部重新评估并新增国家重点学科,中国古代文学、中国现当代文学、汉语言文字学通过评估,再次被确定为国家重点学科,文艺学新增为国家重点学科。

莫砺锋领衔的"中国古代文学艺术与现代中国社会"竞获教育部人文社会科学重大课题攻关项目。

马俊山博士论文《演剧职业化：构建成熟的中国现代市民戏剧》获2006年度全国优秀博士论文提名。

丁帆领衔的"中国现当代文学"专业被评为江苏省优秀教学团队。

丁帆入选江苏省"有突出贡献中青年专家"。

马清华入选教育部2005年度"新世纪优秀人才支持计划"。

程章灿享受国务院政府特殊津贴。

黄发有入选江苏省"青蓝工程中青年学术带头人"。

程章灿赴美国华盛顿大学西雅图分校任高级访问学者，为期一年。沈卫威赴韩国外国语大学任教，为期一年。李开赴韩国延世大学任教，为期一年。莫砺锋赴香港浸会大学讲学，为期半年。

2007 年

1月6日，第二届青年学者韩中文学比较国际学术研讨会南京大学——韩国外国语大学"BK21新韩中文化战略事业团"国际学术研讨会在中文系召开。

1月，国家留学基金委给985高校公派生名额，自本年起每年均推荐博士研究生赴国外联合培养或推荐本科生攻读学位。

3月13日，教育部语言信息管理司王铁琨副司长与陈敏处长视察社会语言实验室和中文系图书馆，并在知行楼作题为"语言使用实态与语言规划"的演讲。

31日，中文系举办大学研究型课程系列教材"中国语言文学类专业课程研究导引八种"座谈会。兄弟大学中文系主任如浙江大学沈松勤、中山大学李炜、武汉大学赵世举、南开大学王立新、吉林大学徐正考、复旦大学傅杰、陈引弛、北京大学朱庆之、陈跃红等与会。该系列教材为周宪任系主任期间主持编纂。

4月11日，中文系"欧美汉学研究前沿系列讲座"邀请美国普林斯顿大学柯马丁教授作题为"汉代史书中的诗：《史记》《汉书》叙事中的诗歌含义"的学术讲座。

15日，柯马丁教授作题为"美国汉学研究座谈"的学术讲座。

18日，柯马丁教授作题为"作为表演的诗：以《楚辞》为例"的学术讲座。

4月，肖锦龙、陈立中应聘为南京大学中文系教授。

北京电影学院文学系张献民教授来文学院作题为"厨房与出租车——西方当代电影的部分状况"的学术讲座。

美国洛杉矶加州大学戏剧、影视、新闻媒体学院终身教授颜海平女士来文学院作题为"美国的戏剧研究与戏剧教育"的学术讲座。

5月16日，张伯伟赴韩国参加启明大学韩国学研究院国际学术会议。

5月，戏剧影视艺术专业举办纪念中国话剧诞生100周年系列活动之一的"'话剧与启蒙'高层论坛"。

6月5日，经学校论证批准，南京大学中文系更名为南京大学文学院，由文学系、语言学系、文献学系、戏剧影视系及国际教育部和大学语文部组成。原虚体文学院撤销。丁帆任院长，徐兴无、武秀成、汪维辉、吕效平任副院长，并分别兼任文学系、文献学系、语言学系和戏剧影视系系主任。姚松任院党委书记，刘重喜任副书记。

27日，文学院举行"南京大学社会语言学实验室"成立大会暨学术报告会。施建军副校长致辞并宣布实验室成立。丁帆代表文学院讲话，世界汉语教学学会会长、北京大学陆俭明教授，美国Rutgers大学史皓元教授，上海外国语大学赵蓉晖教授及实验室主任徐大明教授分别讲话。

金程宇赴韩国参加"韩国语文教育研究"国际学术会议。

6月，由周宪主持，莫砺锋、丁帆、徐兴无、汪维辉参加的"中文本科专业研究型课程体系建设"项目成果获得江苏省优秀教学成果特等奖。

文学院暑期学校邀请系友、香港浸会大学中文系陈致教授作"从汉学到中国学"讲座；美国威斯康星大学麦迪逊校区张洪明教授作"历史语言学导论"讲座。

7月8日，徐大明赴荷兰莱顿大学参加"中国和欧洲的工业化、语言接触和认同的形成"国际学术研讨会。

17日—20日，文学院举办"域外汉籍研究国际学术研讨会"，来自中、日、韩、美等国80位专家学者与会。

18日—19日，文学院举办"马克思主义美学与现代中国"国际学术研讨会。

8月7日,鲍明炜去世。

9月14日,许志英逝世。

9月,北京大学乐黛云教授为文学院学生作学术讲座。

解玉峰赴韩国高丽大学任教,为期一年。

2003级本科生许果、邢丽冰、葛苏赴西部支教。

10月4日,王彬彬、胡星亮、黄发有、张光芒、刘俊、马俊山、傅元峰、吕效平、何同彬赴韩国参加"中韩文学比较"研讨会。

11月9日,张异宾副校长主持"中国语言战略研究中心"揭牌仪式暨2007国家语言战略高峰论坛。教育部赵沁平副部长、洪银兴书记为中心揭牌并颁发学术委员会聘书。语言文字信息管理司李宇明司长、省教育厅王斌泰厅长颁发学术顾问聘书。洪银兴书记、北京大学陆俭明教授、荷兰莱顿大学范德博教授、中心主任徐大明教授并李宇明司长分别致词。该中心由教育部语言文字信息管理司和南京大学共建。

19日,南京大学第二届研究生学术文化节开幕式暨"大学·大师——我的学术人生"大型学术对话活动在科技馆报告厅举行。董健参加了开幕式并与同学对话。

"欧美汉学研究前沿系列讲座"邀请美国康奈尔大学丁香副教授作题为"美国唐代文学研究的进展"的学术讲座。

12月27日,南开大学副校长陈洪、中文系主任乔以钢应邀来南大,陈洪教授为法鼓人文讲座作题为"《西游记》的宗教研究之学术意义"演讲。乔以钢教授在文学院讲"女性文学研究"。

12月,赵益、杨锡彭晋升为教授;吴俊、李兴阳应聘为南京大学文学院教授。

本年

文学院中国语言文学一级学科被教育部评为一类特色专业建设点。

周宪《审美现代性批判》获江苏省第十届哲学社会科学优秀成果一等奖。莫砺锋《古典诗学的文化观照》、张光芒《中国当代启蒙文学思潮论》、程章灿《赋学论丛》获二等奖。许结《赋体文学的文化阐释》、曹虹《中国辞赋源流综论》、胡星亮等《西方电影史纲》、俞为民《曲体研究》、马清华《语义的多维研究》获三等奖。

南京大学两部大型学术成果荣获首届中国出版政府奖(图书奖):匡亚明主

编《中国思想家评传》(200部)、周勋初主编《册府元龟(校订本)》。

丁帆领衔的"中国现当代文学"课程、高小方领衔的"大学语文"课程被教育部评为2007年度国家级精品课程。

周宪主编的《大学研究型课程专业系列教材》(中国语言文学类)被评为江苏省精品教材。

《中国现代戏剧总目提要》由南京大学出版社出版。

黄发有入选人事部、教育部"新世纪百千万人才工程"。

刘俊入选教育部2007年度"新世纪优秀人才支持计划"。

王杰入选江苏省"333高层次人才培养工程"(第二层次,2007)。

张光芒、汪正龙、黄发有入选江苏省"333高层次人才培养工程"(第三层次,2007)。

张伯伟受聘为南京大学"赵安中讲座教授"。

徐兴无获2007年度宝钢教育基金会宝钢优秀教师奖。

刘俊赴台湾参加台湾文学发展基金会2007年青年文学会议及香港岭南大学举办的"香港文学的定位、论题及研究"研讨会。

孙蓉蓉赴台湾高雄中山大学参加"《文心雕龙》国际学术研讨会"。

王彬彬赴台湾"中央大学"参加"第二届两岸三地人文社会科学论坛"。

吴新雷赴香港城市大学参加"昆曲与非物质文化传承国际学术研讨会"。

徐大明赴香港岭南大学参加"第三届两岸现代汉语问题学术研讨会"。

周安华赴台湾参加台湾中华戏剧协会主办的"第七届华文戏剧节"筹备委员会会议。

文学院与台湾东海大学签署《关于互派教师进行学术交流的协议》,自2008年起,双方每年互派教师交流一个月。

解玉峰赴韩国高丽大学任教,为期一年。

倪婷婷赴美国杨百翰大学任教,为期一年半。

唐建清赴加拿大滑铁卢大学孔子学院任中方院长,为期两年。

莫砺锋、张伯伟赴台湾大学讲学。

2008 年

2月,上海戏剧学院副院长孙惠柱教授来文学院作题为"表演学的五种范式"的学术讲座。

3月21日,中国现代文学研究中心和文学院举办"民族认同、启蒙思潮与百年中国文学"学术会议。

3月,浦·雅春、戴沃斯、帕特瑞克、长木诚司等东京大学教授为戏剧影视艺术系做了"2008年东京大学'表象文化论'"的系列学术讲座。

25日,徐大明、王玲赴香港理工大学参加第六届中国社会语言学学术研讨会。

4月3日,"欧美汉学研究前沿系列讲座"邀请美国哈佛大学宇文所安教授作题为"说烟:幻想的借代"的学术讲座。

15日,巩本栋赴台湾东华大学参加"第三届文学传播与接受"国际学术研讨会。

18日,香港浸会大学中文系陈致教授来文学院作题为"嘉兴李氏家族的科举与学术"的学术讲座。

20日,"周勋初先生八秩华诞庆典暨学术思想研讨会"在中美文化研究中心匡亚明报告厅隆重举行。校党委书记洪银兴、文学院院长丁帆致辞,周勋初发表演讲。

21日,教育部本科教学评估专家组进入南大。汉语言文学本科专业和戏剧影视专业通过评估。

26日,徐兴无率文学院研究生张璟玮等赴香港浸会大学参加第二届中文系研究生国际学术研讨会。

30日,刘俊赴美国参加"重温现代主义:历史视野下的台湾现代主义文学运动"国际学术研讨会。

4月,由张异宾主编"南雍学术经典"丛书由南京大学出版社陆续出版,该丛书精选南京大学一百多年来名家大师的论著,呈现出南京大学人文社会科学的学术脉络,其中不乏首次被整理、公布的珍贵资料。本年首批编辑出版的文学院名家论著有周勋初编《胡小石文史论丛》、滕志贤编《新辑黄侃学术论文集》、解玉峰编《吴梅词曲论著集》。此后又有苗怀明整理《王伯沆批校红楼梦》（2010）、张亚权编《汪辟疆诗学论集》（2011）等出版。

5月19日，南京大学师生在北大楼草坪举行悼念四川汶川地震遇难同胞活动。

22日，徐兴无赴台湾淡江大学参加第十二届"社会与文化"国际学术研讨会。

26日，钱林森赴法国巴黎参加中、法文学及文化对话会议。

27日，北京奥运会奥林匹克运动会圣火传递经过南京大学。

张伯伟赴台湾大学参加"经典诠释多元主题研究与教学学术研讨会"。

6月，由南京大学文学院戏剧影视艺术系、中国现代文学研究中心、南大人文社科高级研究院联合举办的"'聚焦女性'：性别与华语电影国际术研讨会"在南京举行。

文学院"暑期学校"邀请浙江大学方一新教授讲授汉语史词汇研究讲座5讲。

7月15日—17日，由中国语言战略研究中心牵头的"城市语言研究国际联络网"成立。该国际联络网由中国、荷兰、德国、比利时、美国、加拿大、日本、马来西亚等国的数十个语言学研究机构共同参与组建，联络中心为南京大学中国语言战略研究中心，中心主任徐大明教授担任该联络网的总协调人。

中国语言战略研究中心开始编辑和出版《语言规划经典译丛》。

8月27日，苗怀明、张宗友赴澳门参加"澳门文献整理研究暨数字化学术研讨会"。

9月4日，程章灿赴美国参加"中国古代的文体与传统"国际学术研讨会。

25日—27日，文学院比较文化研究所举办"跨文化对话"国际研讨会。

9月，马清华应聘为南京大学文学院教授。

2004级本科生胡珂、吴绪星、黄跃耀赴西部支教。

10月16日，"欧美汉学研究前沿系列讲座"邀请美国霍华德·古德曼博士作题为"拿出你的锤锯：为孤儿曹丕的奇作构建背景"的学术讲座。

22日—27日，周宪、徐兴无、肖锦龙、程章灿赴法国阿尔多瓦大学参加孔子学院成立典礼并参加"镜像中的法国与中国"研讨会。

30日，程章灿、武秀成赴台湾北新大学参加第一届东亚汉文文献整理研究学术研讨会。

10月,2004级本科生都轶伦的毕业论文获得江苏省优秀本科毕业论文一等奖。

国家一级演员、中国著名喜剧演员陈佩斯来文学院给文学院艺术硕士开设工作坊。

11月2日—15日,莫砺锋赴台湾政治大学担任2008年度"王梦鸥教授学术讲座"演讲者。

7日—8日,"2008国家语言战略学术研讨会"在南京大学召开。

14日,徐兴无赴韩国中央大学参加"艮斋学国际学术研讨会"。

21日,周宪、程章灿赴香港中文大学参加第二届"两岸三地人文社会科学论坛"。

20日,王彬彬赴新加坡参加"社会变迁与城市文学"国际学术研讨会。

12月4日,徐大明赴新加坡参加2008CLASIC（中国语言战略研究中心）会议。

25日,顾黔、刘晓南赴香港中文大学参加"中国东南方言国际学术研讨会"。

12月,台北艺术大学戏剧系主任洪祖玲教授来文学院作题为"台北剧场的现状"的学术讲座。

中央艺术研究院贾磊磊教授受聘为南京大学兼职教授。

汪正龙晋升为教授。

本年

教育部公布首批国家一级学科重点学科,南京大学8个一级学科入选,中国语言文学学科成为南大文科唯一入选的学科。

文学院"中国语言文学与民族文化复兴"列入南京大学"211工程"三期重点学科建设项目,为期4年。

文学院中国语言文学一级学科入选教育部"人才培养创新实验区"。

莫砺锋领衔的"中国古代文学"教学团队被评为2008年度国家级教学团队。

2008年,文学院创办或主办的《文学评论丛刊》、《古典文献研究》、《中国诗学》、《跨文化对话》被列入"中文社会科学引文索引"（CSSCI）来源集刊。

丁延峰的博士学位论文《海源阁藏书研究》获江苏省优秀博士论文奖。

丁帆、徐兴无主编《中国高校哲学哲学社会科学发展报告 1978—2008·文学卷》由广西师范大学出版社。

2004 级本科生胡妍妍获得第四届新纪元全球青年华文文学小说组冠军和散文组一等奖。

程章灿受聘为教育部 2008 年"长江学者奖励计划"特聘教授。

胡星亮享受国务院政府特殊津贴。

解玉峰入选教育部 2008 年度"新世纪优秀人才支持计划"。

程章灿、黄发有入选江苏省"333 高层次人才培养工程"(第二层次,2007—2009)。

卞东波赴美国哈佛大学东亚系合作研究,为期一年。金程宇赴日本京都大学担任访问学者,为期一年。汪维辉赴日合作研究,为期一个月。徐雁平赴香港浸会大学合作研究,为期一年。

昂智慧赴法国阿尔多瓦大学任教,为期一年。

傅元峰赴韩国岭南大学,周安华赴韩国外国语大学,任教,为期一年。

2009 年

2 月,由原中文系主持、外国语学院、社会学系协助承担的"985 工程"二期建设项目"汉语言文学与民族认同"哲学社会科学创新基地结项并通过学校验收。标志性成果有:《册府元龟》(校订本)全 12 册(凤凰出版社,2006,荣获 2007 年首届中国政府出版奖)、《全清词》:《顺康卷》全 20 册(中华书局,2002,荣获 2003 年第 6 届国家图书奖和全国优秀古籍整理一等奖)、《顺康卷补编》全 4 册、《雍乾卷》1—2 册(南京大学出版社,2008)、《校雠广义》(全 4 册)(齐鲁书社,1988、1991、1998,荣获 1999 年第四届国家图书奖)、《中国现代戏剧总目提要》(南京大学出版社,2002,荣获 2006 年第四届教育部高等学校人文社会科学研究成果二等奖、2005 年第九届江苏省哲学社会科学优秀成果一等奖)、《朝鲜时代书目丛刊》9 册(中华书局,2004,荣获 2006 年第五届江苏省高校人文社会科学研究一等奖)、《南京大学中国诗学研究中心专刊》第一辑 6 种(中华书局,2005)、《鸡鸣丛书》第一辑 10 种(人民文学出版社,2004)、第二辑 10 种(人民文学出版社,2007)、《江山语言学丛书》9 种(上海人民出版社,2007)、《文艺学语境中的民族认同问题研究丛书》6种(中华书局,2008)、《文献传承与民族文化认同丛书》10种(中华书局,2008)、《南京大学戏剧影视研究丛书》第一辑4种(中华书局,2005)等。

18日,德国汉学家、波恩大学汉学系主任沃尔夫冈·顾彬应邀来南大,受聘为现代文学研究中心兼职教授。

3月9日,日本歌舞伎大师坂东玉三郎来文学院作题为"日本歌舞伎与中国文化"的学术讲座。

3月,南京大学文学院戏剧影视艺术系、外国语学院英语系和挪威奥斯陆大学学院设计与戏剧艺术系联合举办"国际戏剧工作坊"。

丁帆被聘为国务院学位委员会第六届学科评议组成员。

4月,香港城市大学比较文学讲座教授张隆溪先生来文学院作题为"文学艺术中的人与自然"学术讲座。

澳大利亚悉尼大学托尼·本尼特教授来文学院作题为"布尔迪厄著作的美学与政治"的学术讲座。

香港浸会大学电影学院卓伯棠教授来文学院作题为"电影艺术及浸会大学的电影制作MFA教育"的学术讲座。

美国梅森大学艺术学院戏剧系主任肯·艾尔斯顿教授来文学院作题为"美国戏剧中的现实主义的历史与实践"的学术讲座。

中国戏曲学院傅谨教授来文学院作题为"第三只眼看当代戏剧"的学术讲座。

5月10日,中国社会科学院文学研究所高建平研究员来文学院作题为"做美学的方式"的学术讲座。

13日,南京大学中国语言战略研究中心召开"2009国家语言战略高峰论坛"。

5月,中国艺术研究院贾磊磊教授来文学院作题为"电影研究方法"学术讲座。

南京大学中国现代文学中心主办的"中国当代文学学院奖"首届评奖结果揭晓。包括《彭燕郊诗文集》在内的3部小说、3部诗集、1部剧本获奖。

6月4日,"欧美汉学研究前沿系列讲座"邀请美国密歇根州格兰谷州立大学中国文学副教授史国兴博士作题为"苏轼的仇池之梦与其退隐思想"的学术讲座。

6月,由周宪主持,莫砺锋、丁帆、徐兴无、汪维辉等参加的"中文本科专业研究型课程体系建设"项目成果获得第六届高等教育国家级教学成果奖二等奖。

7月1日,浦口校区6000多名本科二、三年级学生迁入仙林校区。

5日—9日,"中国语言与社会文化"研究生国际学术研讨会在南京大学召开。这次会议得到教育部研究生教育创新计划全国博士生学术会议、江苏省博士研究生学术论坛和江苏省研究生创新与学术交流中心项目的联合支持,由南京大学文学院主办、南京师范大学文学院、香港浸会大学中文系协办。党委书记洪银兴、研究生院常务副院长许钧出席开幕式,文学院院长丁帆致辞。徐兴无主持会议。两岸三地和韩国、日本、新加坡、英国等国共计33所高校的136位研究生、27位领队老师以及南京大学文学院10位教师共计173位师生参加了会议。这是中国大陆高校首次举办的中文学科研究生国际学术会议。

文学院"暑期学校"邀请香港浸会大学中文系陈致教授讲"从《周颂》看《诗经》与金文中之成语与四言诗的形成";复旦大学中文系傅杰教授讲"关于研究生学术入门";台湾元智大学中文系詹海云教授讲"狂狷在中国思想文化史上的意义";新加坡国立大学黄贤强教授讲"新加坡的中国文史研究"。

6日—10日,文学院举办"中国当代文学:六十年的回顾与反思"国际学术研讨会。

27日—31日:中国语言战略研究中心在昆明组织举办国际人类学与民族学联合会第16届大会"语言、城市化和民族认同"专题会议。

8月20日,南京大学顾问教授、《时尚》集团总裁、1979级系友吴泓病逝。姚松代表文学院前往北京吊唁。

9月5日,卞孝萱去世。

徐兴无赴香港科技大学担任田家炳访问学人,为期五个月。

2005级本科生钱铖赴宁夏隆德县支教。

10月9日,南京大学举行仙林校区启用典礼。

16日,南大校友、台湾著名诗人余光中在逸夫馆报告厅作题为"诗与爱情"讲座。同时举行《余光中诗丛》首发式。

17日—18日,文学院举行"纪念陈瘦竹先生诞辰100周年暨戏剧理论与现代戏剧发展"学术研讨会。来自全国文艺界60多位学者与会。会议由周安华主持,姚松与会致辞。

21日—23日,由南京大学和东京大学联合主办的"南戏国际学术研讨会暨钱南扬先生诞辰110周年纪念会"在南京华东饭店举行。

31日,日本广岛大学青木孝夫教授来文学院作题为"木鸡飞翔的美学——脱亚入欧的艺术观与涵养的美学"的学术讲座。

11月13日,校党委组织部派员来文学院组织院行政班子换届选举工作。丁帆连任院长,徐兴无、武秀成、董晓、吕效平任副院长。

11月6日,"中国古代文学学科学术论坛"举行第一次讲习。此论坛是1996年"素心会"的延续,至2014年6月,已举办27次讲习。

12月,南京大学文学院举办"梦想与希望":两岸三地纪录片影展暨杜海滨作品展。

丁帆受聘为"江苏人民教育家培养工程"指导专家。

王彬彬受聘为南京大学"赵安中讲座教授"。

苗怀明、董晓晋升为教授。

本年

文学院戏剧影视文学专业本科被教育部批准作为艺术类招生。

汪维辉《〈齐民要术〉词汇语法研究》、许惟贤《〈说文解字注〉整理本》、张伯伟《论唐代的规范诗学》、周宪《审美现代性批判》荣获教育部第五届中国高校人文社会科学研究优秀成果二等奖。沈卫威《"学衡派"谱系研究》荣获三等奖。

真大成博士论文《魏晋南北朝史书词语考论》获江苏省优秀博士论文。

汪正龙入选教育部2009年度"新世纪优秀人才支持计划"。

莫砺锋获得江苏省教学名师称号。

中国语言战略研究中心参加羌族语言文化灾后重建需求调查。

《世界语文动态》创刊。

许结赴韩国外国语大学任教,为期一年。

包兆会赴法国阿尔多瓦大学任教,为期一年。

刘俊赴加拿大滑铁卢大学孔子学院任中方院长,为期两年。

罗琼鹏赴澳大利亚麦考瑞大学从事博士后研究,为期两年。

2010 年

1月,2008级作家班学员何方的长篇小说《琴缘散》由华龄出版社出版。

3月15日,南京大学中国新文学研究中心"豁蒙讲坛"邀请日本东京大学藤井省三教授作题为"鲁迅与芥川龙之介:《呐喊》小说的叙述模式以及故事结构的成立"的学术讲座。

16日,藤井省三教授作题为"日中文学里的'阿Q'像之系谱:从夏目漱石《哥儿》到村上春树《1Q84》"的学术讲座。

27日,程章灿、冯乾等发起成立的"游社"第一次雅集。社约每月一集,以古体诗词为主。社集延续至2013年秋,期间编印过作品集《南雍弦歌》。

5月14日,"欧美汉学研究前沿系列讲座"邀请美国宾夕法尼亚州立大学历史学夏伯嘉讲座教授作题为"西方传教士与中国:利玛窦逝世四百周年的一个反省"的学术讲座。

21日,南京大学公布免试接收台湾地区学生入学的通知,从2010年起,南大可免试接受台湾基本学力测试中成绩达标的学生。

26日,"欧美汉学研究前沿系列讲座"邀请比利时皇家科学院院士,泰国国际佛教大学副校长魏查理先生作题为"谢赫'六法'发微"的学术讲座。

5月,南京大学校董台湾王绎绚先生出资100万元人民币在南京大学文学院设立"南京大学王诗云奖助学金"。

6月1日,"欧美汉学研究前沿系列讲座"邀请美国芝加哥大学东亚系夏含夷教授来文学院作题为"兴与象:简论占卜和诗歌的关系"的学术讲座。

9日,"欧美汉学研究前沿系列讲座"邀请美国哈佛大学东亚系田晓菲教授来文学院作题为"重新思考建安"的学术讲座;美国普林斯顿大学东亚系助理教授王平博士作题为"文本风景:以枫的意象为中心"的学术讲座。

11日,"欧美汉学研究前沿系列讲座"邀请美国哈佛大学东亚系宇文所安教授来文学院作题为"说烟:幻想的借代"学术讲座。

13日,"欧美汉学研究前沿系列讲座"邀请德国弗莱堡大学冬马克教授作题为"西方汉学中的《说文解字》及段玉裁研究"的学术讲座。

6月,本科生课程论文集《寻梦金陵话红楼》由南京大学出版社出版。

6月,我校校董王绎绚先生出资100万元人民币设立南京大学"王诗云教育基金",用于奖助南京大学文学院品学兼优或家庭经济困难的本科生。

7月,2006级本科生葛舒菲赴陕西商洛市中级人民法院参加支西工作。

9月9日,"欧美汉学研究前沿系列讲座"邀请意大利罗马萨皮恩萨大学史华罗教授作题为"心态史,意象的再现与历史中的心境"的学术讲座。

18日—22日,文学院比较文学与世界文学专业和戏剧影视艺术系共同举办"契诃夫与中国:纪念契诃夫诞辰150周年国际学术研讨会"。会议由董晓主持。南京大学艺术硕士班为此上演了契诃夫话剧《海鸥》,并邀请北京蓬蒿剧社来南大演出童道明创作的话剧《我是海鸥》。

28日,文学院举行"鲍明炜先生纪念会",会议由柳士镇教授,姚松与会致辞。

9月,文学院"中国语言文学与国际汉学"列入南京大学"985工程"三期建设"高水平学科引领式发展计划"建设项目。

张玉来应聘为南京大学文学院教授。

作家苏童、毕飞宇受聘为南京大学兼职教授。

《卞孝萱文集》(7册)由江苏凤凰出版社出版。

博士生李章斌赴美国加州大学戴维斯分校,联合培养,为期一年。

2006级本科生贾雪迪、葛舒菲赴西部支教。

10月22日—25日,由南京大学文学院主办的"文学与形式国际学术研讨会暨中国文艺理论学会年会"在南京召开。会议由赵宪章主持。年逾九十的南大校友、中国文艺理论学会名誉会长、华东师范大学钱谷融教授及海内外高校200多名学者参加了会议。

16日,日本京都大学文学部兴膳宏教授来文学院作题为"八世纪的日本汉诗"的学术讲座。

25日,南京大学中国新文学研究中心"豁蒙讲坛"邀请日本早稻田大学文学院千野拓政教授作题为"我们跑到哪里去？——今天的青年文化与绝望感,并谈现代文化的转折"的学术讲座。

10月,本科四年级学生侯印国筹集资金50万元在南京大学设立助学金,这是中国首个由在校贫困生设立的奖助学金,每年资助25名南大贫困本科生,其中5名指定为文学院本科生。至2014年,已有100名南大学子获奖。

2006级本科生朱姗的毕业论文获得江苏省优秀本科毕业论文一等奖。

文学院与台湾政治大学中国文学系签署学术与教学合作协议书。

南京大学中文系1999级校友陆艳女士捐资人民币10万元,在南京大学文学院设立"仁明奖学金",用于奖励文学院品学兼优的在读本科生。

11月1日—30日,徐兴无赴台湾大学人文社会科学高等研究院担任客座研究员。其间6日至8日往台湾"中央大学"参加第五届两岸三地人文社会科学论坛"绿色启动:重探人与自然的关系",作为南京大学代表在开幕式上讲话。

11月,作家班2009级学员凌君洋的中短篇小说集《蹄影翻飞》由内蒙古人民出版社出版。

时尚传媒集团每年捐赠2.5万元人民币设立"南京大学时尚奖学金",用于奖励文学院优秀本科生。

12月11日,"欧美汉学研究前沿系列讲座"邀请美国莱斯大学钱南秀教授作题为"《世说·贤媛》传统与东晋佛学之关系"的学术讲座。

13日,"欧美汉学研究前沿系列讲座"邀请复旦大学中文系戴燕教授作题为"高本汉与中国:一个现代学术史的片断"的学术讲座。

14日,南京大学中国新文学研究中心"豁蒙讲坛"邀请美国哈佛大学东亚系王德威教授作题为"'后历史'后的历史叙事:新世纪与中国小说"的学术讲座。

15日,王德威教授作题为"国家不幸书家幸:台静农的书法与文学"的学术讲座。

27日,南京大学中国新文学研究中心"豁蒙讲坛"香港岭南大学中文系许子东教授来文学院作题为"张爱玲晚期小说中的男女关系"的学术讲座。

28日,许子东教授做"当代文学史中的'债务'与'遗产'"的学术讲座。

解玉峰、俞士玲晋升为教授。

安徽大学党委书记黄德宽教授受聘为南京大学兼职教授。

中国现代文学馆常务副馆长吴义勤教授受聘为南京大学兼职教授。

本年

中国语言文学学科入选江苏高校优势学科建设工程一期项目立项学科。

黄发有享受国务院政府特殊津贴。

程章灿作为团队负责人,竞获国家社科重大招标项目"中国古代文献文化史"。

吴俊作为团队负责人,竞获教育部重大攻关项目"中国当代文学批评史"。

徐雁平的著作《清代东南书院与学术及文学》荣获第二届中国出版政府奖图书奖。

童岭的博士论文《日藏六朝隋唐汉籍旧钞本综合研究》入选2010年度江苏省优秀博士论文。

真大成博士论文《魏晋南北朝史书词语考论》入选2010年度全国优秀博士论文提名。

马俊山赴韩国外国语大学任教,为期一年,苗怀明赴韩国东国大学任教,为期一年。

黄发有赴美国哈佛大学燕京学社访学,为期一年。

2011 年

1月,徐兴无赴香港科技大学人文社会学部任访问教授,为期五个月。

中央戏剧学院姜涛教授受聘为南京大学兼职教授。

2月,"南京大学中国现代文学研究中心"更名为"南京大学中国新文学研究中心"。

3月,徐兴无赴台湾大学参加"第四届中国经学国际学术研讨会"。

4月7日,教育部副部长、国家语委主任李卫红,国家语委副主任、教育部语信司司长李宇明等一行到南京大学中国语言战略研究中心调研,江苏省教育厅、南京大学领导陪同调研。

23日,中国新文学研究中心"豁蒙讲坛"邀请美国加州大学东亚语文系奚密教授作题为"现代汉诗与英文翻译"学术讲座。

5月8日,中国新文学研究中心"豁蒙讲坛"邀请德国波恩大学汉学系顾彬教授作题为"中国当代文学在欧洲"的学术讲座。

21日,中国语言战略研究中心在北京举办"语言经济及语言服务学术讨论会"。

24日,美国宾夕法尼亚州立大学文学院副院长Eric Hayoty、移民研究中心高级研究员Jerry、新闻传播学院副院长Marin女士、传播学院钟布博士一行访问文学院。

25日,文学院院长丁帆,副院长徐兴无、董晓,历史系主任陈谦平,哲学系副主任白玉晓,新闻传播学院汪萍书记与宾大一行会晤,商谈交流合作事项。

6月8日,"欧美汉学研究前沿系列讲座"邀请美国布朗大学罗开云教授作题为"晚明作家邓志谟的小说与类书合璧"的学术讲座。

15日,美国元任汉语方言学会会长,新泽西大学东亚系史皓元教授来文学院作题为"汉语方言分区的理论及实践"的学术讲座。

22日,"欧美汉学研究前沿系列讲座"邀请美国哈佛大学东亚系李惠仪教授作题为"女英雄的想象与历史记忆"的学术讲座。

6月,美国伊利诺伊大学东亚与太平洋研究中心主任傅葆石教授来文学院作题为"谈情说爱:沦陷区电影的'鸦片战争'"的学术讲座。

德国戏剧导演 Gerhard Dressel 教授为文学院戏剧影视艺术系作题为"德国戏剧舞台的训练传统和现代剧院的发展趋势"等系列讲座。

7月25日—27日,徐兴无率研究生赴台湾政治大学参加"跨越与开放——2011两岸青年研究生文学高峰论坛"。

8月7日,郭维森逝世。

23日—25日,"语言研究与语言期刊建设"研讨会在文学院举行。

9月,张伯伟赴香港科技大学人文社会学部任访问教授,为期五个月。

高小康应聘为南京大学文学院教授。

2007级本科生孙闻宇、侯印国赴西部支教。

10月11日—15日,全国高校古籍整理研究工作委员会主办、南京大学古典文献研究所承办的"中国典籍与文化:古委会第三届青年学者学术研讨会"在南京大学举行。

17日,北京师范大学王宁教授与学科老师座谈。

20日,美国加州大学伯克利分校讲座教授,台湾"中研院"院士丁邦新教授来文学院作题为"论散文的抑扬顿挫"的学术讲座。

21日,中国语言学会会长、中国社科院语言研究所研究员侯精一教授来文学院作题为"传承、拓展、创新——江苏省方言调查研究50年概说"的学术讲座。

22日—23日,由南京大学方言与文化所举办的"江苏及周边地区方言国际学术研讨会暨《江苏方言研究丛书》首发式"在南京举行。

24日,浙江大学汪维辉教授来文学院作题为"说'鸟'"的学术讲座。

28—29日,中国语言战略研究中心与山东大学经济研究院联合举办"第二届中国语言经济学论坛"。

10月,童岭的博士论文《日藏六朝隋唐汉籍旧钞本综合研究》获全国优秀博士论文提名。

11月,美国面具制作和面具表演艺术家贝克来文学院作题为"面具的表演史:活的形体和作为文本的身体"的学术讲座。

11月,徐兴无赴台湾"中央研究院"参加"秦汉经学国际研讨会"。

12月1日,南京大学中国新文学研究中心"豁蒙讲坛"邀请日本东京大学文学部藤井省三教授作题为"鲁迅与刘呐鸥:关于电影《春蚕》、《猺山艳史》"的学术讲座。

5日,藤井省三教授作题为"鲁迅与日本作家"的学术讲座。

7日,藤井省三教授作题为"鲁迅与松本清张、村上春树"的学术讲座。

9日—11日,"汉语言文字学学科建设工作会议"在文学院召开,会议期间举办了系列讲座:河北大学杨宝忠教授"《广韵》中的一些问题"、厦门大学叶宝奎教授"关于汉语近代音的几个问题"、徐州师范大学副校长杨亦鸣"语言与脑认知科学"、华中科技大学教授程邦雄"汉字构形的义近偏旁替代问题"、厦门大学李无未教授"日本汉语音韵学史释读"、华中科技大学尉迟治平教授"学术的时代性和新时代的学术"。

9日—10日,文学院召开第一届"青年教师座谈会",刘重喜主持,丁帆、姚松、徐兴无、武秀成做主题发言。

本年

丁帆作为团队负责人,竞获国家哲学社会科学重大招标项目"中国现当代文学制度史"。

周勋初主编《册府元龟(校订本)》、董健等《中国当代戏剧史稿》、胡星亮《当代中外比较戏剧史论》获江苏省第十一届哲学社会科学优秀成果一等奖。杨锡彭《汉语外来词研究》、周宪《视觉文化的转向》、张伯伟《清代诗话东传略论》、程章灿《石刻刻工研究》、周安华《江苏电视剧:现状与崛起研究报告》获二等奖。

苗怀明入选2011年教育部"新世纪优秀人才支持计划"。

程章灿入选2011年江苏省"333人才培养工程"(第一层次)。

吴俊、黄发有入选2011年江苏省"333人才培养工程"(第二层次)。

解玉峰、周计武入选 2011 年江苏省"333 人才培养工程"(第三层次)。

吕效平、董晓、张宗友获 2011 年度南京大学石林集团奖教金。陈恬、翟业军获 2011 年度南京大学中国银行奖教金。

艺术学理论学科和戏剧与影视学学科列入江苏省一级重点学科。南京大学艺术学院成立,挂靠文学院,周宪任院长,吕效平、康尔任副院长。

肖锦龙赴法国阿尔多瓦大学任教,为期一年。

孙立尧赴韩国岭南大学任教,为期一年。

陈立中赴韩国外国语大学任教,为期一年。

2012 年

1 月 15 日,许结当选为中国辞赋学会会长。

1 月 7 日—8 日,中国语言战略研究中心联合广州大学、教育部语用所在广州举办了"语言服务研究高级论坛"。

9 日,南京大学"十一五"期间"211 工程"建设项目"中国语言文学与民族文化复兴"项目以"建设效益显著,成绩优秀"的评价通过专家组验收。

19 日,"域外汉籍研究所十年庆系列演讲"邀请韩国鲜文大学校中文系朴在渊教授作题为"关于新发现之朝鲜活字本《三国志通俗演义》"的学术讲座。

3 月 11 日,《全唐五代诗》编纂与出版工作会议在南京召开,立项单位全国高等院校古籍整理研究工作委员会、后期立项资助单位南京大学、编纂基地河南大学中文系、苏州大学文学院、南京大学古典文献研究所、文学院、出版单位陕西人民出版社,《全唐五代诗》主编会和来自全国各高校和科研机构的作者、编辑共 30 多人参加了会议,南京大学副校长杨忠、社科处处长王月清出席了会议,会议由莫砺锋主持。

3 月,日本道教学者土屋昌明来文学院作题为"日本文化中的道教因素"的学术讲座。

文学院聘请南京军区政治部文工团国家一级演员何群为兼职教授。

日本能乐专家森瑞枝、岩松来文学院作能乐表演。

由中国语言战略研究中心主任徐大明教授主编的《中国语言战略》(第一辑)由外语教学与研究出版社出版。

4月26日,"域外汉籍研究所十年庆系列演讲"邀请复旦大学历史系韩昇教授作题为"《井真成墓志》所反映的唐朝制度"的学术讲座。

4月—6月,文学院举办"110周年校庆杰出系友系列学术讲座",作家叶兆言、赵耀民、姚远,学者陈致、蒋寅、黄德宽、杨亦鸣等在此期间应邀来文学院作学术报告。

5月5日—6日,南京大学中国语言战略研究中心举办"少数民族语言保护与经济社会发展国际学术研讨会",加拿大区域创新首席科学家Ken Coates教授、国家民族事务委员会研究室李红杰副主任等多位国内外知名学者出席了本次会议。

16日,南京大学举行仙林校区杨宗义楼落成典礼,南京市委书记杨卫泽、校友、校董、福中集团总裁杨宗义,校党委书记洪银兴等出席典礼,该楼为文学院办公楼,文学院党委书记姚松代表文学院致辞。

17日,南京大学举行仙林校区"二源广场"启用典礼。广场坐落南京大学鼎和"国立中央大学"、"金陵大学"碑。文学院2009级戏剧影视文学专业本科生成懋冉为两碑碑阴《国立中央大学简介》、《金陵大学简介》书丹。

"域外汉籍研究所十年庆系列演讲"邀请四川师范大学中文系王小盾教授作题为"从音乐角度看日本汉籍"的学术讲座。

5月15日,由文学院2009级戏剧影视文学专业本科生温方伊创作、吕效平导演、南京大学文学院艺术硕士剧团演出的话剧《蒋公的面子》在南京大学鼓楼校区礼堂首演,向校庆110周年献礼。第一轮校庆期间演出四场。反响异常热烈。

20日,南京大学在仙林校区体育馆隆重举行建校110周年大会。

21日,南京大学中国新文学研究中心"豁蒙讲坛"邀请美国哈佛大学东亚系王德威教授作题为"南京的文学现代史:11个关键时刻"和题为"从'感时忧国'到'忧患意识'"的学术讲座。

22日,王德威教授来文学院作题为"华语语系文学"的学术讲座。

23日,王德威教授作题为"世变与诗心:沈从文,冯至,1949"的学术讲座。

5月,美国威斯康星大学麦迪逊校区语言学系教授李亚非受聘为南京大学潘思源讲座教授,兼任文学院语言学及应用语言学教授。

美国宾州州立大学文科教授团来访,与我校高研院、文学院、外院、政府、哲学系等相关院系进行交流。

6月1日,"域外汉籍研究所十年庆系列演讲"邀请新加坡南洋大学中文系衣若芬副教授作题为"东亚视阈下的白居易《长恨歌》及其图绘"的学术讲座。

9日,文学院徐兴无、张伯伟、俞士玲参加南大人文社科高研院与布朗大学联合召开的"中国性别研究国际会议"。杨忠副校长在开幕式上讲话。徐兴无主持上午第一场报告会。

12日,"欧美汉学研究前沿系列讲座"邀请美国布朗大学历史系包筠雅教授来文学院作题为"晚期中华帝国书籍文化史"的学术讲座。

14日,南京大学兼职教授、安徽大学党委书记黄德宽教授向南大文学院捐赠个人著作。

6月,李亚非教授为文学院暑期学校——"语言、心智与社会国际前沿讲习班"授课。

北京大学中文系沈阳受聘为南京大学文学院教授。

7月18日,苏州新区枫桥工艺石雕厂工人来杨宗义楼大门安装汉白玉匾额,上镌刻集胡小石先生隶书"文学院"。

7月,2008级本科生王林知、贾娉娉、姚嫱、蔡斌赴西部支教。

8月,2007级本科生侯印国结束在宁夏山区一年的支教后带领40余名山区贫困中学生组织了为期半个月的"宁夏中学生走进南京"夏令营,得到南京市民热情欢迎。支教期间,侯印国筹集善款近60万元,资助近300名山区学生完成中学学业。

8月2—3日,南京大学中国语言战略研究中心与山东大学、新疆大学在乌鲁木齐联合举办了"第三届中国语言经济学论坛"。

5日,苏州新区枫桥石雕厂运送文学院订制唐式汉白玉石狮一对,安放于杨宗义楼正门。丁帆、姚松、徐兴无、董晓、王恒明等出席安放仪式。

21日—24日,徐大明赴柏林自由大学参加第19届国际社会语言学大学(Sociolinguistics Symposium 19),发表题为"变革中的言语社区:语言城市化在中国的效应"主旨演讲。

8月28日,文学院制定颁发《文学院仙林校区搬迁安排》,全面组织搬迁工作,至9月中旬,从鼓楼校区文科楼全部搬入仙林校区杨宗义楼。

9月9日—12日,台湾成功大学张高评应邀来文学院讲学,作题为"古典文学的选题与创新"等学术报告。

13日,"域外汉籍研究所十年庆系列演讲"邀请日本南山大学外国语学部蔡毅教授作题为"日本汉诗在中国"的学术讲座。

20日,南京大学中国新文学研究中心"豁蒙讲坛"邀请日本东京大学文学部藤井省三教授作题为"村上春树'超然'时代的终结"的学术讲座。

21日,"域外汉籍研究所十年庆系列演讲"邀请韩国高丽大学中文系崔溶澈教授作题为"中国小说在朝鲜王室与朝廷大臣的接受"的学术讲座。

10月13日—15日,文学院举办"东亚文明视野中的中国文学"博士生国际学术论坛,本次论坛得到中华人民共和国教育部全国博士生论坛项目资助。吕建副校长致辞,两岸三地及日本、韩国27所高校92位师生与会。

16日,文学院行政班子换届,徐兴无担任南京大学文学院院长。吴俊、董晓、苗怀明、吕效平任副院长。

19日,中国社科院语言研究所研究员张振兴来文学院作题为"江苏方言调查研究之印象"学术讲座。

20日—21日,由南京大学方言与文化所举办的"第二届中国地理语言学国际学术研讨会"在南京举行。方言与文化所所长顾黔主持会议。

21日,"域外汉籍研究所十年庆系列演讲"邀请台湾大学人文社会高等研究院院长黄俊杰教授作题为"中韩历史中儒家知识与政治权利之关系:不可分割性与互为紧张性"的学术讲座。

22日,日本方言研究会会长,日本国语研究所主任研究员大西拓一郎教授来文学院作题为"方言形成的基本模型"的学术讲座。

23日,日本中国语言学会会长,日本金泽大学岩田礼教授来文学院作题为"'蝉'义词形的系谱及其地理分布"的学术讲座。

24日,"欧美汉学研究前沿系列讲座"邀请美国贝茨大学杨曙辉教授作题为"欧美冯梦龙研究与三言英译"的学术讲座。

26日,南京大学中国新文学研究中心"豁蒙讲坛"邀请陈迈平先生作题为"诺贝尔文学奖与中国文学"的学术讲座。

28日,南京大学中国新文学研究中心"豁蒙讲坛"邀请洛夫先生作题为"诗歌与时代生活"的学术讲座。

29日,"域外汉籍研究所十年庆系列演讲"邀请台北大学文学院院长王国良教授作题为"东亚汉文小说的整理与研究"的学术讲座。

10月，徐雁平获第六届吴玉章人文社会科学奖青年奖。

11月1日，校图书馆和文学院联合举办"潘重规教授捐赠图书特藏室揭牌仪式暨潘重规先生学术思想研讨会"。南京大学校董、潘重规先生女婿杨克平及其夫人潘锦、台湾孔孟学会副理事长张植珊及潘先生在台湾地区的学生等到会。

15日，南京师范大学李葆嘉教授来文学院作题为"上古音研究中的几个问题"的学术讲座。

15日—19日，"域外汉籍研究所十年庆系列演讲"邀请日本京都大学名誉教授兴膳宏作题为"八世纪日本的汉诗"的系列学术讲座。

23日，"域外汉籍研究所十年庆系列演讲"邀请北京大学中文系严绍璗教授来文学院作题为"中日古代文化关系的政治框架和本质特征"的学术讲座。

11月，徐兴无赴台湾东海大学参加第三届"汉学与东亚文化国际学术研讨会"。

12月14日，"域外汉籍研究所十年庆系列演讲"邀请复旦大学文史研究院院长葛兆光教授作题为"宅兹中国：重建有关中国的历史论述"的学术讲座。

19日，"欧美汉学研究前沿系列讲座"邀请台湾新竹清华大学中文系陈珏教授作题为"汉学的三次典范大转移：从高罗佩与物质文化谈起"的学术讲座。

20日，教育部语言文字信息管理司司长张浩明来到中国语言战略研究中心，调研中心运行情况。

30日，"南京大学中国文学与东亚文明研究协同创新中心"成立。

12月，日本导演佐藤信来文学院作题为"他的当代剧场作品中亚洲传统表演的元素"的学术讲座。

香港前卫导演荣念曾来文学院作题为"实验·传统"及"昆、能、当代戏剧互动"的演讲。

徐雁平晋升为教授。

本年

文学院被评为2012年度南京大学人才工作先进集体，发展工作先进集体。

作家毕飞宇调入南京大学，文学院设立毕飞宇创作工作室。

周宪、沈阳被聘为教育部2011年度"长江学者特聘教授"。

吴俊、王彬彬编写的《中国现当代文学期刊目录新编》（上、中、下）获江苏省第十二届哲学社会科学优秀成果一等奖。胡星亮《中国现代戏剧论集》，沈卫威《现代大学的两大传统》，张伯伟、俞士玲《朝鲜时代女性诗文集全编》（上、中、下），肖锦龙《意识批评、语言分析、行为研究——希利斯·米勒的文学批评之批评》，赵宪章、包兆会《文学变体与形式》获二等奖。

顾黔作为团队负责人，竞获国家社科重大招标项目"汉语方言自然口语变异有声数据库建设"。

沈阳作为团队负责人，竞获国家社科重大招标项目"新时期语言文字动态规范研究"。

周宪作为团队负责人，竞获教育部重大攻关项目"当代中国社会转型中的视觉文化研究"。

2008级本科生张恒怡学位论文《〈四库全书〉"永乐大典本"类型及辑校浅议》获2012年度江苏省本科优秀论文。

2007级本科生袁腾的长篇小说《一席春》由上海文艺出版社出版。

《域外汉籍研究集刊》、《南大戏剧论丛》被列入"中文社会科学引文索引"（CSSCI）来源集刊。

丁帆、胡星亮、张伯伟、周宪受聘为首批南京大学"高层次学科带头人特聘教授"，聘期三年。

程章灿受聘南京大学赵世良讲座教授。汪正龙、葛飞、王玲获南京大学石林集团奖教金。杨柳、卞东波获南京大学中国银行奖教金。苗怀明获南京大学杜厦奖教金。

陈文杰赴美国宾夕法尼亚大学访学，为期一年。

葛飞赴法国阿尔多瓦大学任教，为期一年。

马清华赴韩国外国语大学任教，张宗友赴韩国东国大学任教，翟业军赴韩国崇实大学任教，为期一年。

许结赴香港珠海学院任教，为期六个月。

2013 年

1月6日，南京大学"中国文学与东亚文明研究协同创新中心启动仪式"在杨宗义楼福中报告厅举行。徐兴无主持仪式,校党委书记洪银兴致辞。协同单位代表,中国社会科学院文学研究所所长陆建德、外国文学所所长陈众议、南京师范大学副校长朱晓进分别致辞。与会嘉宾有国家图书馆副馆长詹福瑞、山东大学副校长陈炎及部分国务院学科评议组成员。为响应国家"2011协同创新计划",以南京大学为牵头单位,以文学院为基础,与中国社会科学院文学研究所、外国文学研究所,台湾大学,日本京都大学、东京大学,韩国高丽大学,哈佛大学等相关单位采取校所、校校融合的模式,旨在集聚中国古代与现代文学研究、东亚典籍与思想学术研究、华文文学研究等学科力量,产出引领性、高水平的学术成果,培养高水平的科学研究及文化传承与创新人才,为探索国际间的人文学科协同创新方式提供经验。

18日,陈道明、濮存昕等北京人艺演员在宁演出《喜剧的忧伤》,捐出票房120万元给南大学生剧社。陈骏校长和文学院吕效平参加接受仪式。

1月,傅谨应聘为南京大学文学院教授。

3月8日,"南京大学特聘教授毕飞宇就职暨毕飞宇文学工作室揭牌仪式"在文学院福中报告厅举行,院党委书记姚松主持,副校长杨忠讲话,文学院院长徐兴无致欢迎词,毕飞宇作就职演说。

15日,系友张晖因白血病逝世。张晖是南京大学文科强化班学生,中国古代文学专业硕士,本科时出版《龙榆生年谱》(学林出版社,2001),在香港科技大学获博士学位,进入台湾"中研院"中国文哲研究所任博士后,生前为中国社会科学院文学研究所副研究员。另著有《中国"诗史"传统》,编辑《量守庐学记续编:黄侃的生平和学术》、《龙榆生全集》等。

17日,首届新加坡博士生回校通过博士论文答辩。2009年,经教育部批准,文学院与新加坡新跃大学合作,招收南京大学中国语言文学专业中国古代文学、中国现代文学和汉语言文字学三个方向的博士研究生,授予南京大学博士学位。

18日—22日,陈骏校长、濮励杰校长助理、地科学院王汝成和文学院徐兴无赴新加坡国立大学参加淡马锡基金会—新加坡国立大学大学领袖研习会。其间陪同陈骏校长会见了南京大学新加坡校友会会员,访问了新加坡国立大学、南洋理工大学和新跃大学的相关院系。

31日,文学院召开第二届青年教师座谈会。姚松主持,徐兴无、张伯伟作主题发言。

3月,德国柏林霍夫曼-鲍尔戏剧出版社出版人邬丽克·霍夫曼-鲍尔女士来文学院作题为"走近德国当今戏剧舞台"的学术演讲。

4月2日,北京师范大学王宁教授、中国社会科学院董琨教授与学科师生座谈。

15日,教育部本科审核评估专家进驻南大。中山大学副校长陈春声、教育部评估中心王战军副主任率专家组来文学院座谈。

19日,华东师范大学中文系主任谭帆率青年教师代表来文学院访问座谈。

5月3日,文学院召开学科发展座谈会。

7日,《人民文学》主编施战军受聘担任文学院兼职教授,举行聘任仪式。

9日,北京大学、清华大学客座教授,教育部艺术教育委员会常委仲呈祥教授来访并在大学生活动中心举行讲座。

13日,南开大学文学院刘俐俐教授来文学院作题为"故事问题及其思考"的学术讲座。

21日,姚松主持仁明奖学金颁奖仪式。该奖学金由校友陆艳于2011年设立。

5月,美国哥伦比亚大学戏剧系阿隆索教授来文学院作学术演讲。

美国纽约大学提斯克艺术学院劳瑞·诺瓦克教授来我院作题为"摄影与记忆"的学术讲座。

美国哥伦比亚大学戏剧系教授阿诺德·阿伦森教授、南京大学外国语学院刘海平教授和南京大学文学院吕效平开设了"关于戏剧的无主题对话"等系列讲座。

国际著名戏剧学者、法国巴黎第十大学戏剧学院克里斯蒂安·比埃教授来文学院作题为"对法国'经典'戏剧作品历史性与理论性思考"学术演讲。

6月1日,董健、陆炜主编《中国当代戏剧总目提要》由中国戏剧出版社出版。

8日,由丁帆主持,徐兴无、武秀成、董晓、刘重喜参加的"研究型大学中文专业本科低年级学生创新意识培养途径实践"项目成果获得江苏省优秀教学成果特等奖。

14日,《人民文学》杂志社施战军来文学院作题为"文学,'自然'与'成长'的互文效应"的学术讲座。

20日,四川大学文学院长曹顺庆教授应邀来文学院作题为"话语权与文学史"的演讲。

22日,南京大学社会语言学实验室举行十周年庆典。

7月9日,学校撤销设于文学院内的南京大学艺术学院,原艺术学院下的戏剧影视艺术一级学科仍留在文学院,艺术理论一级学科则与南大艺术中心合并为南京大学艺术研究院,院长周宪。

16日,徐兴无、刘重喜赴苏州吴中区人民政府,拜会86级系友、区长金洁等区政府领导,就修缮汪东先生及其汪氏墓地之事进行了商谈,受到区政府的大力支持。

20日—21日,南京大学中国语言战略研究中心与山东大学、新疆大学在青岛联合举办了"第四届中国语言经济学论坛"。

南京大学"985工程"三期建设"高水平学科引领式发展计划"建设项目"中国语言文学与国际汉学"通过结项。标志性成果有:《中国现代文学期刊目录新编》10卷(上海人民出版社,2008,上海市重点图书出版项目);张宏生主编《全清词·雍乾卷》(南京大学出版社,2012);金程宇编《和刻本中国古逸书丛刊》(凤凰出版社,2012);张伯伟等《朝鲜时代女性诗文集全编》(凤凰出版社,2012);张伯伟主编《域外汉籍研究丛书》(第二辑,5种,中华书局,2011—2012);顾黔主编《江苏方言丛书》(第一批,5种,中华书局,2011);董健、陆炜主编《中国当代戏剧总目提要》(中国戏剧出版社出版,2013)、《中国诗学研究丛书》8种(中华书局,2013)等。

8月11日,古典文献研究所承办教育部"文献学暑期学校"举行开学典礼,程章灿所长主持,吕建副校长、古委会主任安平秋教授到场讲话。

20日—23日,南京大学"中国文学与东亚文明研究中心"、文学院、古典文献研究所、清华大学经学研究中心、扬州文化研究会联合举办的"经学与中国文献文化国际学术研讨会"在南京举行。

28日,"文学与图像关系史研讨会"在南京举行,赵宪章主持会议。

8月,周勋初撰作、主编古籍整理成果三种[《唐钞〈文选集注〉汇存》、《唐语林校证》、《册府元龟(校订本)》];已故著名戏曲史家、原中文系教授钱南扬先生校点《汤显祖戏曲集》一部入选国家新闻出版广电总局、全国古籍整理出版规划领导小组"首届全国优秀古籍整理成果"。

9月8日,《人民文学》社、省作协共同举办的首届"紫金·人民文学之星·文学奖"颁奖典礼在仙林校区举行。文学院2013级硕士研究生温方伊获戏剧奖。校党委书记洪银兴、省作协范晓青主席、中国作协党组书记李敬泽分别致辞。文学院姚松、徐兴无、吕效平、丁帆、毕飞宇参加并颁奖。

15日,江苏省文化厅厅长徐耀新在鼓楼校区大礼堂观看《蒋公的面子》第87场,徐兴无、吕效平陪同观看。

21日,新加坡南洋理工大学张钊贻先生来文学院作题为"鲁迅赴香港讲演的几个问题"的学术讲座。

9月30日,徐兴无参加南京大学人文社科学术交流访问团,赴美国宾州州立大学、匹兹堡大学、布朗大学等高校交流访问。

9月,美国加州大学戴维斯分校东亚语言与文化系主任陈小眉教授来文学院作题为"在美国讲中国话剧:立场、观点、方法"的学术讲座。

美国乔治·梅森大学戏剧系主任肯·艾尔斯顿教授来文学院作题为"斯坦尼斯拉夫斯基体系在美国:表演与导演"的学术讲座。

教育部语言文字信息管理司与南京大学续签"中国语言战略研究中心"共建协议。

2009级本科生何百川赴云南省建水县第二中学支教。

10月,时尚传媒集团、美国国际数据集团(IDG)和美国赫斯特集团(Hearst Corporation)共同出资99万元人民币在南京大学文学院设立"吴泓奖学金"。

10月12日,文学院举行"程千帆先生百年诞辰纪念暨学术思想研讨会"。徐兴无主持开幕式,杨忠副校长代表学校致辞,周勋初讲话。莫砺锋主持与会嘉宾的主题演讲。纪念活动期间,中国古代文学、古典文献学专业的教师、程千帆先生弟子、与会的学界嘉宾举行了一系"百年千帆系列学术讲座",文学院编写出版了一系列纪念文献,有莫砺锋编《程千帆先生百年诞辰纪念文集》(凤凰出版社)、陶芸编《闲堂书简(增订本)》(上海古籍出版社)、徐有富著《程千帆沈祖棻年谱长编》(南京大学出版社)、程丽则编《千帆身影》(南京大学出版社)、徐兴无编《程千帆书法选集》(南京大学出版社)、周欣展著《千帆诗学与中国哲学》(南京大学出版社)。此外,武汉大学出版社出版程千帆著、吴志达修订《元代文学史》,中华书局出版张世林主编《想念千帆》以志纪念。

13日,"百年千帆系列学术讲座"邀请美国哥伦比亚大学博士,台湾政治大学中文系唐翼明教授作题为"百年文化反思与国学热"的学术讲座。

"百年千帆系列学术讲座"邀请北京大学中文系陈平原教授作题为"声音的政治——现代中国的宣传与文章"的学术讲座。

"百年千帆系列学术讲座"邀请台湾"清华大学"中文系朱晓海教授作题为"从沈约的两首'车中作'看沈约的诗学主张的实践与影响"的学术讲座。

14日,台湾东华大学中国语文学系主任李秀华教授一行访问文学院。

25日,文学院召开全院行政工作座谈会。

31日,南大举行徐耀新任南京大学文学院兼职教授聘任仪式。校党委副书记张异宾宣读聘任决定并授聘书。

10月,文学院戏剧影视文学系与《戏剧艺术》杂志开展了学术交流活动。

11月1日,北京大学中文系主任陈跃红一行来文学院访问座谈。

2日,新文学中心召开"新诗国际研讨会"开幕式,会议由王彬彬主持。

南京大学中国新文学研究中心"豁蒙讲坛"邀请台湾"中研院"副研究员、美国密西西比大学终身教授杨小滨先生作题为"台湾当代诗歌的发展"的学术讲座。

南京大学中国新文学研究中心"豁蒙讲坛"邀请法国阿尔多瓦大学汉学系主任、阿尔多瓦大学孔子学院法方院长金丝燕教授作题为"法国当代诗歌:语言的陷阱与精神性的复归"的学术讲座。

4日,南京大学中国新文学研究中心"豁蒙讲坛"邀请德国汉学家、翻译家、德国波恩大学汉学系终身教授顾彬先生作题为"高行健、莫言与中国当代危机的问题"的学术讲座。

南京大学中国新文学研究中心"豁蒙讲坛"邀请美国加州大学戴维斯分校东亚语文系和比较文学系奚密教授作题为"发明中国:英译汉诗的美学取向"学术讲座。

7日,文学院举行苏州科技大学杨军教授受聘文学院兼职教授仪式。

8日,徐兴无赴上海参加中央大学校友、华东师范大学教授徐中玉先生百岁华诞庆典暨中玉教育基金成立、《徐中玉文集》首发式,并代表徐中玉先生母校和兄弟院系致贺词,参加"徐中玉先生学术与教育思想研讨会"。

28日,文学院举行全体国际学生座谈会。

11月,美国圣地亚哥加州大学中国研究中心主任张英进教授来文学院作题为"超越悲情:文化创意产业视野中的台湾电影"的学术讲座。

香港浸会大学电影学院院长卓伯棠教授来文学院作题为"电影中的时间概念与电影结构之探索"的学术讲座。

中国著名音乐剧制作人李盾来文学院作题为"创意与中国音乐剧"的讲座。

11月—12月,话剧《蒋公的面子》剧组由姚松带队,赴美国旧金山、洛杉矶、达拉斯、波士顿、休士顿、纽约、华盛顿等地演出,历时一个月,演出10场,反响热烈。

12月1日,刘重喜参加南京大学全球校友大会。

4日,文学院召开学术委员会和学位委员会会议,审核通过博士生培养改革方案和阅读书目。全面启动博士生培养改革。

7日—8日,南京大学文学院汉语言文字学、语言学及应用语言学教师赴安徽大学与安徽大学汉语言文字学学科交流。

19日,新加坡南洋理工大学中文系衣若芬教授来文学院作题为"东亚使节与潇湘八景文化意象"的学术讲座。

20日,文学院出品《南京大学文学院建院100周年纪念年历》电子版,发送师生、校友和社会各界。

20日,北京大学、清华大学客座教授、教育部艺术教育委员会常委仲呈祥教授来文学院作题为"关于当代影视文学与影视艺术的若干思考"的学术讲座。

27日,江苏省古籍保护委员会成立会议在南京图书馆召开,徐兴无、程章灿受聘为委员。

福中集团杨宗义总裁来文学院参观,并出席文学院举行的"授予杨宗义办公室钥匙仪式"。

12月27日,"文学院教育发展基金"成立,接受校友和社会各界捐资助学。

28日,南京大学宣传思想工作会议公布《关于授予南京大学小百合BBS等十个项目为校园文化十大品牌的决定》,文学院艺术硕士剧团等十个校园文化项目被授予"南京大学校园文化十大品牌"荣誉称号。

12月,德国戏剧导演格哈特·德列瑟教授来文学院作题为"毕希纳与《罪与罚》"的学术讲座。

本年

教育部2012第三轮学科评估出台,北京大学中国语言文学一级学科位列第一；北京师范大学、复旦大学并列第二；南京大学位列第三；四川大学位列第四。

文学院被评为2013年度南京大学人才工作先进集体。

丁帆《关于建构百年文学史的几点意见和设想》、胡星亮《当代中外比较戏剧史论》获教育部颁发的第六届高等学校人文社会科学研究优秀成果二等奖。

莫砺锋、赵宪章获南京大学首届人文基金人文社科贡献奖；徐雁平、董晓、周计武获青年教师人文科研原创奖。

吕效平获赵世良讲座教授，莫砺锋、苗怀明获宝钢教育基金优秀教师奖，傅元峰获雨润教学奖，许莉莉、童岭获中国银行奖教金。

吴俊受聘为教育部"长江学者特聘教授"。

程章灿入选人事部、教育部"新世纪百千万人才工程"，同时获得国家级"有突出贡献的中青年专家"称号。

董晓入选教育部"新世纪优秀人才支持计划"、"江苏省青蓝工程优秀中青年学科带头人"。

黄发有入选江苏省"333人才培养计划"（第二层次）。

徐兴无受聘为教育部中文教学指导委员会委员。

毕飞宇、程章灿入选南京大学"高层次学科带头人特聘教授"，聘期三年。

沈阳担任文学院语言学系主任。马清华担任文学院国际汉语教育部主任。

程章灿赴台湾大学担任访问教授，为期一年。

周计武赴法国阿尔多瓦大学任教，为期一年。

武秀成赴韩国外国语大学任教，李昌舒赴韩国东国大学任教，为期一年。

王玲赴美国威斯康星大学麦迪逊学院研修，昂智慧赴美国哈佛大学研修，为期一年。

2014 年

1月3日，南大决定停办"青年作家班"的招生与培养，文学院反应激烈。

17日，文学院召开语言学科发展座谈会。

1月，中国语言文学学科通过"江苏省高校优势学科建设工程"一期项目立项学科考核验收。3月，被江苏省教育厅评为优秀。

上海艺术创作中心郭小男导演受聘为文学院客座教授。

张光芒赴韩国外国语大学任教，闵丰赴韩国东国大学任教，为期一年。

南大党委派姚润皋、王永义代表学校来文学院，与院党委、行政成员举行落实群众路线对照检查会议，通过了文学院党政的群众路线教育活动。

2月16日，根据毕飞宇小说《推拿》改编、娄烨执导的同名电影获第64届柏林国际电影节（Berlin International Film Festival）最佳艺术贡献（摄影）银熊奖。

3月6日，徐兴无赴香港岭南大学参加"经学之传承与开拓国际学术会议暨声音与意义古典诗歌新探国际研讨会"。

18日，南京大学"中国文学与东亚文明协同创新中心"入选江苏省第二批2011协同创新计划。徐兴无参加江苏省高校协同创新中心建设工作座谈会暨授牌仪式。

14日，日本神奈川大学副校长、外国语学部中国语学科教授铃木阳一访问文学院。

28日，文学院举行教学委员会会议，讨论通过新开本科生课程的审查制度等。

3月，北京电影学院张献民教授来文学院作题为"戏剧与写实——当下中国年轻一代的虚构电影创作的几种倾向"的学术讲座。

3月，汪书同学本科毕业论文《理雅各英译本〈道德经〉研究》获2013年度江苏省普通高等学校本科优秀毕业论文。

4月1日，作为院庆活动的组成部分，文学院师生赴市郊功德园祭扫革命烈士陈万里墓，赴华侨公墓祭扫汪辟疆先生、胡小石先生、方光焘先生墓；赴牛首山祭扫李瑞清先生墓；赴普觉寺公墓祭扫陈中凡先生之墓，并敬献鲜花、宣读祭文。

4日，吴翠芬逝世。

22日，加拿大维多利亚大学林宗正教授来文学院作题为"中国古代诗歌中的侠客精神"的学术讲座。

5月16日，南京大学召开专家认证会，批准文学院开设"汉语言文学本科"国际班。

20日，南大举行建校112周年庆祝大会。授予商学院洪银兴、哲学系赖永海、文学院莫砺锋、政府管理学院张永桃"南京大学人文社会科学资深教授"称号。授予周勋初、董健等"南京大学人文社会科学名誉资深教授"称号。

21日，中组部、教育部任命张异宾担任南京大学党委书记。

5月，金程宇晋升为教授。

中国古典文献学二年级硕士生侯印国获第十三届中国古文献学奖学金一等奖。

6月6日，"欧美汉学系列讲座"邀请美国伊利诺伊大学香槟校区中国文学和比较文学教授、香港岭南大学中文系讲座教授蔡宗齐作题为《声音与意义——古典诗体的"内联"性》的学术报告。

10日，香港城市大学文学院臧小伟院长和中文系陈汉星主任访问文学院，签署博士生联合培养备忘录。

11日，"欧美汉学系列讲座"邀请台湾"清华大学"中国文学系暨历史研究所陈珏教授作题为《高罗佩与动物文化史》的学术报告。

30日，台湾"中央研究院"文哲研究所研究员严志雄应邀来文学院作题为《论音乐隐喻与吴梅村之〈琵琶行〉》的学术报告。

6月，中国语言文学学科入选"江苏省高校优势学科建设工程二期"项目立项学科。

7月5日，文学院召开2014年学科发展研讨会。

8日，由丁帆主持，徐兴无、武秀成、董晓、刘重喜参加的"研究型大学中文专业本科低年级学生创新意识培养途径实践"项目成果通过国家教学成果奖一等奖。

8月15—18日，南京大学中国文学与东亚文明协同创新中心与中国社会科学院《文学遗产》编辑部举办"越界与融合：清代文学国际学术研讨会"。

8月，2010级本科生刘畅赴云南省楚雄彝族自治州双柏县第一中学支教。

本年

吕效平享受国务院政府特殊津贴。

罗琼鹏赴法国阿尔多瓦大学任教，为期一年。

张宗友赴美国格林奈尔学院任教，为期一年。

张光芒赴韩国外国语大学任教，冯乾赴韩国崇实大学任教，洪宏赴韩国东国大学任教，为期一年。

傅元峰赴东京大学文学部访学，包兆会赴美国格林奈尔学院访学，卞东波赴美国哈佛大学东亚系访学,陈恬赴美国哥伦比亚大学访学,许莉莉赴美国密歇根大学访学,杨弋枢赴美国查普曼大学道奇电影与传媒学院访学,为期一年。

截至 2014 年 9 月,文学院全体在职教职员工共 105 人(按姓氏笔画排列):

丁帆、于溯、马俊山、马晓娜、马清华、王一涓、王玲、王爱松、王彬彬、卞东波、叶子、包兆会、冯乾、邢丽凤、巩本栋、毕飞宇、吕效平、刘重喜、刘俊、许结、许莉莉、阮蓓雯、孙立尧、李兴阳、李劼、李昌舒、李章斌、杨弋枢、杨柳、杨锡彭、肖锦龙、吴俊、邱俊、何同彬、何君、佘卉、余斌、闵丰、汪正龙、沈卫威、沈阳、宋月娥、张云召、张玉来、张光芒、张伯伟、张宏生、张宗友、张建勤、张梦霞、陈文杰、陈立中、陈光、陈侠、陈恬、武秀成、苗怀明、范春妙、昂智慧、罗琼鹏、罗慧林、金程宇、周安华、周欣展、周勋初、赵宪章、赵益、赵庶洋、胡星亮、钟叡逸、俞士玲、洪宏、姚松、姚斌、袁路、莫砺锋、夏珺、顾黔、倪婷婷、徐世梁、徐兴无、徐涛、徐雁平、高小康、高子文、高仲玮、唐玉清、唐建清、黄发有、黄静、曹虹、葛飞、葛燕红、董晓、蒋钰、程章灿、傅元峰、傅谨、童岭、解玉峰、管嗣昆、廖欢、翟业军、潘志强、魏宜辉(其中教授 44 人)

离退休教职员工 61 人(按姓氏笔画排列):

王立兴、王兆衡、王希杰、王恒明、王继志、史景平、包忠文、冯雪珍、朱家维、任素琴、祁蔚、孙蓉蓉、严杰、苏必扬、李乃京、李开、杨子坚、杨正润、杨知文、杨建国、吴枝培、吴新雷、邱质朴、邹午蓉、汪应果、张远、张育英、陆炜、陈建文、陈郭、罗正坚、周晓扬、屈兴国、孟锡平、胡若定、柳士镇、宣亚静、贾平年、顾文勋、钱永梁、钱林森、徐大明、徐天健、徐有富、徐曜萱、高小方、高国藩、黄政枢、黄端端、章永成、蒋琴华、惠小砚、程丽则、傅知白、鲁国尧、蔡启章、樊文秀、滕志贤、薛遴、濮齐恒

院党委书记:姚松;副书记:刘重喜

院长:徐兴无;副院长:吴俊、董晓、苗怀明、吕效平

文学系主任:徐兴无;语言学系主任:沈阳;文献学系主任:武秀成;戏剧影视艺术系主任:吕效平;大学语文部主任:张建勤;汉语国际教育部主任:马清华。

工会主席:程章灿

院务委员会成员:姚松、徐兴无、刘重喜、吴俊、董晓、苗怀明、吕效平、程章灿、袁路

院学术委员会成员：董健、莫砺锋、徐大明、赵宪章、丁帆、周宪、吕效平、沈阳、胡星亮、张伯伟、武秀成、余斌、吴俊、王彬彬、张玉来、程章灿　主任：徐兴无

院学位委员会成员：吕效平、沈阳、胡星亮、张伯伟、王彬彬、张玉来、程章灿、徐兴无、汪正龙、董晓　主任：吴俊

教学委员会成员：王彬彬、俞士玲、武秀成、李兴阳、汪正龙、肖锦龙、张玉来、顾黔、徐雁平　主任：徐兴无；副主任：董晓；教学秘书：李章斌

传 略

王伯沆先生

◎ 苗怀明

王伯沆先生（1871—1944），名瀣，字伯沆，又字伯韩、沆一、伯涵、伯谦等，号酸斋、无想居士、冬饮。南京人。早年入泮，应乡试，为廪生。曾应钟山书院、尊经书院之考，受到黄侃父亲黄翔云的器重。1901年，受聘陈三立家塾，教授蒙馆。此后曾任江南陆师学堂教习，为上海一家书局编书。1908年，受李瑞清之邀，任两江师范学堂文科教习。1912年，任职江南图书馆。其早年生活，除应试之外，主要以藏书、读书、批书、问学为主。1915年，王伯沆先生受聘国立南京高等师范学校国文教席，并担任首任国文部主任。后长期在东南大学、中央大学任教，供职时间长达30年。

除曾在书局、图书馆等文化机构短期供职外，王伯沆先生一生大部分时间在教书育人。早年受聘陈三立家塾，为著名学者陈寅恪的启蒙教师。后在南京高等师范学校、东南大学、中央大学任教，经历了这所高等学府从初创到辉煌的发展和变迁。所承担的课程主要有论孟举要、书经举要、练习作文等。王伯沆先生循循善诱，指导有方，桃李天下，门下涌现出一批出类拔萃的弟子，如常任侠、唐圭璋、卢前、潘重规、周法高等。教学之余，王先生以藏书、抄书、读书、批书为乐。其间，他与同在东南大学、中央大学任教的黄侃、吴梅、胡小石、汪辟疆、汪东等知名学人过从甚密，常一起雅集、出游。

1937年，日本侵华战争全面爆发，中央大学西迁重庆，王伯沆先生因病未能随行，滞留南京。南京沦陷后，其生活陷入困顿，以出让藏书维持生计。1940

年,伪中央大学想聘请他任教,遭到拒绝。1944年9月25日(农历八月初九),因病去世。王伯沆先生去世后,国民政府于1945年8月18日给予明令褒扬,称其一生治学,造诣精深。历任南京高等师范、中央大学教授垂三十年,成德达材,后进咸知钦仰。近年因病留居陷区,坚贞守道,嚼然不污,尤为难得。

王伯沆先生早年曾向高子安、端木埰、黄云鹄、黄葆年等知名学人请益,治学涉及多个领域,包括书法、赋诗、《说文解字》、佛学、太谷之学等,以治学博通、勤勉而著称。其平生撰写学术专著数量不多,仅有《四书私记》、《经略台湾事纂》、《王氏族谱》等数种,且大多不愿公开刊行。在其所涉猎各领域中,以经学用力最多,成就也最著。他对《四书》有着精深的研究,不仅开课讲授,言传身教,而且多次进行批点,获得了"王四书"的美誉。对宋明理学,他有着更多的认同。此外,在书法、绘画、篆刻、诗文等方面,他也同样有着很深的造诣。

王伯沆先生更多继承了古人述而不作的治学风范,以批校古籍的方式来表达自己的学术见解。其生前藏书约有1300余种,8100余册。他将批校古籍与个人丰富的藏书结合起来,终生笔耕不辍,所批校书籍数量多达一百三十多部,经史子集,皆有涉猎,其中有不少为善本、珍本。

王伯沆先生主要生活在晚清和民国时期,经历了中国学术从传统到现代的转型过程,是现代学术的参与者和见证者。无论是行事为人,还是学术研究,在其身上都体现着新旧交替的过渡性特点。他对旧的治学方式有着更多的认同,从其治学兴趣到著述方式,都可以看出这一点。与此同时,他又任职于现代高等学府,接受并适应了现代教育和现代学术制度,在其身上又体现出新的一面。

王伯沆先生平生治学重点及成就在经学,但他对小说一直怀有浓厚的兴趣。在阅读品赏之余,还对自己比较喜爱的小说作品进行批点。1911年,他从一位朋友处得到一部《红楼梦》。从1914年夏天开始批校《红楼梦》,并抄补、配齐所藏《红楼梦》残缺部分。在此后长达25年的时间里,王伯沆共精读《红楼梦》20遍,批校6次,留下1万2千多条、近30万字的批语。

王伯沆先生对《红楼梦》一书的批校主要包括两个方面:一是批点,二是校勘。批点主要是对《红楼梦》作品正文及王希廉、姚燮等清代批点者的批评和圈点,内容一部分是针对作品进行的评述,就《红楼梦》的思想、人物、情节、技法、语言等问题发表个人的见解,另一部分则为注释,对作品中所提及的掌故、物品、诗词、历史人物、风俗等词语进行解释。其中有不少解释旁征博引,引用大量文献加以印证。他对《红楼梦》的批校具有如下几个特点:一是精。这里的精主要是指精当、精妙之精。二是细。批点通常随文而批,针对具体的人物、情节发表意见,具有细致入微的特点。三是博。其批点涉猎面广,经史子集,各类书籍顺手拈来,同时不时进行横向的比较分析。在批点的同时,他还利用其他版本对《红楼梦》进行了一番较为系统、认真的校勘。

王伯沆先生既是传统红学的终结者,同时也是现代红学研究的先驱者。前者表现在他以评点这种传统的批评方式来表达其红学见解,后者表现在早在新红学创建之前,他已以治经史的功夫来精心批校《红楼梦》,并且第一个将脂本系统的版本与程本系统的版本进行全面校勘,这在 20 世纪红学研究史上无疑是应该浓墨重彩写上一笔的。就其本身的批校来看,无论是探讨《红楼梦》的思想还是艺术,都不乏精彩见解,并提供了一些重要的资料,为《红楼梦》研究做出了独特的贡献。

胡翔冬先生

◎ 程章灿

胡翔冬先生(1884—1940),名俊,字翔冬,以字行。先世安徽和州(今安徽和县)人,太平天国乱后迁居南京,遂为南京人。二十岁入泮,旋入两江师范学堂,受教于学堂监督临川李瑞清先生。光绪三十四年(1908年),翔冬先生自两江师范学堂毕业后东渡日本,入早稻田大学学习农学博物分类科,宣统二年(1910年)学成归国,被李瑞清先生聘为两江师范学堂教习。27岁的翔冬先生开始登堂讲学,课堂上常有奇言瑰论,震惊四座。李瑞清先生因为他排行第三,遂戏称他为"胡三怪",同门弟子等也跟着这么叫,"胡三怪"之名很快就传扬遐迩。翔冬先生不以为忤,反而顺水推舟,自称"好怪"。他的诗作《春日闲居十首》第一首开篇便是:"窑湾湾上住,好怪信人言。""窑湾"是翔冬先生在南京城南的住处,"好怪"就是他的自称。

翔冬先生年轻时追慕荆轲、高渐离、朱家、郭解等侠士,其为人行事,也大有任侠之风。辛亥革命爆发,南京也乱成一团,这给他提供了施展身手的机会。1911年12月2日,徐绍桢率军攻打南京,翔冬先生在南京组织了一支"革命自卫军"响应,雨花台清军闻风逃散,南京光复。翔冬先生遂被委任为地方保卫团总办,负责维持南京城南一带的治安,发挥了他在组织领导方面的实干才能。辛亥革命后,时局动荡,军阀混战,国无宁日,翔冬先生无意仕途,回归讲台,执教于江苏安徽等地的多所中学师范。例如,民国初年,他曾在位于滁州的安徽省立第十一师范执教,教授国文与植物学两门课程,并担任教务主任。植物课上,他为学生讲解当地草木物产情况,课余经常率领学生到野外采集植物,制作标本。国文课上,他展现的则是诗人本色。入民国后,翔冬先生乃专力学诗,并向陈三立先生请教,诗境大进。学校周边的醉翁亭、丰乐亭以及西涧等地,都留下了他携酒吟诗的身影。

1926 年秋,经胡小石先生介绍,翔冬先生入金陵大学文学院中文系执教,历时 14 年。1937 年秋,日寇大举进犯,翔冬先生在窑湾的房子被日机投弹击中,他幸免于难。其后,他为躲避战乱离开南京,颠播流离,最终拖着病体随金陵大学内迁到四川,"漂泊西南天地间"。1940 年 11 月 9 日病逝于成都,享年 57 岁。金陵大学文学院编辑出版的《斯文》半月刊第一卷第八期,是胡翔冬先生逝世纪念专刊,荟集了不少怀念回忆文章以及挽词,对了解翔冬先生生平学术极有帮助。

金陵大学虽然是一所教会大学,却非常重视中国传统文化的教学与研究,其时任教于该校的有胡小石、黄侃、刘国钧、陈中凡等文史名师,师资力量堪称雄厚。翔冬先生厕身其间,讲授诗学。他上课极为认真投入,自言"余每授一新课,恒利用暑假作准备,虽汗流浃背,每日必工作四小时方始休息"(高柳桥《哭怪师胡翔冬先生》)。他授诗的课本,既有自编的断代诗选,如八代诗选、唐宋诗选,也有前人选本,如清人李怀民《重订中晚唐诗人主客图》,还有杜甫、韩愈、苏轼等专家诗。他很重视《重订中晚唐诗人主客图》,尤其重视其中所隐含的诗派源流。讲诗不易,盖因诗学多有只可意会而难以言传者,翔冬先生讲诗从不自秘其学,总能使玄悟者传之,艰奥者发之,"譬比万端,庄谐杂作,使不知诗者闻之,亦皆欣然兴起"(佘贤勋《翔师谈诗述略》),因此极受学生欢迎。他提出作诗要漂亮,不能太老实,也不能太通,选词用字要注意合色,讲究章法和配搭等等,都十分具体实在,对从学者启示很大。他特别强调"习诗者能说不能做,终究差一层功夫"(同上),因此,对于督促与指导诸生作诗用力甚勤,对学生交上来的习作点改斟酌,煞费苦心。学生中,高文、佘贤勋、吴白匋、沈祖棻、程千帆等人后来都在诗词创作与诗学研究上取得了突出的成就,是与翔冬先生的教导分不开的。程千帆先生晚年在南京大学倡导主持唐宋诗派研究,也仍可以看出翔冬先生的影响。可惜的是,翔冬先生的说诗讲义未见刊行,不知其遗稿尚存天壤之间否?

翔冬先生"馀事作诗人"。世人每认为他是陈三立的弟子,诗风亦应相似。

事实上，翔冬先生曾经说过，"散原先生语我：'世人指其继承江西诗派，实属太冤。'我谓世人亦诬我诗学先生，岂非更冤。"他的诗长于五言，其中充满了爱国之情、忠孝之心、任侠之气以及嫉世而不厌世的个性。前两者体现了他受传统儒家思想的影响，后两者则更多呈现了他的个性，也吻合世人对他的"怪"的印象。他提出诗人要能以天地为刍狗，突破时空的局限，广泛取材，既要气机圆活，又要义法谨严（高文《读自怡斋诗》）。至于其诗风，友人汪辟疆先生评为"又漂亮又狠，可方美女杀亲夫"，这一品评最为生动形象。入川以后，遭逢离乱，他的诗风一变，"惟感时伤逝之音，往往沉郁低回，令人不忍卒读"。陈三立题其诗稿，称"沉思孤往，窈冥幽邃，殆欲追晞发而攀无本"（吴征铸《翔冬先生遗事》）。"晞发"指留下《晞发集》的宋末诗人谢翱，其诗注重苦思锤炼，既沉郁蟠屈，又雄迈激越，善于曲折达意，时造新境。"无本"即晚唐诗人贾岛，贾岛曾出家为僧，号无本。翔冬先生诗风格清苦怪奇，颇有贾岛之风。诗集中如《读抱朴子》、《记梦》等篇，很明显是苦吟锻炼的作风。他的诗个性风格突出，时人称为"翔冬体"。刘禺生曾作《溪楼大雨将至效胡翔冬体》，陈三立《散原先生集》中与翔冬先生唱和之作，也多效其诗体，可见其影响。

翔冬先生爱酒，也嗜茶，但他最大的癖好是作诗，自称"今以诗为业，天应穷到余"。他喜欢牛首山的清寂野趣，喜欢与僧人交往，诗集中与牛首山相关诗作最多，宣称："酒杯定将去，山鬼与同居。"1920年，李瑞清病逝，翔冬先生与同门葬师于牛首山，庐墓于此数年。他在南京时曾刊印诗集，即以《牛首集》为名。他为人"不喜酬酢"，为诗"不喜标榜"，不喜炫人以求俗世之名，只为自我怡情，故名其诗集为《自怡斋诗》。抗战军兴，吴梅先生携家避地于后方，不幸1939年3月卒于云南，年仅56岁。翔冬先生与吴梅同龄，闻讯颇为震动。在金大同门弟子的极力怂恿下，他才同意抄其诗作，编成《自怡斋诗》一卷，总共才八十多篇（一题多首，仍算一篇）。1940年仲夏由金陵大学文学院刊行，线装一册，由成都宝墨轩杨子霖书镌。其入川以后诗作皆未入集，至其删落者更多，后来其及门弟子辈又抄有《自怡斋诗续钞》15篇。1989年，诸及门弟子重印《自怡斋诗》于南京，已补入《续钞》诸诗，其侄子胡健中作跋。这两种版本都流传未广，此实为近代诗坛之憾事。

吴梅先生

◎ 苗怀明

吴梅先生(1884—1939),字瞿安,一字灵鹣,号呆道人、霜崖、老瞿等。苏州人。早年生活坎坷,三岁丧父,十岁丧母,由叔祖吴长祥抚养成人。十二岁开始学习举子业,十八岁以第一名补长洲县学生员。早年的私塾教育加上东文学堂、江苏师范学堂两所学校的短暂学习,这就是吴梅先生早年所接受的全部教育。吴先生后来能成为一代曲学大师,靠的主要是其个人的刻苦自学与私下的请益。1905年,清廷下诏废除科举制度。在其后十多年间,吴梅先生辗转于苏州、上海、南京等地,为生计而奔波,主要在中小学任教,其间还曾远赴河南,做了一段较为短暂的幕府。

这一时期,吴梅先生十分关注时政,倾向革命。他不仅结交许多进步文人如柳亚子、陈去病等,而且积极参加各类社会文化活动,加入南社,在具有进步倾向的报刊上发表诗文、剧作等,并由此登上文坛,引起世人关注。吴梅先生的文学创作以传统文体为主,包括诗文词曲等,其中最为引人注目的是其旧体剧曲的创作。这一时期,他相继创作了《风洞山》、《血花飞》、《袁大化杀贼》、《暖香楼》、《轩亭秋》、《镜因记》、《落茵记》、《双泪碑》等一系列剧作,是这一时期旧体剧曲创作的主要作家。其间吴先生转益多师,利用各种机会向前辈名家求教,加上个人的不懈努力和认真研讨,在曲学上不断取得进步,经多年用功和积累,终能自成一家。

1917年走上北京大学讲台,开设曲学课程,是吴梅先生治学经历的一个重要转折点，同时也是其人生中一个精彩的亮点。在20世纪中国戏曲研究史乃至中国现代学术文化史上，是一个具有标志性的重要事件。在蔡元培、陈独秀等人的大力支持下，借助五四新文化运动的巨大社会影响及北京大学在全国学术界的声望，经吴梅先生精心传授，曲学终于成为一门专学，被纳入中国现代学术体系，得到新的教育制度和学术制度的保障，培养了新一代从事曲学研究的学人，从此薪火相传，绵延不绝。吴梅先生也因其自身的研究实绩与将曲学引入大学讲堂的开创性贡献，在学术界获得了很高的声誉。五年北大执教生涯改变了吴梅先生的人生轨迹，对其一生的治学及生活有着十分深远的影响，从此他一直在各高等学府任教，以研究学问、传道解惑为生，从一名传统文人变为一名专业学者。

1922秋，吴梅先生离开北京大学，南下金陵。在接下来的十几年间，他仍然以教学、研习曲学为业，在东南大学、中央大学、金陵大学、光华大学、中山大学等高等学府任教，传播曲学火种，讲授课程主要有曲学通论、词学通论、曲选、词选、戏曲概论、曲论、南北曲律谱、金元戏曲选、专家词、词史、曲学概论及曲史等。在此期间，词曲已成为各个高等学府普遍开设的课程，受到社会的广泛认可和关注，先生在词曲领域的学术地位也得到学界广泛、一致的认可。

1937年7月7日，日本侵华战争全面打响，吴梅先生带领家人南迁，相继辗转武汉、湘潭、桂林、昆明等地，后得弟子李一平之助，迁居云南省大姚县李旗屯。1939年3月17日，吴梅先生客死此处。当年4月20日，国民政府颁布由国民政府主席林森、行政院院长孔祥熙、教育部部长陈立夫共同签发的褒扬令，表彰吴梅先生持身耿介，志高行洁，早岁即精研音律，得其奥奥。时以革命思想，寓于文字，播为声乐。嗣膺各大学教席，著述不辍，于倚声之学，多所阐发。匪独有功艺苑，抑且超轶前贤。1950年，在中共中央统战部协调下，大姚县政府将吴梅先生的骨灰送归苏州，安葬在木渎。1986年，在吴梅先生弟子的呼吁和协调下，苏州市政协将先生骨灰迁葬于吴县穹窿山东小王山。

吴梅先生治学的成就与特色主要体现在曲学上，取得了三个方面的成就。

首先是曲律方面的研究和贡献。这是吴梅先生用力最多、成就最高的一个领域，其中以《南北词简谱》篇幅最大，也最为重要。这是先生凝聚了毕生心血的一部著述，也是他最为看重的一部著述。此外，还有两部较为系统的论曲之作，即《顾曲麈谈》和《曲学通论》，其中《顾曲麈谈》是吴梅先生早期影响最大的一部学术著作,体现了他词曲研究的特色和水准,也奠定了他在曲学领域的地位。

其次是对曲学文献的搜集和整理。吴梅先生的词曲研究建立在丰富文献的基础上,这些文献多来自其本人的珍藏。他以毕生精力制曲、度曲、论曲、教曲,同时也十分喜爱词曲及相关书籍的收藏。其藏书总量约有五、六千种、数万册之多,其中有不少珍本秘籍。吴梅先生去世后,其子女于1952年12月将奢摩他室藏书四千八百多卷全部捐赠给北京图书馆,受到文化部文化事业管理局的嘉奖。

利用个人的丰富藏书,吴梅先生在撰写学术著述的同时,还编校刊印了一些词曲方面的总集和选本,将珍贵资料与学界共享。在他编印的戏曲作品集中,以《奢摩他室曲丛》规模最大,质量最精,社会影响也最著。

最后是在戏曲史方面不俗的建树。在此方面,他出版有《中国戏曲概论》、《元剧研究ABC》等研究著作。吴梅先生对曲学的见解还散见于其撰写的曲话及戏曲题跋中。

吴梅先生研究曲学,多从创作、演唱着眼,创作与研究并重,这是其治曲的一个特点。在他身上,兼具学者和文人两种特质。

曲学之外,吴梅先生在词学方面也有很深的造诣。从年轻时期起,他就一直致力于词的创作,曾向词学名家朱祖谋请益,与况周颐、郑文焯、夏敬观等词家有较多往来,并发起创办六一词社、如社等词社。在创作的同时,吴梅还致力于词学研究,在各大学执教,开设词学方面的课程,如词学通论、词选、专家词、词史等。吴梅的词学研究侧重于实际创作,将理论探讨与艺术实践结合起来。《词学通论》一书体现了他的这一思路和特色。

著书立说之外,吴梅先生还在词曲研究领域培养了一批优秀的青年才俊,卢前、唐圭璋、任中敏、钱南扬、王季思、万云骏等词曲名家皆出自其门下。课堂讲授只是吴梅先生教学的一部分,而不是全部,他将课内的理论与课外的实践有机地融为一体,课外的词曲创作、吹笛唱曲对学生的影响更大,这是吴梅先生教学的特色所在。这种言传身教的教学法即便在今天,也仍有启发意义。吴梅先生对弟子们的提携和帮助是全方位的,既有学业上的,也包括生活上的。通过词曲的传授,吴梅先生不仅直接影响了一代学人,而且深深影响着其后的词曲研究,保持了学术薪火的传承,使曲学事业得到很好的延续。

黄侃先生

◎ 滕志贤

一、短暂而闪光的一生

黄侃先生(1886—1935),近代国学大师,湖北蕲春人,生于成都,初名乔馨,学名乔鼐,后更名侃,字季刚,晚自署量守居士。他的一生可以分四个阶段:

16岁(1902年)前主要在家乡蕲春读书,并中秀才。期间博览群书,遍读五经、四子及诸史,奠定了极为深厚的国学基础。

17岁至27岁(1903—1913),外出求学,投身革命。17岁考入湖北省文普通学堂,得张之洞指点治学门径。后因密谋反清,被学校除名,在张之洞资助下,东渡日本,留学早稻田大学。在日本,他参加了同盟会,追随章太炎,问学同时还主持《民报》社,撰写了《哀贫民》等一系列政论文,鼓吹革命,继续反清活动。24岁(1910年)回国,在河南任国文教员,不久,因在课堂宣传革命被解职。此后,他奔波于武昌和鄂东南,组织孝义会,谋划起义。起义失败,赴上海出任民社机关报《民声日报》主编。27岁(1913年),定古声十九类古韵二十八部,这是他学术研究的重要起点。

28岁至41岁(1914—1927),在此长达13年期间,他一面从事学术研究,一面辗转南北,先后任教于北京北京大学、北京师范大学、中国大学、民国大学、沈阳东北大学,武昌高等师范学校(武汉大学前身),太原山西大学,武昌中华大学等校,讲授文字学、词章学、中国文学史以及《易经》、《诗经》、《尚书》、《尔雅》、《庄子》、《文心雕龙》等专书课程。主要研究成果有《音略》、《文心雕龙》、《说文略说》、《声韵略说》、《尔雅略说》、《广韵声势及对转表》、《谈添盍帖分四部说》等。

42岁至49岁(1928—1935),这是黄侃先生短暂人生的最后八年,他终于结束了颠沛的生活,定居南京,任教于我校我院前身——中央大学和金陵大学中文系。这里相对宽松的学术氛围和良好的人际关系为他营造了一个比较有利的施展才华的空间,使他的事业达到了巅峰。他踌躇满志,以空前饱满的热情讲学授徒,在此八年多的时间里,培养了一批有志于国学的人才,如潘重规、黄焯、张汝舟、徐复、殷孟伦、钱玄、洪诚、管雄、程千帆、常任侠、游寿等,他们日后和黄先生前期在北京、武汉培养的弟子(如刘赜、陆宗达)一道,都成为承前启后的著名学者和弘扬国学的中坚力量。与此同时,黄侃先生寸晷惟宝,披阅圈点题识经史典籍不计其数,并广泛搜求甲骨出土等资料,为自己50后著述积极准备资粮。惜天不假年,闵乱忧生、伤时劳心的他年仅49岁便溘然离世,壮志未酬,抱憾终身。

二、承上启下,建树卓然

黄侃先生学问渊博,通晓文史,但其最擅长的还是俗称"小学"的传统语言学,在音韵、文字、训诂诸学皆有不凡的建树。

音韵学:在深入研究清代古音学家江永、戴震、段玉裁、王念孙以及老师章太炎古韵分部的基础上,又根据大量文献材料,厘定古韵二十八部,可谓集乾嘉以来之大成,此说一出,几为定论。古声纽研究向来是薄弱环节,黄侃"本之音理,稽之古籍之通假",定为十九纽,使古声纽研究又有新的突破。

文字学:黄侃先生曾谓"盖小学即字学",认为字学是小学的根基,而治文字之学首赞《说文》,因此他在《说文》研究上倾注了毕生精力。他继承前人传统,重视条例的揭示且有新的发明;明确提出"笔意"和"笔势",作为文字形体的分析方法;认为"古今文字之变,不外二例:一曰变易,一曰孳乳",精要概括了文字嬗变的基本轨迹。后期他认识到甲骨、金文的价值,在研读《说文》时便经常参照甲骨金文,驳正该书所载形音义文字系统。他有意对古文字作进一步系统研究,为此广罗搜购《铁云藏龟》、《藏匋》、《殷虚书契》等资料以作储备,"虽价昂亦不惜",遗憾的是这一计划因为突然去世而未及实现。

训诂学:训诂既是解读典籍的钤键,又是研究文字、音韵的归宿。黄侃先生晚年主要从事训诂学的讲学和研究。他说:"十三经譬如十三国之语言,故必有训诂而后通","学问文章宜由章句训诂起"。他的训诂学思想以及研究方法集中体现在《训诂学讲词》(先生侄子黄焯根据当年听课笔记整理)里。《讲词》虽然简略,但它涵盖了训诂的定义、意义、方式、求训诂之次序,以及本有训诂与后起训诂、独立训诂与隶属训诂、说字训诂与解经训诂的区别等训诂学要义,实际上已经勾画出现代训诂学的基本框架,他为创建现代训诂学作出了重要贡献。

三、高山仰止,垂范百世

我们今天纪念黄侃先生,要学习他为人、为学的可贵精神。黄侃先生曾说:"士以志气为先,不以学问为先。"他虽然是一位国学大师,但不是那种不问政治、钻在故纸堆里讨生活的腐儒,而是一位有血性的刚正的爱国主义者。青年时期,他冒着杀头的危险积极投身反清活动,成为辛亥革命先驱之一。民国以后,他又挺身而出,旗帜鲜明反对袁世凯称帝复辟。目睹政治黑暗、民生彫敝,他把希望寄托于教育和学术研究,认为治学可以"存种姓,卫国族"。他曾说:"今日学术,第一当保全未来","学问是为天地立心,为生民立命,为往圣继绝学,为后世开太平"。他怀有强烈的使命感,把学术研究和民族兴亡、国家未来紧紧联系在一起。1931年"九·一八"事变爆发,次年二月,停泊在南京下关江面上的日舰竟悍然向城内开炮。面对日寇蹂躏,"邦家削弱,民生憔悴",他忧心如焚。就在"九·一八"事变后第三天,即赋诗《闻警》:"早知国将亡,不谓身正遇。辽海云万里,无翼难飞赴。"拳拳之心,悲愤之情,溢于言表。

黄侃先生的为学有许多值得后人学习的地方。约说三点体会,挂一漏万在所难免。

第一,刻苦读书,不走捷径。先生之所以成为一代宗师,我们不否认天资聪颖和名师指点的作用,但是更重要的是发愤用功。他说:"中国学问,无顿成之理。""学问应从困苦中来,徒恃智慧无益也。"因此自幼苦读,终生未尝懈怠。临终前一天,他吐血盈盂,仍坚持将《唐文粹补遗》最后二卷圈点结束。他对经史典籍的熟烂达到了惊人的程度,"所治经史小学诸书,皆反复数十过,精博熟习,能举其篇页行数,十九无差忒者"。但他同时也指出,苦读不等于傻读、死读,须得其要:"读天下书至死不能徧,择其要而已。"他开列小学根柢书十种,即本此初衷。

第二,博采众长,自成一家。《颜氏家训》曰:"观天下书未遍,不得妄下雌黄。"黄侃践行古训,凡发明创造,无一不是在潜心研读前贤论说基础上"去繁就简,去妄存真",经过用心思辨,详密考证才加以确立的。就以他的古韵二十八部说为例,黄侃既继承综合了自宋以来古音学家的成果,又独立出德沃屋锡铎五部,"使阴阳二声之对转、阳入二声之收声严密就范"(郭沫若语),"是虽博采前人,而实自成一家"。

第三,谨严自守,博洽深邃。黄侃先生针砭国人治学痼疾可谓入木三分。他说:"中国人治学有二病,一急得了不得,二懒得了不得,所以无成。"他鄙夷那些"不能开山采铜,而但剪碎古钱,成为新币"(顾炎武语)的裨贩"学者",而以顾炎武"著书必前之所未尝有,后之所不可无"的箴言为座右铭,自约五十岁前不著书。如此律己未免过于严苛,但其严谨自守的精神令人肃然起敬。黄侃先生一生好学深思,他虽然崇尚朴学,但深感其重考据而轻理论之不足,所以对理论建设格外重视。他说:"夫所谓学者,有系统条理,而可以因简驭繁之法也。"他的学术研究自始至终贯彻"明其理而得其法"的理念,从而使传统小学彻底摆脱经学附庸的羁绊,走上科学化的康庄大道。

继往是为了开来。南大文学院——我们脚下的这片沃土,曾经孕育了多少独领风骚的大师们,他们声名远播,闻达天下,是我们文学院的荣耀。但是,我们不能躺在历史的红地毯上孤芳自赏,自我陶醉,而应该取过接力棒,在大师精神的引领下,站在他们宽厚的肩膀上,去攀登新的高峰,薪火相传,生生不息。

汪辟疆先生

◎ 金程宇

汪辟疆先生，名国垣，字辟疆，又字笠云，号方湖、展庵，以字行。1887年12月17日（旧历11月3日）生于江西彭泽县黄花坂老湾汪村。先生出自书香世家，先祖鸣相公为道光年间状元，曾任翰林院修撰、广西乡城正考官。父际虞公系光绪丁酉拔贡，历任河南沁阳、商城知县。先生1903年考入河南客籍高等学堂，1909年1月入京师大学堂（北京大学前身），1912年12月毕业。1913年1月至1917年3月，家居侍亲、服阙。1918年4月至1922年，历任南昌私立心远中学、省立一中、二中教职，1922年至1927年12月，任江西心远大学教授兼文科主任。其间1925年8月至1926年12月兼任《江西通志》局编辑。1928年起任第四中山大学（后为南京大学）教授，先后达38年之久。其间于1939至1944年任中央大学中国文学系主任，1946至1948年兼任监察院监察委员、国史馆纂修。1966年3月12日病逝，享年79岁，葬于南京雨花台望江坡公墓。主要著述有《光宣诗坛点将录》、《光宣以来诗坛旁记》、《唐人小说》、《目录学研究》、《方湖类稿》等，弟子程千帆辑诸作为《汪辟疆集》。

先生五岁即入塾，父以欧阳修《读书》诗相勉励。家富藏书，少年起已博览群籍，奠定治学之根基。早年求学京师大学堂，时严复为校长，先生受其训勉备至，志向益弘。又曾纵览巴陵方氏碧琳琅馆藏书，得以坚定研治中国文学之信心。

先生青年时期，"性倜傥，有卓荦不群之慨"。"其为人英爽中时露沉毅，能急人急,非世俗泛泛者可比。举动言语间,无文人恃才结习。"此虽友人眼中先生青年之印象,然实为先生平生性情之写照。"沉毅"一语,尤得其真。先生一生与国运沉浮相始终,困境中时得自励,未尝颓唐。即便晚年潦落,亦未因此而损其怀铅提椠之乐。1954年先生中风,半身不遂,致右肢偏瘫,行动不便,然仍坚持左手作书,竟得有成,士之坚忍刚毅,于斯可见。

先生以读书治学为终生事业,友人金毓黻曾云"辟疆先生谦虚和蔼,在同辈诸学者中无出其右者。其学深而不自伐,其文雅而益求精,处事多而不居功。其与黄季刚先生,各有所长,吾均师之"。先生学问精深,尤钟情于古典文学,其所作《中国文学社编印丛书缘起》,以为"文学者,乃国家民族精神所寄者也",则知其所以精研文学,实有故也。

先生以目录版本为治学根基,辨章学术,考镜源流,竟为大家。自云"早年喜治目录学,因目录兼及版本,故对于中国书籍分类、版本鉴别,积四十年之经验,差有所得"。求学京师大学堂,曾发愿撰写《禁书书目提要》。书虽未得完成,然已可见研讨此学之早。侍亲家居,先生又以家多藏书而究心于古书分类。就职南京,自述亦因就近利用江苏国学图书馆及大学藏书以研治目录学之需。1926年起,先后刊行《读书举要》、《唐以前之目录》、《目录学之界义》、《汉魏六朝目录考略》、《七略四部开合之异同》等著述,1934年乃择其中六篇结为《目录学研究》,多前人所未尝董理者。此书与余嘉锡《目录学发微》并为民国目录学之经典。承学诸子,多受沾溉。是南雍目录校雠之传统,实由先生奠基开辟者也。

1929年至1935年,先生于中央大学讲授唐人小说课程。所校录之《唐人小说》,1930年由神州国光社出版,此书附有先生考证四五万言,夙为治小说者所重。是时鲁迅《唐宋传奇集》行世不久,此书得以与之并行,足见学术价值之高。

先生终生致力诗学研究。尝以撰写诗歌通史为夙志:"素好中国诗歌,于古今源流正变、作家得失,极力研讨,颇思撰成《中国诗歌史》一书,供编纂文学史家参考",然亦未得成书。昔陈寅恪欲作《中国通史》而未果,学者每多致慨。此《中国诗歌史》若成,精义岂曰少有。是此书之未竟,非惟先生之憾,亦中国诗史之憾也。

先生与晚清诗人文士多所亲炙,以为清诗至近代而极盛,故青年时期于此极为措意。1919年居南昌,曾因友人所劝,以一夕之力草就《光宣诗坛点将录》一卷,"当世诸诗人,泰半网罗斯册"。此虽偶然兴到之笔,然已足窥先生于晚近诗坛之关注，实为近代诗评之前驱也。1925年先生入京，此书为章士钊索去，次第刊于《甲寅》周刊，并世诸老皆为推赏。此后迭加修订，晚年乃有定本，惜于浩劫中被毁（后有弟子程千帆合校本）。1932年，先生发表《论近代诗》（后修订为《近代诗派与地域》），于晚近五十年诗史作系统表述，地域诗派之史观遂得彰显，先生于此导夫先路，实有功匪浅也。

先生非惟长于诗论，诗词文章亦自擅长。先生自称"间为诗文"，"他人或认为专家，本人殊未敢自信也"，实系谦逊之辞。先生幼年即从陈宝琛问诗法，少年随父赴任河南，亦得光绪进士、河南布政司王乃征之指教，诗艺日进。早岁诗作，颇多唐人风味，若《梦游庐山顶放歌》诗，豪放奇崛，有"兴甜落笔酒微醺，狂歌醉倒庐山云"、"长歌痛饮足快意，人生得此复何求"之句，同辈以为"汪洋恣肆，在太白、玉川之间"。其即兴所作《秋兴八首》，友人亦推为拟杜佳作，戏云令"浣花翁地下增妬"，可见诗作之工。又转好宋诗，尤嗜山谷，"恒以山谷集自随"，至将"曩日效唐人者，率行删去"。其时先生才情俊发，洋溢少年豪宕英爽之气。中年以后持论平和，诗作出入唐宋。"他的诗融唐人的情韵与宋人的意境为一体，因此其诗的风格苍秀明润，开合自如，为并世诸老所推服。"原有诗1400余首，现存400余首，不传者达千首，先生心史欲追无由，可发一叹。先生文章传世者不多，识者评云"取法晋宋，骈散兼行，自具特色"，是先生之于文章，足称作手。先生尝为《江西通志》作传，又曾为国史馆纂修，与柳诒徵分掌纪传、编年之工作，知其文为当世诸贤所推许。即便论文之作、乃至笔记题跋诸文，叙事、言理，往往一语中的，不可移易。其用思之缜密，遣词之妥帖，可窥先生文章造诣之深厚。先生之日记，自清末以至中风为止，未尝中断，其中载录政局时事、朋辈往还及读书心得，原稿在百册以上（或云四百余册），今仅存三册，实为近代学人日记乃至古典学术之巨大损失。

先生虽为一纯粹之学者，然于国事民生亦极关切。京师大学堂毕业之际，先生意气风发，有诗云"子志切生民，孔席应未暖。吾亦抱微尚，坚执等并辈"，表达救国图强之心。抗战时，先生心系国事，难以成眠，叹云："牵怀何限心中事，合眼方惊枕上来。"胞弟国镇，于日寇前慷慨就义，先生以明遗民王家勤作比，有"因君触我鸰原痛，题向花前泪溅裾"之句。国恨家仇，痛何如哉。先生于中大讲授《民族诗歌》，并有《成吉思汗军歌》、《抗战歌曲》诸作，皆出于振奋民族精神、鼓舞士气之用心。先生尤重民族大义，于夏完淳、顾炎武等忠贞义士，均极钦仰,或撰文揄扬,或校理遗文,是则先生之学术,实多有为之作也。

先生治学创作之成就,固由其天分学力使然,然与其平生友朋砥砺切磋不为无关。经学大家黄侃,先生自任教金陵以来,与之过从最密,"敬服其学问,切磋有益";史家柳诒徵,先生与之"商讨史学,过从甚密";词人陈方恪,先生云其"词学造诣最深","有商榷之益";书家沈尹默,先生云其书法、诗词造诣颇深,有文字交谊。此外若徐悲鸿之绘画,傅抱石之篆刻,胡小石之书法,先生皆得宝藏玩赏。是先生所交,多为当世贤达,其相互补益,自当不少。日常之余,先生时与友朋唱和交游,玄武湖、鸡鸣寺、扫叶楼、清凉山、雨花台,皆其游赏唱和之地,今睹《四月七夕石桥集连句》、《豁梦楼联句》诸什,犹可追思当日诗社之盛。

先生任职学府数十载,育人不可谓少,奖掖扶持后学,尤不遗余力。天水霍松林,出身贫寒,先生除指点其作诗读书外,尚关心其生活,俾其完成学业;武威马骙程,先生撰《记与马生骙程谈李云章父子学术》一文相奖勉,并指导其近代诗、《水经注》之研究。马骙程晚年念及当年:"覃家冈之客寓,晒布厂之书斋,循循然指划解说之情景,历历如在目前";今先生集中犹有与弟子金启华诸人论学书札,可谓循循善诱者也。先生赏识弟子程千帆、沈祖棻之才华,赞云"千帆行谊学术,亦自卓绝,取俪吾弟,适成双美",二人喜结连理,先生以为"平生第一快心之事"。凡此均足见先生关爱后学之仁厚情怀。

先生性喜藏书,"生平尤叹得书为大乐",藏书逾三万卷,皆于日寇入侵时遭捆绑而去,先生每念及此,不胜怆恨;然抗战后仍陆续购求,不改其旧,内中颇多善本,每钤有"彭泽汪辟疆藏书印"、"辟疆校读"诸印。其藏书经子超伯捐赠南京大学,皆先生晚年节衣缩食所购者,可谓得其所归。余因供职南雍,每触其手泽,先生凝思提笔之容貌,宛然如现,知先生之精神魂魄,于著述之外,亦有所寄托,固未随岁华而磨灭也。

胡小石先生

◎ 周勋初　童　岭

胡小石先生(1888—1962),名光炜,字小石,号倩尹,又号夏庐(斋名"愿夏庐"之省),晚年别号子夏、沙公。1888年,即清光绪十四年,小石先生生于南京,祖籍为浙江嘉兴。在学术界,老辈多有家学渊源,胡先生也不例外。他的父亲胡伦叔,字季石,为晚清的举人,长于古文和书法,家藏文物典籍十分丰富。故小石先生自幼的熏陶,既有正统的国学根底,又接受了最新的学术(金文与甲骨在晚清为新兴之学)。用陈寅恪先生的话讲,就是"预流"——预先感受了学术的新方向,这也是小石先生直到晚年还对新事物保持一种热情的原委。

胡季石受教于清代著名学者刘熙载门下,刘氏治学属于扬州学派,上承乾嘉衣钵,下开晚清实学之风。刘氏曾以《艺概》一书享有盛名,除辞章之学以外,还在诗文评领域中多方开拓。胡先生之学问,推本溯源,受之影响明显。

清代嘉兴一地学术风气甚浓,恪遵清代朴学传统,教育子弟,大都由小学入经学,再各有专攻,如攻史学、文学。胡先生父亲就是嘉兴的一位举人,胡先生年幼时,父亲亲自教授,第一本让他念的书是《尔雅》,那年胡先生五岁。后来给研究生上课,已七十多岁,他还能"初、哉、首、基、肇、祖、元、胎、俶、落、权舆,始也……"随口背出一大段《尔雅》原文。

胡先生十一岁时,父亲病殁。家境陷于窘迫,仅仅依靠母亲手工劳动及少量房屋租金维持。这时只能于私塾中就读。

胡先生17岁考取宁属师范简易科。是年,南京大学的前身三江师范学堂易名为两江师范学堂。时著名学者临川李梅庵(1867—1920,名瑞清,斋名玉梅花盦、黄龙砚斋,入民国后署清道人)任监督。胡先生插班入农博分类科,研习生物、地质、农学等课程。其时严复译赫胥黎《天演论》风行,胡先生受其影响至深,多年一直以达尔文主义为指导。故先生后来的治学很重实验。

1907年,胡先生顺利进入该校。入学不久,学堂监督李梅庵有感于学生纷纷崇尚西学,国学底子太差,故向诸生出题测试,题目出自《仪礼》,胡家藏有一部张惠言的《仪礼图》,胡先生从小就读此书,这时便据此提笔挥毫,立成篇章。当时新学兴起,年轻人绝少有研习三礼之学的了,李梅庵发现一名学农博的新生竟然能有如此之才,大喜过望,遂特加青睐,亲自传授正统的国学,纳为入室弟子。此后他又从陈散原、沈子培问学,亲接王国维、郑大鹤等一批名流,学养又得大增。

胡先生学识非常渊博,从先生留下的著作与未发表的手迹来看,内容涉及甲骨、钟鼎、古文字、音韵、楚辞、杜诗、书法和古物鉴定,以及自作诗词。实兼小学与文史学,合文学史家、诗人与书家于一身。

首先,他在古文字学领域,如《甲骨文例》,学界公推为治甲骨文语法的开山之作。著名学者陈梦家也这样评价:"胡光炜在1928年出版了一本《甲骨文例》,是对于这方面最初步的尝试。"关于《说文》的研究,胡先生也有一部力作——《说文古文考》。清末的吴大澂作《说文古籀补》,序中指出许书所据壁书古文为战国变乱时文字,当时鲜有认可。胡先生续之而作《说文古文考》,胜于以往《说文》研究者囿于许书本身的考订。胡先生博采众书,除吴氏所引的铭文、石鼓文、古陶之外,也用上甲骨刻辞及相关字书。商承祚有同名著作,于古文字研究界享有盛名,他在序中则说:"胡光炜小石先生亦有《说文古文考》,早于我箸十三年,但最近始问世。内多精义,不可不读。"又如他在1933年中央大学《文艺丛刊》第一期上发表的《古文变迁论》一文,将金文字体分为四期,实为提出此说者之一。清代音韵之学大盛,学者大都关注古韵之学,自沈子培始,始于声之部分加以关注。胡先生撰《声统表》,阐释声转之理,内又可分为递转与对转二系,实为音韵学研究上的一大创获。

其次,胡先生在文学史领域,也是开风气的人物。清末民初,西学东渐。对于文学的研究,西方及东洋学者早已有"史"的看法,如日本学者笹川种郎《支那文学史》及铃木虎雄《支那诗论史》。中国学者受此影响，《文学史》之作亦开始涌现。今收录于《胡小石论文集续编》的《中国文学史讲稿》，在核心意义层面，超出了林传甲、谢无量等人的著作。他从金文中的文字叙起，可以获知其与清代朴学的传承关系。一方面，他又推介焦循"一代还其一代之所胜"说，阐述中国文学中的一些重要文体的重大影响。这既与当时风行的桐城派中的议论有别，另一方面又不囿于同是扬州学派的阮元的选学派言论，可谓它是所有文学史中最具个人色彩的专著。

第三，在书法领域。胡小石先生极具理论素养，他是把书法作为国学之一科来研究而引进高等学府的第一人。1934年即在南京金陵大学"国学研究班"开设《书法史》课程。胡先生因得李梅庵指导，初学《郑文公碑》、《张黑女墓志》等北朝碑刻、造像刻石。辛亥革命后，又从沪上诸遗老游，临钟繇与二王，尤喜梁代《萧憺碑》。他把东汉碑帖分为14派，首推结体丰满的《张迁碑》，临习甚勤。欲学习清儒何绍基临《张迁碑》"通而能化"的功夫。比如，胡先生尤为关注"八分"的重要性，认为"八分"的"八"不是数量，而是向背之势。据徐兴无教授《跋周勋初师藏胡小石临敬史君碑》一文考证，其"八分"之义亦出自扬州学派。胡先生习《流沙坠简》，其书法波挑之余，存有汉简的神韵。惜胡先生著作《中国书法史》毁于"文革"，近只能从《书艺略论》等几篇文章中窥其书学之妙矣。

另外，他在诗词创作等诸多领域，也是当时国内的一流名家。在教育学生方面，胡先生也有独到的心得。2007年南京大学中文系装修时，徐兴无教授发现一包胡先生的遗物，其中有一本民国三十六年（1947年）《读书日程录》，详细记录了胡先生诸位弟子每天读了那些书，这种扎实的读书训练，也保证了东南优秀学风的延续。

独学而无友，则固陋而寡闻。胡先生不仅与当时在南京的黄侃、汪东、汪辟疆、胡翔冬、吴梅等先生有深交，而且与北京、上海的学者文人亦有书札往来。其谈诗论学之乐，使后人增添许多追慕之心。时学界南北之争很盛，日本汉学家吉川幸次郎在北京留学，想到南方拜望黄侃诸人，欲请北大教授写推荐信，北大教授推举让他去胡光炜家，请其介绍。可见胡先生在北方学界之声誉。

在"知人论世"传统深刻影响下，中国古代士人对智识分子品性看得相当重。有学无品之人，即使有旷世之大才，亦不被士林所推崇。故学者要有"文苑"的特长，更要有"儒林"的气骨。康南海有云："学者当以义理、心性、气节为本。"诚是公允之论。小石先生在北京女子高等师范学校任教期间,与李大钊友情甚笃,亦受李氏爱国热情之感染。1946年,蒋介石60寿辰,朝野各界人士竞相前往祝寿。有一"民意机构"请小石先生作一寿文,答应酬以重金。胡先生当场拒绝,来人反问"前时美军将领史迪威尔逝世,不是由你作的祭文吗?"胡先生答曰:"我只会给死人写祭文,不会替活人写寿文!"一时传为名士高节之语。1949年4月1日,胡先生和进步师生到总统府请愿,遭遇一群军人的袭击,当场即有两学生遇难。胡先生临危不惧,更得学界尊重。

综观胡先生一生,学术文章,卓有成就,气节道德,均可为人师表,实为南京大学不可多得的一位值得永远纪念的卓越学者。

陈中凡先生

◎ 吴新雷

著名文史学家、教育家陈中凡先生(1888—1982),原名钟凡,字觉元,别号斠玄,居室题名为清晖山馆,江苏盐城人,1888年9月30日出生于一世代书香世家。幼年熟读四书五经,1903年入镇江承志学校,翌年入淮安中学堂,1909年考入两江师范学堂,1913年考入北京大学哲学门。1917年毕业,1918—1919年任北大预科补习班国文教员,后调任北大"国史编纂处"纂辑员,兼北京女子高等师范学校国文教员、国文部主任。1921年任东南大学国文系教授、系主任。1924年任西北大学教授。1925—1926年先后任东吴大学、金陵大学教授。1928年任暨南大学教授、国文系主任、文学院长。1930年兼大夏大学教授。1934年任中山大学教授。1935年任金陵女子文理学院、金陵大学教授。抗日战争爆发后,随校西迁成都,并在四川大学、朝阳法学院兼课。1949年后,任金陵大学中文系教授兼文学院院长。1952年全国高等学校院系调整后,任南京大学中文系教授。1982年7月22日因病辞世,享年九十四岁。

一

陈中凡先生学识渊博,举凡文、史、哲、音乐、美术、戏剧均曾广泛涉猎,颇多创获,卓有建树。

首先,在群经诸子和中国思想史方面,早在进入北京大学之初,先生师从国学大师刘师培,专攻十三经和诸子哲学,考释群经名称、作者和历代传授之渊源,注重经文诠释、辨析章句,写出《经学通论》、《诸子通谊》,纵论诸子百家,对道、墨、儒、法等家哲学思想之异同,考其源流,辨明得失,对老庄哲学之研讨,尤为精到,发表著名论文《老子学说略》、《庄子学说略》,深得学界好评。先生之于中国思想史,曾发表《清代三百年思想的趋势》一文,用逻辑学方法梳理清代学者由唯知论到唯行论,由唯理论至唯情论之转化轨迹。在其专著《两宋思想评述》中,就两宋思潮中儒、道、释三家之复起进行深层分析,考述"远西宗教之东渐,为东西文化接触之初步,关系于两方学术者非浅",指出景教、祆教、摩尼教、天方教对宋代张载及邵雍之学说均有影响:"其势力虽不足与释道两宗相提并论,然言宋代思想者亦不可忽视。"1996年东方出版社编《民国学术经典文库》时,已将此书与胡适《中国哲学史大纲》、梁启超《清代学术概论》等十一种专著一并辑入"思想史类丛"重印。

其次,在文学批评与汉魏六朝文学史方面,早在1067年,先生即写出我国第一部《中国文学批评史》。他参照刘勰《文心雕龙》和亚里士多德以来之西方文论,将文学批评之涵义定为指正、赞美、判断、分类、鉴赏五方面,将批评的派别定为解释、道德、审美、历史等十二种,融合中西文艺理论,颇具开拓性。出版后,很受欢迎。受此影响,罗根泽、郭绍虞、朱东润诸家之文学批评史才接踵而出。先生之于汉魏六朝之文学,1929年出版《汉魏六朝文学》,从文学发展史角度立论,指出苏东坡评论韩愈"文起八代之衰",后人误认东汉、魏晋、六朝和隋代是文学之衰业,而阮元在《文言论》、《书文选叙后》提出不同意见,颇有争议。先生以史实为根据,通过全面考察,所得结论是"汉魏六朝文学是上承周楚,下启隋唐的枢纽",这一结论,颇为中肯。

第三,在《水浒传》、《红楼梦》和中国戏曲史方面,1919年后,陈独秀任北京大学文科学长时,改革文科,在国文系增设词、曲、小说三门课。受此影响,先生对戏曲、小说发生兴趣,曾从吴梅学唱昆曲,精读《水浒传》和《红楼梦》,发表《红楼梦试论》和《论水浒传》二文,在前文中认为贾宝玉和林黛玉是清代前期新的人性意识的觉醒者,从小说文本中举出八个特征进行论证,并从社会背景和时代精神来揭示根源。1949年后,在南京大学执教期间专攻中国戏曲史,善于吸收新观点和新方法来研究新课题,先后发表《关汉卿杂剧中现实主义和浪漫主义相结合的范例》、《南戏怎样改变关汉卿〈拜月亭〉》、《关于〈西厢记〉的创作时代及其作者》等廿多篇论文,在戏剧界很有影响。他治学勤奋,孜孜不倦,七十三岁高龄之日,又有三大宏愿,即撰著《中国戏曲史》,探究中外戏剧理论,以及编纂《宋金元戏曲方言俗语辞典》,惜遇"文化大革命",宏愿未能实现,不胜令人惋惜。

二

数十年来,先生执教南北各大学,主讲经学通论、诸子通论、文字学、文学批评论、汉魏六朝文学、中国戏剧等课,态度认真负责,内容精当,讲解深透,颇受学生欢迎。先生早年在北京女高部任教之高足程俊英教授于1988年所撰《陈中凡老师在女高师》一文中写道:"……陈老师在我级讲授经学通论、诸子通论、文字学三门课程。教学非常认真,每星期要发三种讲义,一次约十余张,都是油印的。讲授时,还有补充的笔记,引证翔实,不尚空谈。《经学通论》讲义的内容,除释群经的名称、作者、篇数、内容、传授的渊源外,还有名家和自己的评论。给我印象最深、受益最多的,莫如陈老师的教学方法:第一是'选读经文',他说:'不读经文,等于空论;熟读经文,触类旁通。'第二是'离经辨志',他说:'离经,即标点句读;辨志,即断章写段落大意和全篇大意。'第三是'诠释训诂',他介绍清代注经名作,如《尚书》介绍孙星衍《尚书今古文注疏》,《诗经》介绍陈奂《诗毛氏传疏》等作参考,让我们动手用今语注古语。我过去在私塾也读过经书,而且背得烂熟,可是,就是像和尚念经,不求甚解;经过陈老师的指导,才达到三到(眼到、心到、手到)的境界,获益不少。《经学通论》这本讲义,于1923年在东南大学出版科出版。讲授诸子通论课程,陈老师先让我们读《庄子·天下篇》、《史记·太史公自序》,介绍九流十家学说的渊源,以及有关诸子的传记,然后让我们精读诸子的代表作,其指导方法与读经同,打下了我们经部、子部的基础,同时,让我们各买一部《百子全书》略读,他说,'此中有伪书,应加辨别'。《诸子通论》讲义,于1925年在商务印书馆出版。陈老师讲授《文字学》仅一年,只讲六书象形和音韵部分,次年,由顾震福老师继任,短短两学期,便通读了许慎《说文解字》和段注,略解我国文字形声义结构的常识。总之,陈老师的乾嘉时代朴学之风,传授其渊博的学术造诣和治学方法,使我同级同学粗通经、子之学。我毕业以后,在教学中,继承陈老师的衣钵,指导学生攻读,收效显著。"从以上内容不难看出，先生教学功力之厚。先生执教七十载，出其门下者，何止万千，桃李满天下，堪称一代名师。

三

先生为人正直、豪爽、胸怀坦荡，富于爱国热情。1903年，加入章太炎先生的"光复会"，矢志报国。1911年，辛亥革命爆发，弃笔从戎，任江浙联军书记官。1919年参加五四运动，支持北京"女高师"学生投入革命洪流。

先生早岁出名，声誉卓著，坚决不与反动腐朽势力同流合污，他曾严正声明，一不参加国民党，二不当官，三不接受任何方面津贴，严词拒绝南京市长刘纪文邀彼担任市政府秘书长、江苏省政府主席陈果夫邀彼担任省教育厅长之职。

先生一贯尊师重道，对蔡元培、陈独秀诸师十分尊敬。1934年，独秀师被捕入狱，先生不怕威吓，多次探监，独秀师出狱后，又请至家中小住，尽尊师之道。

先生爱国一生，20世纪30年代，参加"中华全国文艺界抗敌协会"，40年代，支持历次爱国学生运动，新中国成立后，积极投身社会主义建设。先生一生，经历旧民主主义革命、新民主主义革命、社会主义革命三个历史时期，始终追求光明进步，与时俱进。曾任全国政协委员、民主同盟中央委员、江苏省政协副主席、省民盟主任委员等职。粉碎"四人帮"后，已届九十高龄，仍满怀豪情，晋京参加政协会议，参与讨论国事。

先生归道山已近三十载，其铮铮铁骨为人，传道授业之功及其学术贡献、名篇巨著必将流芳百世，令后人永志不忘。

汪东先生

◎ 张宏生

汪东先生，原名东宝，字叔初，后感于兄荣宝卒，雁行不再，乃改名东。字旭初，号寄庵、梦秋等。江苏吴县人。光绪十六年（1890）三月三十日生于镇江。

祖父汪亮钧（1827—1910），字秉衡，号和卿，廪贡生。仕至镇江府训导。在镇江任上，适值太平军之役，协助守卫，巩固城防，获颁五品顶戴。父汪凤瀛（1854—1925），字志澄，号荃台。光绪十一年（1885年）拔贡。光绪十七年（1891年）曾随兄汪凤藻出使日本，回国后，被两湖总督张之洞延揽入幕，颇受赏识。先后担任常德、长沙知府等。入民国后，为袁世凯所重，召为总统府顾问。袁氏企图称帝，汪凤藻撰《致筹安会与杨度论国体书》，力持"七不可"之说，大江南北，广为传诵。汪凤藻兄弟四人，皆曾任知府，故当时有"一家四知府"之美誉。汪东先生兄弟八人，东行三。长兄汪荣宝（1878—1933），光绪二十三年（1897年）拔贡，1901至1904年留学日本期间，曾参加励志会、拒俄义勇队等组织，回国后在清政府中历任要职，推行并参与多项新政改革，在清末政坛上，与曹汝霖、章宗祥、陆宗舆等并称"四大金刚"。汪东先生与荣宝皆为汪凤瀛原配张氏所生，兄弟二人感情甚笃，汪先生在思想和生活上均受荣宝影响很大。

光绪二十九年（1903年），汪东先生入上海震旦学院，与于右任、邵力子为同学。当时社会上革命思想鼓荡，邹容以《革命军》一书系狱，汪东先生敬其人，尝为文称颂。次年，因病辍学，乃追随其兄荣宝，东渡日本，先后入东京陆军预科成城学校和早稻田大学预科。光绪三十一年（1905年），中国同盟会在日本成立，汪东先生经孙中山介绍入会，并担任《民报》编务及撰述，连续发表多篇文章，批评改良，宣传革命，"以馀杭高弟，阀阅名族，著籍同盟，诗文载诸《民报》，海内引为惊诧。"（沈云龙《汪旭初先生遗集》编后语）1911年辛亥革命爆发，汪东先生被江苏都督程德全聘为都督府驻沪苏办事处秘书，积极联络革命党人。1912年1月，中华民国联合会成立于上海，并创刊机关报《大共和日报》，汪东先生出任总编辑。同年，经黄侃、柳亚子、叶楚伧介绍，汪东在上海加入南社。1913年起，先后担任北京大总统府咨议、政事党礼制馆嘉礼主任、内务部佥事、民治司第三科科长等职。1917年至1924年，先后担任浙江象山、於潜、馀杭、桐乡等县知事，知於潜时，努力任事，平反冤狱，并曾调停新旧两党矛盾，故离任时两党联合，上书请留，百姓亦祖钱于道，赠送匾额。1937年，汪东先生出任国民政府军事委员会委员长西安行营秘书长，不久入蜀，任重庆行营第二厅副厅长。1938年，受于右任之邀，任监察院监察委员。1944年，任国立礼乐馆馆长。1947年，辞监察委员，任国史馆纂修。1949年，国史馆副馆长邀其赴台，婉拒之，返苏州里居。1950年至1962年，先后担任上海市文物管理委员会委员、上海图书馆筹备委员会委员、苏州市文物管理委员会副主任委员、民革苏州市第一届委员会主任委员、中国人民政治协商会议江苏省苏州市第二届委员会副主席、江苏省政协常务委员、民革江苏省第二届委员会副主任委员等职。

　　除活跃在政治、思想界外，汪东先生在教育事业上也取得很大成就。1927年，国立东南大学、河海工科大学、上海商科大学、江苏法政大学、江苏医科大学、南京工业专门学校、上海商业专门学校、南京农业学校联合组成国立第四中山大学，汪先生受聘担任中文系教授兼系主任。次年，第四中山大学改名江苏大学，又改称国立中央大学。1932至1937年，汪东先生任中央大学文学院院长。1943年，也曾短期出任重庆复旦大学中文系教授。汪东先生任职中央大学及其前身前后十年，为文学院、特别是中文系之发展做出了重要贡献。他多方延揽人才，加强中大师资，如聘请著名学者黄侃教授小学和经义。他与黄侃、王晓湘、王伯沆、汪辟疆、胡小石等同事经常诗酒唱和，讨论学问。1935年，南京词坛廖恩焘、林鹍翔等倡导成立如社，月集一次，限调不限题，汪东先生积极参加雅集，与诸老切磋词艺，至1937年始辍。作为老师，他爱才之心特别强烈。1928年，常任侠拟入中央大学而招生之期已过，汪东先生爱其诗文之才，允以特别生入校。1932年,汪东先生在中大中国文学系开设词选一课,沈祖棻听课后,作《浣溪沙》一首,末有"有斜阳处有春愁"一句,汪东为之激赏,乃四处扬誉,并评点其词,多方鼓励。沈祖棻后来专力倚声,成为著名词人和学者,主要动因之一,即源于此。汪东先生指导学生填词,不囿于其是否在校,即使毕业,仍时时关心,每见面,辄以创作与否相询,以探讨词艺为乐。其弟子尉素秋于1937年南京沦陷后,流落四川万县,作词若干,汪先生为之再三斟酌,详加审定,传为佳话。中央大学成为词曲研究重镇,汪东先生甚有推毂之力。

1908年,汪东先生执贽成为章太炎弟子,于学无所不窥,在音韵学、训诂学、文字学等方面,尤有成就,与黄侃、钱玄同、吴承仕并称"章门四子",又与黄侃并称"章门二妙"。章太炎曾以太平天国诸人拟其弟子,吴承仕为北王,朱希祖为西王,钱玄同为翼王,汪东先生则为东王,可见他在老师心目中之地位。汪先生多才多艺,能诗善画,尤以词学享誉天下。他学词从周邦彦入手,毕生服膺,始终如一,又取径柳永等,转益多师。著名词学家夏敬观评其词云:"耆卿用六朝小品赋作法,层层铺叙,情景兼融,一笔到底,始终不懈。美成特行以张弛控送之笔,使潜气内转,开合自如。一篇之中,回环往复,一唱三叹。作者深得此诀,可谓善学周柳者也。其最上乘者,泯迹蹊径,直入堂奥。意到辞谐,超然神理。"更赞之为"才丰志广,力能兼取南北宋之长"(夏敬观《梦秋词题辞》)。唐圭璋亦评其"词宗清真,控纵自如,顿挫有致,舒徐绵邈,情韵交胜"(唐圭璋《梦秋词跋》)。汪东先生词作得周柳之长,往往纡徐深婉,从容不迫,但随着时代发展,亦有所变化,如抗战中所写之《虞美人·拟放翁》:"少年意气吞骄虏。中被儒冠误。闭门聊且注虫鱼。不道鼓鼙声里破安居。　请缨肯被终童笑。枉是知貙豹。研田从此罢佣耕。直拟金戈铁马了馀生。"颇有南宋辛派词人之风,在其作品中,堪称别调。

汪东先生著述甚夥,多未及刊行,毁于"文革"之中。行世者,有《梦秋词》二十卷,起1909年,讫1962年,凡存词近1400首,附《词学通论》、《唐宋词选》等,齐鲁书社1985年版。另有《汪旭初先生遗集》,沈云龙编,台湾文海出版社1973年版,收录其诗、词、文及小说等。

方光焘先生

◎ 李 开

方光焘先生(1898—1964),字曙先。著名语言学家,文艺理论家,教育家和社会活动家。中国科学院哲学社会科学学部学术委员。先后担任中文系主任达八年之久(1949—1952,1953—1958),并长期担任语言教研室主任,南京大学语法理论研究室主任;曾兼任江苏省人民委员会委员,省文化局长,全国文联委员,省文联主席,江苏省人民代表,第三届全国政协特邀委员。早年在日本留学时(1918—1924),就在东京高等师范学校学习英语和语言学(1919年),又因爱好文学,加入了"创造社"(1921年)。1929年,方先生去法国里昂大学专攻语言学,再次踏上语言学的不归之路。

方先生是向中国学术界介绍索绪尔理论语言学的第一人。他曾说:"1928年索绪尔《一般语言学教程》日文版刊行。读了以后,对研究语言体系又有很大的兴趣,决定终身研究语言科学。"方先生攻读和研治语言学四十多年,他究竟作出了哪些学术贡献?

其一,在20世纪30年代末40年代初的文法革新讨论中,方先生提出了汉语语法研究的若干顶层设计,涉及汉语文法体系和研究方法问题。针对学术界有人提出以"句子的意义做骨架"来建立文法体系的错误构想,方先生明确提出汉语语法"广义形态"说,这样既可以克服汉语单语(孤立语)形态不丰富给语法研究带来的困难,又可在汉语语法研究中坚持现代理论语言学的原则。方先生的"广义形态"是建立在结构主义语法思想基础上的,它是指词与词相结合形成的关系,例如"流水"、"红花"这两个词组中,"流"和"红"是状词(修饰语)。方先生说:"凭形态而建立范畴,集范畴而构成体系。"意即凭广义形态而建立诸多语法范畴,如词类、句子成分等,集语法范畴构成汉语语法体系。方先生的这两句经典名言,始终是现代汉语语法研究的北辰南斗。今天,打开任何一本汉语语法书,你看到体系,你看到语法范畴,你看到范畴的解释离不开"词与词之间的关系"说明这个基准,即使今天普遍使用的"语义语法"这个新概念,"语义"难道是词义、句子意义吗? 不是! 语义是指词与词相结合的各种关系。吕叔湘先生《汉语语法分析问题》(1979)在谈到词类的划分时说:"汉语没有严格意义的形态变化,就不能不主要依靠句法功能(广义的,包括与特定的词的接触)。"很显然,吕先生讲的"广义的句法功能",是包括方先生的"广义形态"在内的。事实上,方先生本人对"形态与功能"也有详细说明,认为"功能是形态的一种属性"(1962)。吕先生还强调,"意义不能作为"语法分析"主要的依据","更不能作为唯一依据",只能作为一个"重要的参考项",作为"参考项",归根到底是为了寻找那"广义的句法功能"。至于20世纪80年代方先生的大弟子胡裕树先生等提出的关于汉语研究"三个平面"(语法、语义、语用)的理论,虽然术语变了,作为研究方法,仍到处渗透着关及"意义和关系"的"广义形态"。可知方先生三四十年代提出的语法思想是正确的,经得起历史检验的。

其二,60年代早期,提出了语言研究中的"方法论、方法学、方法"三层次,并以此研究法本体为基准,对哥本哈根学派、乔姆斯基语法学派、格里森语法学派、前苏联语法学派展开述评,指陈其得失利弊,气势磅礴,恢宏无涯,让人一见即知是名家大手笔,不可等闲视之。针对前苏联语言学家兹维金采夫《论语言的研究方法》(1962)一文中的一些宏大叙事的大盖帽观点,特别是否定哥本哈根语符学派的观点,方先生却在彼时"学习苏联"的背景下别有訾议。认为就一般而言观点决定方法,世界观、认识论、方法论决定方法是对的,但循此而言,也可以说"有各种不同的世界观,就有不同的方法论",并非所有的方法都是凭观点决定的,除了观点,还有决定方法的其他因素,"事实上这里的关系很复杂,并不对当,观点不对的,方法却对了",例如,美国的布隆菲尔德观点是行为主义的,但研究方法上有新的创见,并行之有效。可见"观点决定方法"不能一概而论,研究对象就是决定研究方法的重要因素。方先生说:"受对象决定的方法是方法学问题,和方法论有所区别。"方法学不能提高到认识论高度,只是受方法论指导。方先生"方法论"三层次的说法是正确的,犹如今天学术界的"哲学、针对门类科学的科学哲学、对象研究中的问题意识和方法"三级区分。方先生据他的"方法论"三层次大刀阔斧地展开学术批判,除了布隆菲尔德语法分析方法可取以外,还有:巴尔扎克观点不进步,创作方法却是进步的;哥本哈根学派的语符学对语言的性质、变化发展、语言和人类其他活动的关系无解释力度,但作为理解分析语言的一种手段和方法是行之有效的;乔姆斯基转换生成语法体系是元理论,属方法论,正确与否,要另行具体评述,但乔氏提出要用假设演绎法取得一般语法理论中的分析程序,"即从少数事例,列出假设,再经受经验的检验",例同叶尔姆斯列夫的做法,可取。如此等等,给人以理念澄明,到达底线,一一廓清,不傍权威,实事求是,令人信服之感。此举非具深厚理论素养者不能为,非具学术远见卓识者不敢为,在"批判资产阶级唯心主义"成风的语境下非忘我、无私无畏、秉持学术良心和良知者不肯为。能为、敢为、肯为者,唯我南京大学方光焘先生!

其三,结合汉语实际,阐释索绪尔现代理论语言学要义。20 世纪 50 年代,方先生着手翻译《普通语言学教程》第二版。60 年代初方先生给学生讲论索绪尔,以自己翻译的索绪尔《普通语言学教程》为教材选讲,真可谓"元元本本,殚见洽闻"。索绪尔学说的逻辑起点,也是它的理论柱石,是语言和言语的区分。有的人搞了一辈子语言学,还觉得不可理解,初学者更是弄不清区分到底在哪儿,外行人以为只是"二字颠倒,说来可笑"。事实上,当我们研究任何对象时,都要研究其总体、总和,将其系统化,形式化,否则就无法研究。例如你要研究地球,总不能一个土石方、一个土石方地搞,要研究它的质的总和,总体构成,运动状况,来龙去脉发展史等。索绪尔(1857—1913)语言言语的区分可追溯到德国著名的理论语言学奠基人洪堡特(1767—1835),洪堡特把语言分成两种,一是属于全人类的语言,它是"世界观",二是每个人都有的一种特殊的语言。索绪尔之后,则有现代存在主义哲学家海德格尔(1889—1976)也将语言区分成两种,一种是"语言说话",一种是"人之说话",前者是"最切近于人之本质的",是人的"居留之所","指导心灵运动的世界观表达",可和索绪尔的语言对接,后者是人的日常言语表达,可和索绪尔的言语对接。可见从洪堡特一路走来,语言和言语的区分有其天然的合理性和科学的必然性。方先生将其引进汉语研究,其意义在于走出了最关键的一步,将传统的语文学研究引向现代语言学。方先生对语言、言语的区分理解得深入透彻,索绪尔学说受法国社会学家涂尔干的影响,强调语言的社会集体心理特点,方先生则强调语言的社会性,以纠正索绪尔"集体心理语言学"之偏颇。为了使别人弄明白语言、言语的区分,方又设置了一些新的参照系:一是"使用语言",那是遵循语言内部规律去使用语言的一种活动或过程,此活动或过程没有阶级性,被使用的语言没有阶级性,例如汉语谁都在使用着。二是将索绪尔纯属个人的"言语活动"改造成社会性的"言语活动"。参考叶尔姆斯列夫对索绪尔的修改,方先生把社会性的"言语活动"中的语言看作"纯形式"的关系中的"模式",把社会性的"言语活动"中的言语看作"纯关系"的"用法",方先生肯定地说:"语言模式和言语用法是一般和个别的辩证统一的关系。""模式"是纯形式的构成,"用法"是纯关系的构成,为此,语言模式没有阶级性,言语用法也没有阶级性,后者是方先生与高名凯先生间的最大分歧点。

其四,提出了汉语研究中的一些重大理论问题。方先生总结《马氏文通》问世后六十年(1898—1959)的汉语语法研究,指出:在语言学理论中有四个常用概念:语法、语法史、语法理论、语法学史;六十年经历了四个时期:模仿移植、生根成长、探索革新、批判建设。四大概念提示汉语语法研究应当如何切入;四个时期总结以往成败得失,告诫研究路数何处寻觅。

其五,和北京大学高名凯(1911—1965)先生共同发动和领导了语言和言语大讨论(1958—1963),成为引领我国 80 年代、90 年代,乃至更长时期内语言学学术发展的预流。如果撇开当时主流话语的影响不谈,方先生在索绪尔语言符号系统内考察它的经验形上性,是方先生心仪的叶尔姆斯列夫的逻辑主义的做法。高先生则在批评索绪尔存有某些不足的基础上,论定言语应由言语活动或叫言语行为,加言语作品构成,是发展索绪尔,从索绪尔的现代理论语言学走向语用学的学术创新之路。在大讨论中,双方都没有使用"语用"这个术语,但高先生定义言语时,很明显用了"语用"概念,高先生讲的"言语行为"是语用,"言语作品"当然是"语言的使用"、"语言使用过程"的结果和产物,文本、预设、情景指示,无不是"言语作品"的构成要素,它们都是语用。可以说,大讨论中方先生与高先生的分歧,是恪守索绪尔现代语言学传统理论与语用学、"语用学转向"之间的分歧。其实,争论双方有许多共同点,如一致认同索绪尔现代理论语言学系统,认同索绪尔语言言语区分的基本点,方先生这一边,也能用传统理论视角体会和赞同"语用"观念。在最复杂的"言语作品"的意义问题上,双方都有很高的水准。大讨论为五十多年来我国语言科学事业的发展摸索出了理论导向。不说别的,仅就学科名"理论语言学和应用语言学",前半截是方先生和高先生共同关注的课题,且方先生更为关注专致,后半截更多为高先生所关注,并作出了相应的理论创新。

今年,正值方先生逝世50周年,《南大语言学》将要发表两篇纪念文章(徐思益、李开),又适南京大学文学院建院100周年,奉撰此文,概述方先生五大学术贡献,亦资纪念方先生。

黄淬伯先生

◎ 张玉来

黄淬伯先生（1899—1970），江苏南通人。1925年作为首届生考入清华大学国学研究院，受王国维、梁启超、陈寅恪、赵元任等先生教。1927年夏研究结束，先是回乡任教南通中学，旋入中央研究院历史语言研究所工作。1930任教青岛大学中文系。1932年任南京政治大学教授。抗战期间，先后任重庆中央大学中文系、白沙女子师范大学中文系教授。抗战后，曾任上海大夏大学文学院院长、南京临时大学教授、南京东方语言专科学校教授等。1950年11月任南京军事学院教授。1952年起任南京大学中文系教授。黄先生晚年不幸经历"文革"，历经磨难，1970年11月7日病逝。

黄先生一生着力于汉语音韵学的研究，他围绕两个专题重点突破：一是唐释慧琳《一切经音义》的反切音系；一是《切韵》的音系组织和音系性质。

《一切经音义》最早由唐初玄应和尚撰著，他仿陆德明《经典释文》体例，摘取佛经中难懂的词语予以注音、释义。嗣后，慧苑成《华严经音义》两卷。慧琳在玄应、慧苑等的基础上，于807年撰成新的《一切经音义》，共一百卷，音义佛典一千三百部，计五千七百多卷，是为集大成者，后世称《慧琳音义》。慧琳，疏勒人，学识渊博，精通内典，其音义广引前代经典，如《说文》、《玉篇》、《韵英》、《考声切韵》等书，并旁及经史百家，"栖心二十载，披阅一切经"。后人盛赞该书"精心结撰，无美不备"。（《宋高僧传》)《慧琳音义》全书共注单字之反切两万多字次，是一份极具语音史价值的音注材料。

汉语语音系统在中古早期以《切韵》为代表，其音系代表了六朝时期的读书音系统。中唐之后，因安史之乱，社会剧烈动荡，语音也发生了急剧变化，从而与《切韵》音系面貌大异。慧琳《一切经音义》的音注材料恰恰就反映了中古后期的汉语语音状况，是了解中古后期语音结构的宝贵材料之一。

《慧琳音义》19世纪末从日本回归故土，黄先生就敏锐地观察到了它的价值，1927年著成《慧琳〈一切经音義〉反切考》。该文先是拆解成两篇论文发表，1931年又作为中央研究院历史语言研究所专刊之六正式出版。在《反切考》文中，黄先生认真统计、归纳了《慧琳音义》的反切，辨析了慧琳书中的音切的性质，认为"玄应诸家之反切，别有所据，故不采用"，只应以慧琳的反切为研究对象，这就保证了材料的单纯性。他采用陈澧《切韵考》的系联法，系联《慧琳音义》反切上下字，以求慧琳音系的声类和韵类。

黄先生将《慧琳音义》反切的全部上字系联后，根据等位的不同，得67类，经审音合并后得8组36声类，如下：

舌　根　音：居、羌、渠、鱼、呼、胡六类

喉　　　音：乌、以两类

舌面前音：陟、敕、直、之、昌、时、式、而八类

舌尖后音：侧、楚、仕、所四类

舌　尖　音：奴、力、都、他、徒五类

舌尖前音：子、七、情、先四类

双　唇　音：补、普、蒲、莫四类

唇　齿　音：方、扶、武三类

通过比较《慧琳音义》之声类与陈澧《切韵考》之声类异同，黄先生说："语其同，喻与于、庄与照、楚与穿、乘与床、沙与审之分界，与《切韵》无殊。语其异，禅乘浑一，泥娘同声，从邪似合，非敷交切，唇音轻重，《切韵》未见其分。"他还认为，《慧琳音义》的声类跟早期韵图（《韵镜》、《七音略》等）的分类更加契合，《切韵》声类与韵图常常矛盾，其切上、下字的韵等与韵图不一致之处甚多。

黄先生系联《慧琳音义》的反切下字，得出平、上、去各37韵，入声21韵，共132韵，并考出173韵类。将《慧琳音义》之韵系与《切韵》比较，鱼、虞、模、侯、灰、咍、肴、豪、歌、戈、钟、江、文、魂、痕、寒、桓、蒸、登等19韵系同，而支脂之、霁祭废、东冬、真谆臻、先仙、删山、庚耕、清青、覃谈、盐添严、咸衔凡等则混并。黄

先生认为,二者差别如此之大的原因是"《切韵》分韵,颇好繁密,而慧琳所据之书往往于《切韵》音近诸部,从类合并。"

黄先生比较了慧琳跟切韵音系的异同后,认为慧琳音是"秦音"、《切韵》音是"吴音",其间有地域音系差异,同时也含有时代不同因素。他说:"唐人韵书如《切韵》、《唐韵》、小徐撰韵谱所据某《切韵》以及《广韵》无不从之是。故陆韵者,六朝之音也;《韵英》与《考声切韵》者,唐音也。六朝旧音,多存于江左,故唐人谓之吴音,而以关中之音为秦音,故由唐人言之,则陆韵者,吴音也,《韵英》一派,秦音也。……然欲考唐时关中之音,固非由《韵英》及《考声切韵》不可,而琳师音义中反切,实本此二书。"

《唐代关中方言音系》是黄先生1970年成稿的一部新作。该书在《反切考》的基础上,综稽唐代关中方言的相关资料、域外译音材料等,构拟了一个唐代关中方言音系。该书修正了《反切考》的某些结论,重新检视了慧琳音系的结构,并论定慧琳音系是关中方言音系。

《唐代关中方言音系》根据慧琳音系的音节特点,运用音位学原理,将声母、韵母都分成A、B、C三系,A系声母与非[i]类韵(A类韵)相切,B系声母与弱音[ɿ](B类韵)相拼,C系声母与强音[i](C类韵)相拼。声母方面,由原来的36声类归为30个声母,将端知合并,拟为[t],精庄合并,拟为[ts]。韵母系统的构拟也与《反切考》有变化,比如,《反切考》中歌戈韵与麻韵为不同的韵类,《唐代关中方言音系》则参照日译汉音,将它们都拟为[a],并分开合口。《唐代关中方言音系》体现了黄先生力主学术创新、不断发展的思想。至于其结论的变化是否更加合乎语音史的史实,则别当另论。

黄先生早在《反切考》里就认为《切韵》音系是一种综合音系,而慧琳音系代表的是关中音。他说:"可知法言定韵,已超出当时实际语音之外,于六朝旧韵、方国殊语,俱有取舍之意存焉,与《经音义》所据韵仅凭一时一地之音而为实际之摄记者,迥乎不同。故由二百六韵缩为一百三十二,其间虽有古今音变之关系,要其主因,则在彼而不在此也。"其后,他陆续写有《论〈切韵〉音系并批判高本汉的论点》(1957年)、《〈切韵〉"内部证据"论的影响》(1959年)、《〈切韵〉音系的本质特征》(1964)等论文。这些文章从不同视角反复论证了他主张的《切韵》音系是综合音系的观点。

另外,黄先生早年研究《诗经》,著有《诗经蠡诂》,终由中华书局2010年出版。该书在前贤成果的基础上,结合社会学、民俗学、语言学等学科阐释诗意,审核字义,探微发覆。黄先生在该书《自序》里说:"本稿作意,从语文之观点,以疏通字义。"足见该书的学术功力主要体现在《诗经》语言的疏解上。

  黄先生在书法、印章等艺术领域颇有建树,其书法作品为后人推崇。他对金文、碑刻及明清书体也有精到研究。

钱南扬先生

◎ 俞为民　解玉峰

钱南扬先生(1899—1987),原名绍箕,别署钱箕,字南扬,以字行。浙江省平湖县人。清光绪二十五年(1899年)十二月十八日生。幼年失怙,赖姨母抚育成人。中学就读于嘉兴浙江省立第二中学,1919年中学毕业时发生了五四运动,影响全国,省立二中学生也罢课声援。因此次运动的中心为北京大学,故对北京大学非常向往,便投考北大,终被录取。两年预科结束后,四年正科是选科制,钱先生先后选了许之衡先生的戏曲、刘毓盘先生的词史、钱玄同先生的声韵学、鲁迅先生的中国小说史等课程。

刘毓盘先生见钱南扬先生有志戏曲研究,他和吴梅先生为世交,因修书吴梅先生,请他将其列为诸门墙。后钱先生转托友人请吴梅先生写一对联,不久即收到吴梅先生寄赠的两副分别集于宋词、元曲的对联:"海风吹下空翠,心香淡染清华"、"隔纱窗日高花弄影,倚孤舟酒醒梦无痕",且以仁弟相称,大喜过望,得知已被吴梅先生认为弟子了,便专程赴苏州拜会。吴梅先生非常恳诚,力劝其到其家中居住。自此钱先生每至苏州,即住吴梅先生家中,得遍读吴梅先生所藏丰富曲籍,其后来编成的《宋元南戏百一录》即得益于吴梅先生的藏曲。

在北京大学读书期间,受当时学术风气的影响,钱先生对民间文学研究也发生兴趣。在蔡元培、沈尹默、刘半农、钱玄同等著名学者的发起下,1918年,北京大学一些热心民间文学的师生成立了歌谣研究会,编印《歌谣》周刊,并陆续出版《歌谣丛刊》、《歌谣丛书》,征集、搜集民间歌谣,从而掀起了一股研究民间文学的学术热潮。钱先生在《北京大学研究所国学门周刊》、《北京大学研究所国学门月刊》、《民俗》等刊物上先后发表了《梁山伯祝英台的故事》、《关于祝英台故事的戏曲》等论文,1928年出版的《谜史》一书也在此时编成初稿。1927年钱先生执教于杭州省立一中时,与顾颉刚、钟敬文二位先生共同发起成立了我国第一个民俗学会,并创办了《民俗周刊》。在此后几十年学术生涯中,民间文学的研究也始终是钱先生学术研究的一个重要方面。

1925年,钱先生自北京大学毕业后,曾先后在浙江省立宁波四中、杭州省立一中、绍兴五中、松江县中等校任语文教员,其间虽不能教授戏曲,但其戏曲研究、特别是南戏的研究一直未曾中断。其南戏研究的代表作之一《宋元南戏考》1930年在《燕京学报》第七期发表,《宋元南戏百一录》则作为燕京学报专号之九1934年由哈佛燕京学社出版,这些研究均代表了当时国内南戏研究开拓性的进展。

1930年8月,应顾颉刚先生之邀,任武汉大学特约讲师,讲授《戏曲史》、《词学概论》。次年7月,因病回家休养一年。其后先后在绍兴县中、省立杭州高中、浙江丽水碧湖省立联高等学校任国文教员。1945年2月,任浙江省通志馆编纂。这一时期,钱先生一方面继续从事南戏研究,特别是利用新发现的《南曲九宫正始》等文献从事南戏辑佚工作;另一方面也不断开拓研究领域,如在古代戏剧演出方面发表了非常著名的论文《宋金元戏剧搬演考》(《燕京学报》1936年)。

1949年后,钱先生先后在浙江平湖县中、吴兴县中、省立湖州师范学校任国文教员。1954年秋至次年年初,由郑振铎介绍,至北京任人民文学出版社古典文学组编辑。1956年8月,任浙江师范学院(杭州大学前身)中文系教授。1959年1月,被误作为"白旗"拔根,被开除公职,只得寄住乡下亲友处。

1956年昆剧《十五贯》晋京成功上演。趁此时机,各地昆剧活动和研究得以渐次恢复。南京大学的曲学研究因吴梅、卢前等教授相继辞世后,曲学薪火一度中断,中文系教授陈中凡先生为恢复南京大学的曲学传统,向校党委书记兼校长郭影秋力荐钱南扬先生。1959年9月,钱南扬先生顺利携家眷至南京,任职南京大学中文系,直至去世。

因钱南扬先生的到来,陈中凡先生在中文系古典文学教研组创办了戏曲研究室。陈、钱两位先生合作编写《中国戏剧概要》,又合作纂辑《金元戏曲方言俗语辞典》(后均因"文革"而歇搁)。钱南扬先生此后连续多年为本科生开设《戏文概论》《明清传奇》《戏曲选读》和《戏曲史》等专题课程。

50年代中期以来,钱南扬先生多年的研究心得和一些代表性成果得以整理出版,如《宋元戏文辑佚》(上海古典文学出版社,1956)、《梁祝戏剧辑存》(上海古典文学出版社,1956)、《魏良辅〈南词引正〉校注》(1961年《戏剧报》七、八期合刊)、《汤显祖戏曲集》(上海古籍出版社,1968)等。

"文革"期间,钱南扬先生也身受冲击,被打入牛棚,有些文件和书籍被劫去。但他淡然处之,虽体弱多病,仍潜心著述不辍。故"文革"结束不久,他一生学术研究的代表性成果陆续出版,如《永乐大典戏文三种校注》(中华书局,1979)、《汉上宧文存》(上海文艺出版社,1980)、《元本琵琶记校注》(上海古籍出版社,1980)、《戏文概论》(上海古籍出版社,1981)等,这些论著的发表为钱南扬先生,也为南京大学的戏曲研究带来极高的学术声誉。

自80年代以来,钱南扬先生先后培养了俞为民、滕振国、周维培、朱恒夫、张新建等戏曲史专业研究生,钱先生对弟子们悉心栽培,无微不至,给学生都留下深刻印象,他们后来在学术界、文化界也都有非常突出的表现。钱南扬先生自调任南京大学以来,一直居住在南秀村的一小阁楼。数十年中,钱先生在这一小阁楼也接待了无数慕名来访的后学,他的和蔼恳诚、淡泊名利和潜心学术无不给来访者留下极深印象。

1987年4月18日,钱南扬先生在南京家中辞世,享年八十九岁。各界人士闻之纷纷发来唁电与唁函,如中国社会科学院、中国艺术研究院、中国民间文学研究协会、中国戏曲志编辑委员会等单位和个人,可谓倍极哀荣。

钱南扬先生一生专心学术,在中国戏曲史研究、特别是南戏研究方面有开拓性的学术业绩,在民间文学研究等方面也多有建树,具有开启新风、建立学术范式的意义。2009年,为纪念钱南扬先生诞辰110周年,中华书局出版了多卷本《钱南扬文集》。2009年10月,南京大学、东京大学在南京联合举办了"南戏国际学术研讨会暨钱南扬先生诞辰110周年纪念会",以隆重的形式纪念这位为中国戏曲研究做出突出贡献的学术大家。

罗根泽先生

◎ 周勋初　童　岭

罗根泽先生(1900—1960),字雨亭,河北深县人。罗氏世代务农,因为家庭经济拮据,罗先生10岁方才上小学。考上深县中学后,又因无力缴学杂费而中辍;考上河北省立第一师范后,又因患病而中途休学。与晚清民国的学术世家相比,罗先生幼年求学经历十分坎坷。中小学或贫或病,皆未取得正式的学历,后来跟随深县一位本籍学者武锡钰读先秦经史之学与古典诗文,武氏是桐城派著名学者吴汝纶弟子,精于国学,罗先生于此得益甚多。50年代罗先生在人民文学出版社编《先秦散文选》,背后隐约还有桐城文派的影子。罗先生25岁时,武锡钰出任河北大学中文系教授,罗先生遂随之考入该系,同时在中学兼课,弥补生活上的困难。1927年考取清华大学研究院国学门,两年后复考取燕京大学国学研究所,后者每月有津贴。这样罗先生同时在京师两所名校就读,受教于:梁启超、陈寅恪、冯友兰、黄子通、郭绍虞等诸位名师,直到1929年毕业。

从清华毕业后,罗先生由学长刘盼遂介绍,赴河南大学任教。此后曾在天津女子师范学院、河北大学、中国大学、安徽大学、北京师范大学、西北联合大学、中央大学以及后来的南京大学任教。开设过中国文学史、中国文学批评史、诸子概论、国学概要、中国学术史等课程。

罗先生自剖心迹,介绍个人治学时的思考:"渺无涯际的学术界,我这无柁的小舟,何处是停泊的地方? 做考据吧,按不住自己的奔放的情感。做文学吧,理智又时来捣乱。做哲学吧,哲学要有己见。我呢,觉得凡是己见,都不是最终的真理。"这也就是说,罗先生暗自已经将会涉及的领域,分成:考据、文学、哲学。周勋初先生《罗根泽先生在三大学术领域中的开拓》又将罗先生的学术贡献总结为三大方面:诸子学、文学史、文学批评史。现据罗先生自序及周先生研究,结合他已刊和未刊的诸种著作,将罗氏学术钩玄提要如下。

第一,诸子学。罗先生32岁时,受到著名学者顾颉刚的邀请,主编了《古史辨》第四册,五年后又主编了《古史辨》第六册。以一个年轻学者的身份主持当时史学界负有盛名的论文集,无疑是因为罗先生自身在诸子学领域已经有非常精深的研究。《古史辨》两巨册中的相关论文,后来汇集为《诸子考索》(人民出版社,1958年版),是他在先秦两汉诸子学领域的杰出研究著作。其中《战国前无私家著作说》和《晚周诸子反古考》两文均有发凡起例之功。前者通过遍考周秦古书,参以后人议论,知离事言理之私家著作始于战国,此前无有;后者则志在补康有为名著《孔子改制考》"托古"之说,"谨仿康先生书,先列诸子原文,然后略加申说。"洋洋洒洒,甚为酣畅。民国初年史学界之中,"《古史辨》派"气势甚雄。除最后第七册为吕思勉、童书业主编,一、二、三、五均为顾颉刚自己主编,而余下的四、六两册,则为年轻的罗先生主编,其"释古"的态度,影响至深。2007年,徐兴无教授在南京大学资料室发现罗先生治诸子学笔记一包,钞录、剪裁资料甚多,附以札记,可见罗先生在一篇篇精粹论文背后所付出的艰辛工作。

第二,文学史。在这一领域,罗先生主要有《乐府文学史》、《魏晋南北朝文学史》、《罗根泽古典文学论文集》等著作。罗先生在《乐府文学史》的序言中提及,这是一本1929年在河南大学的讲义,当时坊间冠以"中国文学史"或"支那文学史"的著作、译作已经汗牛充栋。罗先生《自序》中提到自己的学术宗旨时,坦言信奉曾国藩的话:"凡菜蔬手植而手撷者,其味弥甘也。"可知这是一本沉思自得之著。

罗先生早年博极群书,又以《古史辨》成名,所以对于中国文学史、中国文学批评史、中国思想史之研究,都极具理性思辨色彩,这一点,在崇尚文辞之美,文气之盛的民国文史学术界,实为难能可贵。可举以为证者,即收录于《罗根泽古典文学论文集》中诸多冠以"起源"的考据文章。如:《中国文学起源的新探索》、《中国诗歌之起源》、《何谓乐府及乐府的起源》、《五言诗起源说评录》……如后者,曾引述十余家之说,从晋人挚虞《文章流别论》,到日人铃木虎雄、近人黄侃等学说,以"根泽案"的形式展开论辩。此外,1957年南京大学内部编印的《魏晋南北朝文学史》属于罗先生建国后一部新型文学史,虽未正式出版,但在六朝文学研究界影响很深,至今日本汉学界还时常参考它。

第三,文学批评史。罗先生三册《中国文学批评史》在该领域获得的学术声誉很高,这是因为它充分体现了罗先生的新见解、新方法与汇辑资料之功。在罗先生之前,已有陈钟凡、郭绍虞的同名著作;方孝岳的《中国文学批评》;日本京都大学铃木虎雄《中国古代文艺论史》……均出自名家之手,罗先生以他独特的学术修养与勤勉的治学态度,迎难而上,终于使自己的三册巨著屹立于中国文学理论学界。比如对于以往未有定论的"音律说"展开新考辨;对文学批评界关注极少的"佛经翻译论"展开讨论;对隋唐五代诗格、诗法的关注……恰如顾炎武所谓"采铜于山",为学术界开拓了新的领域。在体例上,该书放弃了传统的编年体,而使用了"综合体",统筹兼顾,体现了文学批评史的新面貌。此书尚未出全之际,就得到了朱自清等名家的赞许。而在发掘新文献方面,对于《吟窗诗格》、傅增湘藏《永乐大典》中的诗话部分等等,都有敏锐的关注。罗先生自己还点校了一部徐师曾的《文体明辨序说》,至今仍是中国古代文学批评史研究者的案头必备书。

罗先生与同时代的学者相比,没有留洋的经历,有时候会被后世的研究者所轻忽。实则罗先生的西洋理论素养与眼光,远非民国年间那些出国一年半载就回来贩卖西洋学说的浅薄之辈可比。今日看来,无论是罗先生的诸子学、文学史还是名誉天下的文学批评史的诸种著作、论文之中,无一不蕴涵着与西洋学说"对话",甚至是"学术对抗"的意味在中。如:在《古史辨·第六册》自序中,看似闲庭信步般谈论 Begging the qustion,评骘 H. A. Glies(翟理斯)之《老子》年代考证等等。

罗先生自谓:"余少好子集之学,长有述作之志。"罗先生留给当今文学研究界的一个重要启示,就是不能只读"集部"书,或是说不能就文学而谈文学。尤其是中国古典文学,本来就是深深浸润于醇厚的经、史、子、集的"综合"传统之中。没有勤勉用功与博极群书的治学态度,很难做出新的成就。

王气中先生

◎ 曹 虹

　　王气中（气钟）先生，名正旺，号东堂，中年后以字行，晚署拙存、退公、无待山民。安徽合肥东南乡长临河罗家疃（今肥东县长临河镇）人。1903年2月5日生于农家，幼读私塾。受五四运动新思潮之影响，以为乡间闭僿，不足以应世变，十八岁时考入安徽省立第六师范学校。至1924年寒假，尚未毕业，即考取东南大学工科、北京交通大学铁道科。以有公费，遂入北京交通大学。先生愤军阀之横行，列强之鸱张，于同学之抗争几无役不从，曾身经"三·一八"执政府门前之血雨腥风。1926年秋，时事日坏，而公费亦断绝，乃毅然南下从事国民革命。及至1928年冬始重拾学业，复入东南大学改名之中央大学，转入国文系，赖教书译书著文坚持学业，文史兼修，愤悱自强。中央大学基始于光绪二十八年（1902年）开办之三江师范学堂，渐次更名为两江师范学堂、南京高等师范学校等，为东南之一大学府（实即我南京大学之前身），先生饱览饫闻，含英咀华，既受教于通儒，复砥砺于良友，与低一级却年长四岁之同乡张汝舟尤相友善。张氏在同侪间雅有"博及群书"之目，取"毋欲速、毋自欺"之意而自号二毋居士。儒家之教重交友，于先生交友一端，可测其辅仁进德之精勇。

　　先生弃巧存拙之念、利人济物之怀，于大学毕业后多所践行。1931年毕业回家乡合肥，任省立第六女子中学国文教员兼教导主任，其间先生参加共产党外围组织"朝曦读书会"，引导青年学子阅读进步书刊；又邀时任省立六中高中部国文教职之友人张汝舟，为六女中学生讲授《红楼梦》，并合作将《红楼梦》编成话剧,公演于合肥城内,一时古城为之震动,观者如堵。公演所得,供六女中建图书馆楼一座。先生锐意于社会进步,难免受阻,于1933年被迫离合肥往安庆,任职于省立图书馆,次年转赴北平蒙藏训练班任教。1936年南归任芜湖安徽女子师范学校教员兼教导主任。旋抗战军兴,国家亦正在万事艰苦中,先生播迁入蜀,先在江津国立第九中学任教,1939年应聘为河南大学文史系教授,讲授世界通史。先生素有肺疾,至是频年颠沛,旧病大发,归川即倒卧不起,良药莫觅,众医束手。先生则处之泰然,认为安心静养,蓄力养志,必当有再起之一日。前后四年有余,奇迹终现。初,先生之病重也,友人亟为筹谋生计。时蒙藏委员会委员长吴忠信喜用合肥同乡,遂群请于吴氏,于是得以从容养疴。病起,升任简任秘书,公务外兼为吴氏讲授经史。抗战结束之际,于重庆加入中国民主同盟。1946年重来金陵,任教于母校中央大学与南京边疆学校。1949年中央大学更名南京大学,先生于焉讲诵,始专注于文学,守先待后,表彰文献,发扬潜德,历任副教授、教授,直至1987年离休。先生秉心匡济,颇受士林推戴,早于1949年即荣任民盟南京市支部委员,1956任民盟江苏省委常委兼组织部主任。及"文革"浩劫,狂徒肆虐,先生蒙冤,背"国民党特务"诸罪名,举家受累。虽天下沉浊,时运颠顿,先生风节耿然则一如其常。张氏汝舟僻处西南,于极度困境中精究历法,成《西周考年》、《〈夏〉小正》校释》两稿,虞其失落,寄送先生请序。先生不负所托,特为复写双份,分藏两处,终得免于秦燔。其宝惜斯文、笃于风义,尤能于风雨如晦之夕见之,虽古仁人之用心,何以异哉!四凶既殄,迎来百废待举之晨,先生时与草圣林散之、诗豪许永璋、水利学家郑肇经、词家冒效鲁诸贤以诗歌相酬酢,意兴甚壮。先生尤属意于古典文学专业恢复博雅征实传统,1980年秋与南京师范大学徐复教授、山东大学殷孟伦教授联合发起中国古代天文历法讲习会,为当时研究生学问养成提供良机。先生晚年招收中国古代散文方向研究生,所定考试科目除古代文学史外,必考中国思想史,盖先生视文章史与思想史必多互契交汇。

  自清朝康乾以来,古文巨手往往出于黄舒江淮之间,桐城姚鼐所以叹"山川奇杰之气有蕴而属之者",诚为不虚。先生亦含元吐耀,辞章雅健,承桐城派底蕴,得史迁昌黎神髓,颇负时誉。1935年安徽通志馆为表彰本省先哲芳烈,特礼请先生撰《范鸿仙传》;《范烈士鸿仙先生行状》则出于刘叔雅之手。先生开篇即谓:"昔韩文公尝称燕赵自古多慷慨悲歌之士。孰谓千百年后,其风遂移于江淮之间。当满清人关之初,志士仁人之抗节赴义,起于江淮间者,已不可胜数。迨其末造,种族之念未泯,民主之思方炽,益以外患之危迫,于是忧国之士,群起而谋倾清室,建民国。当时革命志士之著者吴孟侠、倪映典、吴旸谷、范鸿仙,皆起于江淮者也。孟侠、映典、旸谷三人皆殉节于颠覆清室之际,独鸿仙以声讨袁氏窃国,被戕死。"呜咽驰骤,贵尚忠义,可横行阔视于古所称大家之手笔。清季民国以降,桐城派颇遭恶谥,舆论渐成,几成定势。先生则不囿时论,于1957年撰文衡论桐城派在文学史上之地位与作用,实事求是,见解明通。逮1985年首届桐城派国际学术研讨会隆重召开,先生与钱仲联等学界名宿受邀齐聚桐城,又揭开新时期古文辞研究之新篇。先生长期从事中国古代文学史、古代散文、古典文论之教学与研究,文史哲融通,史识艺能并重。因教学之需,撰有《中国文学史纲》、《两汉文学史》、《中国古代散文史纲》等专著,重视汉赋等文体成就,不薄骈体,于文风高华之王勃亦颇爱赏。先生晚年最所精究者乃在刘熙载《艺概》,成《刘熙载和艺概》、《艺概笺注》等书,深入透辟,饮誉学界。融斋不仅谈艺甚精,上下古今,苞罗旁魄,且治学论文富经世意趣,其主持龙门书院亦近代经世学风之据点。先生措意运思之际,其与融斋《艺概》之缘恐非偶然。

先生于1993年2月23日仙逝于南京,享年九十岁。夫人张天膔工诗善书,与先生颇多唱和。子学庄、女学昀俱术业有专攻。

余生也晚,自惭学行无似,握管述先生懿行德业,未能道其万一。先生晚年有《雨夜书怀》诗曰:"少年何有气如虹,投老翻思思转空。一卧沧江惊岁晚,迎秋风雨感吟龙。"先生少年慷慨,志在淑世,哀乐中岁,不甘暇逸,暮年壮心,犹相炳耀,诚属豪健如天行者;苟处心有道,行己有方,则穷通祸福,不必挂怀,翻思一生,自可一切不求倚傍,气足而神完。先生晚号"无待山民",其意在斯乎!意在斯乎!

卢前先生

◎ 解玉峰

卢前先生(1905—1951),原名正绅,后改名前,字冀野,自号小疏,别号饮虹,别署江南才子、饮虹簃主人、饮虹园丁、冀翁、小疏斋、中兴鼓吹者、饮虹词人等。1905年3月2日,卢前先生生于南京城南望鹤岗一书香故家。曾祖卢崟为同治十年(1871年)进士,曾任翰林院编修、云南学政等职,晚年主讲于南京钟山尊经惜阴学院,道德文章为南京士林所称道。卢冀野先生对曾祖卢崟非常崇拜,一生引为模范。祖父卢金策、父卢益卿皆事于文教,卢家书香代代传继。卢冀野先生幼年在卢氏大家庭中最得祖辈宠爱,常随祖父到当时南京开业最早的戏园之一——升平茶园等戏园看戏。1912年,卢家此前曾遭盗劫二十余次,家道从此中落,父辈分炊。

1922年秋,卢冀野先生17岁时,以"特别生"的名义为东南大学破格录取,入读在东大国文系。这一年秋,适逢曲学大师吴梅先生应东南大学之聘,在东大国文系任教,卢冀野先生遂从吴梅先生治曲,成为吴梅先生的得意门生,并从此走上曲学研究的道路。卢冀野先生自少年时就用心于诗、词、曲的创作,"年十二三始,好韵语"(《弱岁集·自序》),"十八从长洲先生(指吴梅)学为曲"(《论曲绝句·序》),加之天赋甚高,所以也取得相当高的成就,颇得时人赞许。夏敬观《忍古楼词话》云:"冀野既以曲名,其所作词遂不自珍惜,予顾谓其词亦不凡。"卢冀野先生的同门唐圭璋先生后来回忆说:"冀野有才华,活动能力也极强,所以他后来认识许多人,文人、武人都认识。我们东南大学最早的学生刊物,就是冀野一手搞起来的。"

1925年,卢冀野先生与佘氏结婚。参加吴梅先生组织的潜社,发愿四十岁前创作散曲二十卷,历年诗词积稿已二百余篇。本年腊月,父亲因病去世,年仅46岁。卢冀野先生开始承担抚养三弟一妹之责,而其本人养育子女也较多,家庭重负自此相伴其一生。

1926年卢冀野先生从东南大学毕业,本年完成撰写《琵琶赚》、《荣英会》、《无为州》、《仇宛娘》、《燕子僧》杂剧五种(合称《饮虹五种》),并请吴梅先生削定。此后的十年间,不得不因家庭四方谋生,多处兼课,先后在南京金陵大学、广州中山大学、上海光华大学、四川成都大学和成都师范大学、河南大学、上海暨南大学、上海中国公学、南京钟英中学、南京中学等校任教。友人易君左1936年在所做《卢前传》中曾经具体描写到他当时南北奔波的教学生涯:"(卢前)本职任国立暨南大学教授,兼职分在上海、南京为省立南(京)中(学)教《孟子》。故一星期中,两天在真如(暨南大学所在地)、两天在上海(中国公学所在地)、两天在南京、一天在火车……来往京沪道上,携三大皮箱,无一衣袜,但满储书籍,并皆线装书。"

1927年始,卢冀野先生在南京金陵大学主讲戏剧史一年,曾编成《中国戏剧史大纲》书稿。自1928年起,他就在家中筑"饮虹簃"以藏书。1929年在上海光华大学讲《近代中国文学》。1930年,在年仅25岁时即被成都大学聘为教授,在该校教授戏剧史时,编成《明清戏曲史》书稿,1933年由钟山书店出版(此书商务印书馆1935年又曾作为"国学小丛书"之一重版)。在成都大学时选编散曲集《曲雅》,书后附《论曲绝句》,由成都存古书局出版。

1931年冬,卢冀野先生在河南大学任教授,讲授曲学,著成《南北小令谱》(河南大学1931年油印本)。本年女弟子赵蜀国整理笔录《饮虹曲话》一卷。次年在上海暨南大学讲授明清文学,开始自费刊刻大型散曲总集《饮虹簃所刻曲》。1934年,世界书局出版其所著《中国戏剧概论》,中华书局出版其《词曲研究》。1935年,将历年所积藏的一百三十多种元人杂剧以《元人杂剧全集》为名由上海杂志公司陆续出版,其中包括陈与郊《古名家杂剧》、罗振玉旧藏《古今杂剧三十种》、丁氏八千楼所藏《元明杂剧零种》、涵芬楼所藏关汉卿《绯衣梦》杂剧等多种。本年在上海涵芬楼完成《读曲小识》书稿,此书1940年由商务印书馆出版。

1937年8月,卢冀野先生举家逃难。本年《八股文小史》、《明杂剧选》、《唐宋传奇选》、《元明散曲选》四书分别由商务印书馆出版。撰写传奇《楚风烈》。

1938年1月至武汉,经教育次长吴俊升介绍,卢冀野先生在汉口教育部做事。5月,为支持郑振铎购买在上海发现的《脉望馆钞校本古今杂剧》,多方联系筹集款项,并敦促教育部汇款。6月,被国民党中央执行委员会聘为国民参政会参政员。此后,由汉口入川,直至抗日战争结束。除1942年10月至次年3月曾赴福建永安任国立音乐专科校长外,主要在重庆中央大学、四川大学、女子师范大学、复旦大学等校任专职或兼职教授。12月15日,吴梅先生来信作身后托。

1940年1月,卢冀野先生以参政员身份参加华北慰劳视察团,赴冀、豫、晋、陕等地视察,有诗集《北征记程》、散曲集《北游草》。是年,与于右任等创办《中兴鼓吹》杂志。

1945年12月,卢冀野先生自重庆返回南京。次年,任《中央日报》"泱泱"副刊主编,同时任教于中央大学,直至南京解放。11月,南京市政府设通志馆,被聘为馆长。1948年1月,南京市文献委员会成立,任主任委员。冬,自费刊行《饮虹乐府》九卷。

1949年8月,中央大学改名南京大学,重新聘任教职员,卢冀野先生没有被继续聘任,也一直未能在新社会得到重新工作的机会。1951年4月17日,因病在原南京大学附属医院(今三牌楼中大医院)逝世,年仅46岁。杨宪益、翦伯赞等前来吊唁。卢冀野先生的藏书经唐圭璋先生的介绍全部捐献给长春师范大学。

卢冀野先生弱冠即负"才子"之名,在整个30年代和40年代,在当时的文坛和学术界,特别是以南京、上海以及抗战时的武汉、重庆为核心的文化圈,是一个令人瞩目的非常活跃的文人。除丰富的词、曲创作及二十余种学术著作外,还编辑、刊印了许多珍贵曲籍和南京地方文献。以才气、性情而论,卢冀野先生与其师吴梅先生最为相得,吴梅先生门人弟子遍布海内,各有所成,而时人公推他为"第一高足"。如天假其年,卢冀野先生当可取得更大的学术业绩,这不免令后人为之抱憾。

2006年,中华书局从卢冀野先生二十余种著述中择选十余种,以"冀野文钞"为名辑为四书:《卢前曲学四种》、《卢前文史论稿》、《卢前诗词曲选》和《卢前笔记杂钞》。这为人们了解和认识这为当年的江南才子、文化名人提供了许多便利。

吴白匋先生

◎ 解玉峰

吴白匋先生,名征铸,以字行,江苏省扬州市仪征县人,祖籍安徽歙县。伯祖吴引孙曾官浙江宁绍台道,广东按察使,署理甘肃、新疆巡抚,浙江布政使等职;祖父吴筠孙系光绪甲午恩科传胪(二甲第一名),曾官翰林院编修、天津兵备道、湖北荆宜道、江西浔阳道等职。外祖父刘启彤,同治年间与詹天佑等人同为留美学童,学成后曾任驻法使馆参赞。父吴启贤,曾任北洋政府农商部主事,善书法。母刘钟璇,出身名门,知书识礼。先生为吴启贤长子,1906年10月出生于山东济南,幼从祖辈流寓天津、北京、上海、九江等地,1918年回扬州定居。其祖辈曾仿宁波天一阁建藏书楼"测海楼",藏书八千多种,二十四万多卷,故先生自幼得以涵泳书海,深根厚植。

先生5岁(虚龄)开蒙,由母亲刘太夫人教识字,9岁入家塾,从前清廪生黄吉甫读书,12岁学完"四书"、《诗》、《书》、《礼》、《左传》,以及《唐诗三百首》与古文多篇,皆能背诵。14岁能写流畅的文言文,15岁开始诗词写作,17岁加入扬州著名的诗社"冶春后社",从扬州诸耆儒名宿游,为该社最年轻成员。

1922年,先生考入教会学校扬州美汉中学,1925年考入金陵大学预科,1926年升入金陵大学文学院,主修历史,辅修中国文学。1931年毕业,留中文系任教,先后任助教、讲师、副教授。其时南京名家云集,硕彦如林,黄侃、胡小石、吴梅、汪东、汪辟疆、王伯沆、胡翔冬、王易诸大家执教中央大学同时,多兼职金陵大学。先生颖异好学,深得诸师赏识。先生肄业于金陵大学预科时,初听胡小石先生授课，大为倾倒，此后终胡公一生，追陪杖履，长侍笔砚，深得其书画、金石之学真传。先生早年从乡先辈陈含光先生学诗，已窥门径，至南京后复师从著名诗家胡翔冬先生，为翔冬先生入室弟子。

国学大师黄侃时为中央大学兼金陵大学教授，先生经前辈引荐，正式拜师，得黄侃先生在家为其单独授课。先生自幼习词，追步白石、梦窗，拜师时以词作【梦芙蓉】投献，深得嘉许。留校任教后，开设《词选》、《学术文选》与《中国近百年史》等课程，《词选》即为黄侃先生相让。先生为此惴惴不安，黄侃鼓励曰："汝能为此，足够开课。如恐资望不足，我赋诗为汝张目。"即题一绝句云："雏诵新篇喜不胜，君家君特有传灯。论词突过王僧保，始信清才在广陵。"先生从此得在名家如林的大学讲坛立足。

因祖、父辈皆酷嗜戏曲，先生自幼深受影响，曾大量观摩谭鑫培等名角演出，1928年参加南京阳春社票房，1932年在扬州从谢纯江先生学昆剧老生戏，能戏多出。1933年，曲学大师、中央大学吴梅教授来金陵大学兼课，先生作为助教，奉派接引，因师事之，得吴梅先生多方指授，曲学造诣由此精进。1935年春，吴梅先生介绍其参加词坛耆宿主盟的词社"如社"，每月一会，与仇埰、夏仁虎、吴梅、汪东、蔡桢、陈匪石、乔大壮、唐圭璋、卢前等词家切磋酬对，"当世声党莫不推挹，而诗名反为词名所掩矣"（程千帆教授《吴白匋先生诗词集序》）。

1937年11月，南京沦陷前夕，先生随金陵大学内迁成都，与胡翔东先生等师友赁屋同住，备尝艰辛，仍治学不息，在《斯文》等杂志发表词学论文多篇。1941年夏，应小石先生召，转任白沙国立女子师范学院副教授（后升教授）。同事有胡小石（系主任）、台静农、黄淬伯、魏建功、游寿、姚奠中、柴德赓、章黄荪、詹锳、舒芜等，皆一时名流。

抗战胜利后，先生辗转跋涉，于1946年春回到扬州。是年秋移家无锡，任江苏省立教育学院教授，继又兼任无锡国学专修学校、东吴大学、江南大学等校教授。

新中国成立后，先生先后任苏南文化教育学院（由江苏教育学院与苏州国立社会教育学院合并而成）文史部副主任、无锡市政协副主席、苏南文联副主任兼研究部部长等职。1953年秋，调任江苏省文化局戏曲审定组组长，次年任江苏省文化局戏曲编审室主任，1956年起任江苏省文化局副局长。先生自幼雅好戏曲，又得吴梅大师真传，深谙曲中三昧，此际分管全省戏曲工作，大有施为，主持、指导或整理、改编、创作剧目达三十多种,最著者有锡剧《双推磨》、《庵堂相会》(均由上海电影制片厂1954年拍成电影)、《红楼梦》(1958年)、扬剧《袁樵摆渡》、《百岁挂帅》(海燕电影制片厂1959年拍成电影)、《金山寺》、《义民册》,昆剧《活捉罗根元》等。

1966年"文化大革命"爆发,先生因写戏获罪,遭《新华日报》点名批判并大会批斗,后被赶到农村劳动改造。1973年,形势稍缓,适南京大学历史系亟须古文字学与书画鉴定教师,经江苏省当局同意,先生于当年9月份调入南京大学。旋编就《说文解字部首分类述评》与《鉴别书画》讲义两种,登台讲授,并带学生至咸阳、临潼、西安、洛阳、郑州等地,考查秦、汉、唐文物古迹,归来撰写《从出土秦简帛书看早期隶书》论文,在《文物》杂志上发表,引起学界关注,并被日本杂志转载。1978年底,中共江苏省委召开大会,为其在"文革"中遭错误批判彻底平反。

1979年,应南京大学中文系主任兼戏剧研究室主任陈白尘之请,先生改任中文系教授、戏剧研究室副主任,次年开始招收戏曲史专业研究生,先后培养两届四人:李晓、杜朝光、邹世毅、郑尚宪,皆学有所成。1987年退休家居,登门求诗求字求教者日众。先生来者不拒,自号无隐室主人,著述不辍,所撰《胡小石先生传》、《吴瞿安先生遗事》、《郦承铨传略》、《夫子庙与秦淮河》、《十竹斋复业记》、《金陵词坛盛会——记南京"如社"词社始末》、《唐圭璋先生墓表》等,皆具史料价值。1992年,其戏曲方面文章结集为《无隐室剧论选》,由江苏文艺出版社出版。

1992年8月25日,吴白匋先生安详辞世,享年八十七岁。

先生束发学诗,初以"灵琐"名集,盖取《离骚》"吾欲少留此灵琐兮,日忽忽其将暮"之意,其后迭遭丧乱,颠沛流离,家怀国难,多形诸吟咏。1949年曾将历年诗作严加删汰,订为《凤褐盦诗剩稿》一卷,存1927年夏至1949年春所作诗七十四首。又删订历年所作词,自署《凤褐盦词》,计《灵琐集》一卷,存1929年春至1937年春所作词四十四阕;《西征集》一卷,存1937年秋至1941年春所作词五十八阕;《投沙集》一卷,存1941年秋至1949年春所作词四十五阕。诗词四卷合称《凤褐盦诗词集》,盖以杜甫《北征》"天吴与紫凤,颠倒在短褐"诗意,寄寓身世之感。1949年后,专致力于戏曲事业,不作诗词者十年。1958年后,感于时事,哀乐交错,始重提诗笔,作诗、词、散曲甚夥。1981年夏,将1958年后所作整理芟除，汇为《热云韵语》三卷，称："念今日诗词皆属旧体韵文，虽格律风貌不同，宜合为一集。热情始终不改，而际遇变化如云，因以《热云韵语》自署。"会同前所编《凤褐盦诗词集》一并油印行世，程千帆先生为作《序》。1989年复将1987年退休之前所作诗词曲编订为《热云韵语》卷四，并对前三卷再加删汰，言明："凡集外诗、词、散曲，一概视为弃稿。"先生去世后，其弟子郑尚宪依以往各卷体例及去取标准，择选其1987年后所作诗词四十六首（阕），编成《热云韵语》卷五，连同先前各卷，合为《吴白匋诗词集》，2000年由南京大学出版社出版。

先生博学多才，学贯中西，儒林文苑兼擅，治学从政咸宜，社会兼职甚多，如中国戏剧家协会理事暨江苏分会副主席、名誉主席、《中国大百科全书·戏曲曲艺》卷编委、文化部振兴昆剧指导委员会委员、江苏省文联常委、江苏省民俗学会会长、江苏省锡剧研究会名誉会长、江苏省诗词学会副会长、江苏省美术馆顾问、第一、二、三届江苏省人大代表、第四、五届界江苏省政协常委等。

先生兄弟六人，各有成就，尤著者：二弟吴征鑑（1909—1982），著名寄生虫病学专家，中国医学科学院副院长；四弟吴征铠（1913—2007），著名物理化学家、核化学家，中国科学院资深院士；五弟吴征镒（1916—2013），著名植物学家，中国科学院资深院士，"国家最高科学技术奖"得主。世人习惯将三人与先生合称"吴氏四杰"。其扬州故居"吴氏宅第"今为全国重点文物保护单位，并被辟为"院士博物馆"。

陈白尘先生

◎ 董　健　胡星亮

陈白尘先生是中国现当代著名的剧作家、小说家、散文家和教授。

陈白尘先生(1908—1994),原名陈增鸿(陈征鸿),江苏淮阴人。1923年考入淮阴成志中学,开始接触"五四"新文学,并学习写作新诗和小说。1925年3月在《小说世界》发表第一个作品——短篇小说《另一世界》,迈出文学道路的第一步。1926年中学毕业后,考入上海文科专科学校学习中文,并积极参加革命活动。1927年大革命失败后,他慕田汉之名,先后转入上海艺术大学、南国艺术学院读书,成为田汉领导的南国社的一员,开始他的戏剧生涯。1929年冬,他与左明、赵铭彝、郑君里组织摩登剧社,开展左翼进步戏剧运动。

田汉把那些从上海艺大文科时代起就汇集在南国旗帜下的同学,称为"各有特异的天才与干才"的人,称为"南国之宝"。南国社培养的艺术人才,在戏剧创作方面后来成就最大的就是陈白尘先生。在40年代中国现代戏剧的黄金时代,一批在30年代初露头角的青年剧作家登上新的艺术高峰。陈白尘先生是其中最有代表性的一位。喜剧和历史剧是陈白尘先生艺术成就的两大支柱。尤其在政治讽刺喜剧这个领域,他的贡献最大。

不过陈白尘先生早期的文学创作实绩,主要还不是戏剧作品,而是几本小说。有短篇小说集《风雨之夜》(1929),中篇小说《旋涡》(1928)、《歧路》、《一个狂浪的女子》、《罪恶的花》、《归来》(1929)等。在话剧方面,他这时只发表过两个试笔之作:据传统剧目改编的独幕剧《墙头马上》(1929)和《汾河湾》(1931),这是他以后历史剧创作的发端。

在20世纪30年代,陈白尘先生是一位属于左翼文艺阵线的初露头角的文学新人和青年剧作家。1932年9月,他在家乡从事抗日宣传活动被国民党当局逮捕。他在狱中秘密写作,托朋友代为投寄发表。短篇小说集《曼陀罗集》(1936)、《茶叶棒子》、《小魏的江山》(1937)中所收的作品,大都是狱中或出狱后据狱中生活所写。他还从狱中寄出一些话剧发表,如独幕剧《癸字号》(1933)、《街头夜景》、《大风雨之夜》(1934),三幕剧《除夕》(1934)等。1935年3月出狱后,陈白尘先生在中共地下组织的安排下,在上海做"亭子间作家",直到1937年7月全民抗日战争开始。在这两年多的时间里,除了描写农民反抗斗争的中篇小说《泥腿子》(1936)和一些短篇小说外,陈白尘先生发表了《征婚》(1935)、《二楼上》(1935)、《石达开的末路》(1936)、《恭喜发财》(1936)、《金田村》(1937)等剧本。这当中既有独幕剧,又有多幕剧;既有历史剧,又有现实剧;既有正剧和悲剧,又有讽刺喜剧;表现了作者在戏剧创作上多面手的特点。与南国社时期的作品相比,陈白尘先生30年代的创作在思想和艺术上都发生了很大变化。他不再作那种悲凉、孤独的个人爱情的呻吟,而是面对严酷的社会现实,描写被压迫人民的苦难和斗争,显示出革命现实主义的独创性。尤其值得注意的是:作为喜剧家的陈白尘,显露了他特有的幽默和讽刺的才华;作为历史剧作家的陈白尘,也表现了他现实主义的史剧风格。他艺术上的这两大支柱,是这一时期树立起来的。

抗战时期和抗战胜利前后,是陈白尘先生戏剧生涯的黄金时代,为我国戏剧运动、戏剧教育与戏剧创作做出了巨大贡献。他先后参加过上海影人剧团、上海业余剧人协会、中华剧艺社等戏剧团体的组织领导工作;先后任教于国立戏剧专科学校、四川戏剧音乐学校;还曾主编过《华西日报》、《华西晚报》和《新民报晚刊》的文艺副刊。这一时期,陈白尘先生共创作话剧和电影剧本20个,思想和艺术走向成熟,在艺术生产上赢得一个丰收季节。

抗战初期,陈白尘先生写过一些比较简单的抗日宣传剧(《卢沟桥之战》、《汉奸》等)。但他比较早地突破了当时一般宣传剧的简单化、公式化倾向。他的讽刺喜剧《魔窟》(1938)、《乱世男女》(1939)、《未婚夫妻》(1940)、《禁止小便》

(1941)等,都可说明他坚持现实主义,不断扩大创作视野而提高了艺术质量。此后,三幕喜剧《秋收》(1941)和五幕喜剧《结婚进行曲》(1942),在日常生活的幽默表现方面,标志着作者在喜剧艺术上又有新的追求。而1945年,以三幕正剧《岁寒图》和三幕讽刺喜剧《升官图》为标志,陈白尘先生的话剧创作出现一个空前的艺术高峰。《岁寒图》画出了一幅严冬之中挺立不凋的松柏图,既歌颂了坚贞自守的英雄,又深刻暴露了国统区社会的黑暗。这是一首悲壮深沉的知识分子的"正气歌"。它写出了在那个艰苦年代知识分子的苦斗精神,以他们的正气和骨气作为一种巨大的威慑力量,去横扫弥漫社会的投机、堕落的污浊空气。《升官图》的剧情是在两个强盗的"升官梦"中以夸张、变形、漫画化的形式展开的,而它所揭示的是血淋淋的现实。剧中描写的是一个小县城的故事,但它的典型性却分明叫人看到了"贪污成风,廉耻扫地"的整个国统区社会。这是作者对于黑暗社会政治进行讽刺批判的一次最有力、最深刻的总爆发。《岁寒图》和《升官图》,一个出之以"悲",一个出之以"喜",这两"图"合而观之,是从正反两方面透视了那个在民主运动洪流冲击下正发生着激变的社会,呼唤着真正民主政治的到来。

抗战胜利后,陈白尘先生又创作了《幸福狂想曲》(1947)、《天官赐福》(1948),以及《乌鸦与麻雀》(陈白尘、沈浮、郑君里、赵丹等集体创作,陈白尘执笔,1949)等喜剧电影剧本。虽然从体裁上说是从话剧转向电影,但其中"笑"的艺术是一脉相承的。

进入新中国之后,陈白尘先生虽然写过电影剧本《宋景诗》(与贾霁合作,1953)、《鲁迅》(集体创作,陈白尘执笔,1961)和时事讽刺喜剧《纸老虎现形记》(1959)等,但总的说来收获甚微。"文革"中他遭到不公正批判,后来被发配到湖北云梦泽的文化部"五七"干校劳动。陈白尘先生自己说,1949年之后他做了28年"空头文学家"。

1978年陈白尘先生调任南京大学中文系教授、博士生导师,不仅培养了一批戏剧人才,而且作为教育家,他还恢复了"五四"以来中国现代文学与现代大学的密切联系,重建了那个被丢弃的文学与大学同根同源、二体一命的传统——独立、自由、创新的精神。这对重振"大学之魂"功不可没。他与董健教授共同主编的《中国现代戏剧史稿》(1989),他主持编辑的《中国新文学大系1937—1949·戏剧卷》(1990),极大地推进了中国的戏剧学学科建设。《中国现代戏剧史稿》所强调的中国现代戏剧发展的现代性追求,戏剧艺术生态的"话剧—戏曲"二元结构,戏剧精神内涵的现代意识等,这些深刻论述在学术界具有深远影响。陈白尘先生作为学科带头人创建的南京大学戏剧戏曲学学科,是中国最早创建的戏剧学博士点之一,已成为中国学术界历史最悠久、实力最雄厚的戏剧学研究重镇。

这一时期陈白尘先生在戏剧创作方面,先后发表了七幕历史剧《大风歌》(1979)和七幕喜剧及电影《阿Q正传》(1981),在历史与现实的深刻思考中焕发出强烈的创作激情。《大风歌》可以说是作者半个世纪来历史剧探索的艺术总结和创作高峰,也集中体现了作者所坚持的现实主义史剧观。《阿Q正传》的艺术表现尖锐泼辣、喜中含悲,体现了陈白尘先生的喜剧风格,也使剧作家埋没已久的杰出喜剧才华在新的历史时期得以延续。它对原著的创造性改编,使国民性批判这一深刻命题获得了独特的艺术表现和发人深省的当代意义。

陈白尘先生这一时期创作的《云梦断忆》(1984)、《寂寞的童年》(1985)、《少年行》(1988)、《漂泊年年》(1997)、《剧影生涯》(1997)等系列生活回忆性散文,以及《牛棚日记》(1995)、《听梯楼笔记》(1997)、《听梯楼日记》(2005)等写于"文革"期间而在这一时期发表的系列生活实录性散文,也颇有成就和特色。因为散文更适于表现自我、抒发内心,在这些作品中,人们可以从中看到一个经历了20世纪中国社会的风风雨雨而与祖国和人民同命运共患难,一个融于时代和社会而执著现实的陈白尘;一个有"我在"、"我看"和"我思",因而写出了历史的真实和人的真实的陈白尘;一个纵横戏剧界和电影界,从而将舞台感和银幕感融入散文而使其散文创作别具风姿的陈白尘;一个擅长喜剧艺术,其散文也渗透着幽默诙谐、悲喜交融,具有独特艺术个性和美学追求的陈白尘。

陈瘦竹先生

◎ 周安华

陈瘦竹先生1909年11月29日出生于江苏无锡港下南陈巷,本名定节。幼年丧父,靠母亲养蚕织布,做农活维持生计。少时就读于港下国民小学、顾山镇锦带高等小学。1924年升入江苏省立第三师范学校。该校重经史子集,素以文史著称,南社诗人沈颖若讲授《诗经》、《左传》,钱穆讲授《论语》、《孟子》。陈瘦竹先生勤奋刻苦,打下扎实的古文基础。但同时他渴求新知,喜爱"五四"以来的各种新小说、新诗、新戏剧,1927年陈瘦竹先生第一个短篇小说《红豆》在《泰东月刊》发表,随后中篇小说《灿烂的火花》问世。

1929年秋,陈瘦竹先生考入武汉大学西洋文学系,学名陈泰来。其时,闻一多在校讲授诗歌,陈源讲授英国小说、戏剧与翻译。陈瘦竹先生潜心学习英语,这为他后来研究西方戏剧理论打下厚实根底。他课余写的小说发表在曾朴主编的《真善美》杂志上,笔名瘦竹。他还撰写了诗歌论文《华兹华斯的诗论》,刊登在天津《国闻周报》上。

武汉大学西洋文学系主任陈源是无锡人,对文学创作很关心,茶几、沙发上放着各种文学刊物。陈瘦竹先生虽然常在刊物上发表作品,但他从不敢把自己的作品拿给陈源看。1933年临毕业,他大着胆将刚完成的短篇小说《巨石》送给陈源。三天后,应约到陈源办公室。陈源将原稿还给他,一言不发。陈瘦竹先生羞愧得无地自容,正准备逃走,陈源拿出一封信说:"写得不错,我给你介绍到上海去发表。"不久,《巨石》刊登在上海《申报月刊》。在该刊发表作品的一般都是知名作家。陈瘦竹先生深知陈源师对他的器重与提携,激发起了创作信心。80年代,他在《春雷·重版前记》中记述了陈源师在他心中的深刻印象。

30年代,陈瘦竹先生因为主编《武汉文艺》,结识了散文作者"维特"。"维特"就是日后与陈先生白头偕老的沈蔚德。陈瘦竹先生从武汉大学毕业,由陈源推荐去南京国立编译馆任编译。

在国立编译馆期间,陈瘦竹先生翻译了萧伯纳名剧《康蒂妲》和论文《文艺鉴赏论》、《导演与演员》、《自由与组织》。同时,他创作了一批短篇小说,发表在《申报月刊》、《东方杂志》、《文学》,结集为《奈何天》。这些小说描写知识分子的悲剧和江南农村经济的崩溃,以"乡村人物的描写"而引人注目,由此陈瘦竹先生成为当时知名的乡土小说家。

1937年抗战爆发,沈蔚德追随国立剧专迁至内地。陈瘦竹先生留在武汉工作,加入中华全国文艺界抗敌协会。他为抗日军兵讲文化课,发表散文《武汉人》,描写保卫大武汉的热情与决心。他到珞珈山探望陈源,与恩师见了最后一面。

1938年陈瘦竹先生随编译馆转入重庆。他从报纸上不断获悉大片国土沦丧,深感笔杆的无力,他怀念无锡的乡村与农人,决心写一部长篇小说,表现江南乡村抗日情景。1941年《春雷》出版,已随武汉大学迁至四川乐山的陈源专门在《中央周刊》上发表有关《春雷》的评论,指出:"这一部书是抗战小说,可是就因为里面描写的是他所最熟悉的乡村,它与一般抗战小说不很相同。……本书作者所着重的却在乡村人物的描写。故事的演变即从人物个性的发展中出来。我们可以说,这仍然是一部乡土小说,只是所写的不是平时的乡村,而是抗战中的乡村。"马彦祥把《春雷》改编成话剧《江南之春》,在重庆公演,颇获好评。

1940年,应国立剧专校长余上沅之邀,陈瘦竹先生到剧专任教,从此走上戏剧研究之路。国立剧专戏剧家众多,曹禺、洪深、马彦祥、焦菊隐、黄佐临、应云卫先后在此执教。陈瘦竹先生教学之余,阅读了大量戏剧书籍,并应约翻译了英国戏剧理论家尼柯尔的《戏剧理论》。扎实的英文功底、敏锐的艺术感觉,加上剧专的艺术环境,使陈瘦竹先生如虎添翼。他接替曹禺开设"戏剧批评"等课程并担任理论编剧组组长。

　　40年代，我国民族话剧理论建设处于草创期，呼应戏剧界需要，陈瘦竹先生勤勉介绍西方戏剧思想与流派，既有对欧洲古典戏剧如希腊悲剧的深入剖析，也有对19世纪"新戏剧"思潮如新浪漫派的精辟透视。他以理性思索，引导人们领略现代戏剧美学真谛。其译作《欧洲戏剧批评史纲》在《文艺先锋》刊出，其《戏剧基于人生关键说》、《自然主义戏剧论》都是当时很有影响的力作，其关于戏剧本质、戏剧类型、结构、风范的见解，独具慧眼。

　　而后，中央大学教授陈瘦竹先生继续拓展研究视野，发表了许多剧作家研究论文。他研究莎士比亚的《哈姆莱特》、萧伯纳的《康蒂妲》、新浪漫派剧作家罗斯当、象征派剧作家梅特林克，法国浪漫运动与雨果《欧那尼》、自然主义名剧《下层》等，他研究戏剧鬼才安特列夫，研究古典戏剧《俄狄浦斯王》、《美狄亚》，以戏剧家研究为轴心，连接剧作与戏剧流派的戏剧史研究模式构成其学术研究的重要特点。

　　新中国成立后，作为南京大学中文系系主任、最年轻的教授，陈瘦竹先生与前辈胡小石、方光焘等深得学生崇敬。他组建了南大中文系现代文学学科，培养和扶植了一大批人才。他学识渊博，逻辑严谨，讲课艺术更是一流，当年听他课的老学生们至今还津津乐道。

　　从1957年开始，陈瘦竹先生先后完成了对田汉、郭沫若、丁西林、老舍等一批杰出的中国现代剧作家的研究。专著《论田汉的话剧创作》、长篇论文《论〈雷雨〉和〈日出〉结构艺术》先后在权威刊物发表。作为从40年代至90年代专事现代戏剧研究的唯一始终坚持者，陈瘦竹先生见解独特的现代剧作家专论，成了这一研究领域的开创性成果。它们以深厚的理论功力、历史意识与审美透视力，深入剖析剧作家们的艺术成就，展示了中国现代戏剧文学的杰出成就，历史观点与美学观点相结合的综合研究方法，在当时别具一格，为现代戏剧研究拓出新路径。可以毫不夸张地说，活跃在今日中国现当代戏剧研究界的中青年学者，无一不是从学习陈瘦竹先生的剧作家论而走上论坛的。而后，陈瘦竹先生开始关注中国戏曲，研究其艺术成就。他期待中西戏剧历史与理论完满结合，构建中国现代戏剧学体系。

　　正当其学术工作呈现勃盛景象时，一场文化浩劫开始。一夜之间，陈瘦竹先生成为"牛鬼蛇神"、"反动学术权威"。15年累积的30多万字的戏剧理论札记,在抄家后丢失。

1978年秋,全国高校恢复招收研究生。陈瘦竹先生已七十岁。在慕名前来报考的百余名学生中,得以入门的汪应果、朱栋霖、王文英、任天石,在陈瘦竹先生、叶子铭先生指导下,完成巴金、曹禺、夏衍、叶圣陶的研究专论,受到学术界高度评价。其后,陈瘦竹先生又指导了大量硕士、博士生。他赠给学生立人的治学原则是"基础深厚,学风朴实,奋发图强,坚持原则"。

古稀之年的陈瘦竹先生迸发出惊人的生命力。双眼患视网膜黄斑,视力只有0.01,他用双倍放大镜阅读外文原著,完成了三部学术著作:《现代剧作家散论》(1979)、《论悲剧与喜剧》(1983)、《戏剧理论文集》(1988)。前者以其历史观点与美学观点相结合的研究方法成为中国现代戏剧研究的典范之作。《论悲剧与喜剧》以中西戏剧美学相融合的观点阐述诸多重要戏剧美学现象,深刻扎实,1984年获全国第一届戏剧理论著作奖。

1985年,中国话剧文学研究会在北京成立,陈瘦竹先生致开幕词。他以高度学术威望被推举为中国话剧文学研究会名誉会长。

他继续深化西方戏剧理论研究。一系列分量厚重的关于悲剧、喜剧、戏剧本体、戏剧观的鸿篇巨论,都显示出中国现代戏剧学理论的新框架与新见解。《论悲剧精神》、《论喜剧中的幽默与机智》、《欧美喜剧理论述评》等论文,成为我国戏剧美学领域的经典文献。他对世界悲、喜剧理论的历史衍变及20世纪的多元发展、最新态势所进行的理论概括与提炼,上下东西纵横捭阖,具有异常丰富的理论信息与宽广知识构架,令学术界同仁叹为观止。

他的现实主义戏剧本体思想更显开放性。不拘泥于伟人的片言只语,不为一时的喧嚣而迷惑,《关于当代欧洲"反戏剧"理论》、《谈荒诞派的衰落及其在我国的影响》,在对中西戏剧与艺术规律深入掌握的基础上,对探索戏剧理论之偏颇,提出质疑,主张"拿来主义",为"我"所用。他对西方戏剧的深入了解,甚至连被他批评的对手也不能不赞叹。他呼唤剧作家创作出雅俗共赏、具有思想深度与真正震撼力的作品,发展中国戏剧的民族风格。

80年代末,陈瘦竹先生以惊人毅力,完成了研究美国戏剧家奥尼尔的三篇论文。抱病指导学生的博士论文,出席他们的论文答辩会。

1990年6月2日凌晨,陈瘦竹先生在南京与世长辞。

1991年6月2日,北京隆重举行"陈瘦竹戏剧理论学术研讨会",全面评价陈瘦竹先生的戏剧理论成就与学术地位。1999年6月,江苏教育出版社出版三卷本《陈瘦竹戏剧论集》。这部20世纪中国戏剧理论经典,是陈瘦竹先生留给中国戏剧界的宝贵财富。

　　整整半个世纪,陈瘦竹先生为建设中国现代戏剧学筚路蓝缕,开创基业。无疑,历史会永远铭记这位贡献卓越的、辛劳的智者!

洪诚先生

◎ 柳士镇　许惟贤

洪诚先生(1910—1980),著名汉语史学家、训诂学家和三礼学家。字自明,号诵孙,安徽青阳人。中国民主同盟盟员。1935年中央大学国文系毕业。曾执教于中央大学、安徽大学,新中国成立后历任南京大学中文系教员、副教授、教授,先后担任中文系写作教研室主任、语言教研室主任、校学术委员会委员,兼任《辞海》编辑委员、语词分科主编,《汉语大词典》副主编,江苏省哲学社会科学联合会理事等职。1979年秋,受教育部委托,带病完成全国高校训诂学师资培训班主讲任务,次年元月因胃癌不治逝世。洪诚先生长期从事语文教学和研究工作,新中国成立前研究主要方向为经学,新中国成立后转为训诂学和汉语历史语法学;治学严谨,见解精到,研究范围兼及古代天文历法。

洪诚先生著有《训诂学》一书。全书分绪论、与训诂有关的书面上的基本情况、阅读必须掌握的基本规律、读注、作注、总结六章。其中第三章"阅读必须掌握的基本规律",从文字、语音、词汇、语法等方面,以理论结合实例,应用到具体训诂实践中,占全书几近一半篇幅。与同类书相比,该书具有鲜明特色。

1. 坚持以理论指导训诂实践

在长期的训诂实践中古今学者积累了丰富的经验,总结出许多正确的训诂方法、原则,为后人留下弥足珍贵的财富。但由于训诂学长期用以解释经学,实为经学的附庸,这些经验只是留存在注释群经的实例中,很少有理论的概括和总结。而本书在介绍训诂方法、原则时,首先运用现代语言学理论说明它们赖以成立的根据,然后详释它们在实践中的具体运用。如介绍清代训诂学的主要方法"因声求义"时,作者先是阐述现代语言学对语音语义关系的认识,随后讨论语音语义可能有的四种关系,指出"就语言发生的起点看,音义的结合关系是偶然的,就词汇发展的过程看,很多是非偶然的","在一定的限度之内,用几种相近似的声音,表示几种相近似的意义;在一定的发展过程中,音义相因而转变",阐明了"因声求义"这一方法的理据。此后作者才大量举例论述"因声求义"在训诂中的种种运用。作者在该书"绪论"中指出,将包含在训诂中的许多道理条理化、系统化并进而概括成理论,是训诂学的任务。综观全书,作者的概括总结是卓有成效的。

2. 强调语法学在训诂中的作用

作者在"绪言"中明确指出:"一个训诂学者不通语法,成绩是不会好的。首先不会分析句法,全句的意义不能掌握,词汇意义就不能定。""训诂学不但要了解词义,还要讲明句意。主要依据历史语法学。"训诂学就是要"综合运用文字、音韵、词义、语法学,以求正确地解释语言"。他将语法学看作与文字学、音韵学同等重要的训释古代语言必须掌握的基本知识,同时在第三章中专列"句法规律"一节讲述语法在训诂中的意义。作者在该节中从不同于现代汉语的句法、句子成分的省略、文中增词增句例、句型略述、不懂语法而误解文义等方面描述了古今汉语法的差异,并用大量实例说明这些语法规律在训诂实践中的重要作用。作者最后总结说:"训诂不外解释词与句,释词又不出文字通假与词义引申两大端;解句必须通句法,所以句法规律不能不作重点阐述。释词解句,相依为用。训诂要领在此。"由此可见作者对语法的高度重视。此外,全书还随处可见用语法知识解决相关问题的实例。如第三章第八节"辨疑似"中分析句子歧义时,作者指出句子、词组内部语法关系的不同是产生歧义的重要原因。在讨论"互训"方法时,作者考察词的不同语法功能后指出,有些可以互训的词不应看作同义词或近义词,如"元"和"始"可以互训,但"元"作定语较多,"始"作状语较多,用法是不同的。作者明确把语法学提到训诂必备的重要知识的高度,又在训诂学专著中为它单列一节,这在训诂学研究中当属首创。

3. 列举大量读书心得作为例证

书中论证训诂方法、原则时都有充分的例证,这些例证都是古今学者在训诂实践中遇到的难题,因某一方法、原则的正确使用,积疑便涣然冰释。这些例证有的是前人的研究成果,有的则是自己的研究心得,而后者往往是作者精湛学养的体现。如《离骚》"朝饮木兰之坠露兮,夕餐秋菊之落英"中的"落"字,王逸、王安石、洪兴祖等持说不同,历来聚讼纷纭。作者以深厚的文献功力,考察《离骚》及古文使用的通例,发现该字用于草木时均为"零落"义,因此《离骚》文中的"落"也应释为"零落",千古疑案,终有定论。又如《老子》六十二章:"虽有拱璧以先驷马,不如坐进此道。"高亨《老子正诂》说:"使者乘车抱璧以聘邻国,则拱璧何能先驷马哉!知其义不可通也。疑以先二字当在驷马二字下。先借为诜。……诜即聘义。"洪诚先生认为:"必须结合当时的社会实际理解语言……古人送礼物给人,把轻的东西送在重的东西的前头,所以叫以某先某。先,读去声。"又引《左传·僖公三十三年》"以乘韦先牛十二犒师"及杜注"古者将献遗于人,必有以先之"为证,认为高氏不明古代礼制,随意更改古书,犯了孤立推求字义的毛病。

《训诂学》出版后影响广泛,2003年又出版了日译本。

洪诚先生还著有《训诂杂议》一文,根据自己的读书体会,详尽论述训诂中的五个重要条例:说明古汉语文字通借,必须根据古音;破字立训,必须以古人语例为依据;用词造句之例,反映语言发展的时代性,要细心观察;古人著书,行文用字,每每自有其例,贯穿全书;要具备古代名物制度的常识。这些条例,对研读者从事训诂实践大有裨益。

洪诚先生在汉语历史语法方面著有多篇极有分量的长文,均为该研究领域中影响深远的文章。限于篇幅,这里着重介绍两篇。

一篇是应吕叔湘约请而写的《论南北朝以前汉语中的系词》一文,两万余字,对现代汉语系词"是"的产生和发展作了深入探讨。作者举出大量文献材料证明系词"是"产生于汉初,萌芽于先秦,这一观点在学术界引起强烈反响。作者详细讨论了代词"是"演变为系词的内在、外在因素及其演变过程,认为内在因素是它可通用于动、名、形三种谓语句中,用在两个句子或两个词语之间时,主要是复指但带有肯定作用,表示前后两个事物的同异关系;而外在因素是上古汉语在主谓语之间常出现有音无义的词,这些虚词全是舌头音,代词"是"也是舌头音,也用于两个词语之间,语音语境类似,很容易虚化为系词。先秦文有很多"某某是也"之类句子,其中的"是"已经失去代词性,不是指代而是肯定上文,如果被肯定的词语移到后面,"是"就变成纯粹系词。该文还将上古汉语系词系统分析为两类:一是主要表示肯定语气的语气系词,有"惟、为、乃、则、即","为"是主要的;二是主要联系主谓语的纯粹系词,只有一个"是"。两类系词既有分工也有联系。语气系词产生在前,纯粹系词产生在后,就具体发展过程而言,联系作用是在表现语气作用之中形成的。作者认为古书注释中的语言较为接近口语,因而该文首创大量选用注释语中的例证,语料反映语言发展,见解结论公允可信,是研究古汉语系词的一篇极具说服力的文章。

第二篇是《王力〈汉语史稿〉语法部分商榷》一文,四万余字,对《汉语史稿》一书语法部分存在的问题逐节逐条提出并详加讨论。这些问题约可分为五类:一是对史料的处理有时不够妥当。如《论语·微子》从来没有人认为是伪书,而《汉语史稿》误解前人意思,认作伪书,以此证明"子为谁"不是先秦语言,维护先秦没有系词的观点。二是把某些特殊语言现象解释为偶然的例外。如系词"是"在《穀梁传》《史记》、汉高祖《手敕太子文》中均有用例,而《汉语史稿》怀疑这些例子的真伪,将系词"是"的产生推迟到东汉。三是对文义有误解。如将《左传·成公七年》"以两之一卒适吴"中"两"字误解为数词,实则是军队编制的一种名称。四是把某些语言现象的产生时代说得太晚。如动量词起于魏晋南北朝,而《汉语史稿》认为起于唐代。五是把用法相同的两个词套上不同形态,说它们用法有别。如介词"於"和"于"只是进入书面语的时间有先后,用法上并没有差异,而《汉语史稿》认为用于介绍比较级或所支配的是谓语形式时,只能用"於"不能用"于"。

在指出错误的同时,该文还对《汉语史稿》一书中尚未提及或论述不周的问题作出补充。如量词部分补充名量词"件"的来源及演变过程,连词部分补充选择连词"或"的产生及发展过程。又如《汉语史稿》认为第二人称代词"你"是从古语"尔"转来,但书中并没给出例句,也没说明"尔"演变为"你"的过程,洪诚先生则在文中给出大量例证,指出从《北史》到唐末变文第二人称代词"你"的使用日益普遍,"你"在唐以前已经演变完成。

这是一篇评论《汉语史稿》语法部分的最有分量的文章,在学术界影响很大，对于汉语历史语法的研究起了重要的促进作用。

洪诚先生于汉语历史语法之外，还著有多篇研究"三礼"的长文，以及一篇四万字篇幅的天文历法学论文，均属专门性学问，发表后引起相关学者的重视。

洪诚先生逝世后，他的著述汇集为《洪诚文集》一书，内含《训诂学》《雠涌庐论文集》《中国历代语言文字学文选》三个部分。《中国历代语言文字学文选》精选历代文献中著名思想家、教育家、名学家、语言学家关于语言和语言研究理论方面的论述，并附简要精到的注释和说明，读者从中可以直接体会中国古代语言学的发展和研究状况，了解古代语言学研究的内涵、见解和方法，还可领悟选注者的学术视野和学术思想。

（本文据《中国现代语言学家传略》"洪诚传略"相关内容删补修订而成）

管雄先生

◎ 张伯伟

管雄先生,别号绕溪、微生。1910年11月生于浙江省温州市永嘉县大茶山。祖父环炳,字温如,为前清监生。父篝,字承俊,以务农为生。母管张氏,永嘉县永强镇白楼下村人。二叔笙,字乐山,浙江省第十中学毕业。故其家族属江南乡间耕读之家。

1916年,先生刚满7岁,即发蒙读书,塾师为前清一落第书生,所读亦无非《百家姓》《千字文》《千家诗》等。8岁,上永嘉县膺符镇第十三国民小学校,虽是新式招牌,其实不过由私塾改换而来,读书以《幼学琼林》《四书》为主,外加几本国民小学教科书和算术之类。受祖父影响,读《三国演义》《水浒传》等通俗小说,也看《金刚经》等佛教原典。1919年,五四运动爆发,波及江南偏僻乡村。时为中学生之堂叔带一批同学回乡宣传打倒卖国贼,抵制日货,使先生对日本产生了最初印象,滋生抗日思想。12岁,与年长一龄的三叔管箫(字圣泽)同上永嘉县第三高等小学校。其初校长是李骧,后为夏承焘(字瞿禅)、王学羲。二叔亦教员之一。科目有国文、英文、算术、历史、地理、自然、手工、唱歌、图画、体操、修身等,已完全是新式教育。国文教科书也选韩、柳古文,英文则用商务印书馆周越然编《英语模范读本》。1924年小学毕业,距离中考还有半年,跟随二叔仍住梧埏镇,自修英文、算术,国文教员是王起(字季思)。暑假与三叔同时考入浙江省第十中学初中部,校长金嵘轩(字荣征)是日本留学生,律己甚严,道德高尚,绝无洋习气。当时内战频仍,教育经费缺乏,金校长变卖祖遗田产来维持学校教学,使弦歌不绝。同学中有后来成为考古学家的夏鼐和历史学家王栻。1927年初中毕业,八月考入温州中学高中部文科,科目有中国文学史、文学概论、国故概要等。英文有文选和翻译,课本直接从英国买来,即狄更斯《双城记》(*A Tale of Two Cities*)。文科教师初为王耘庄,后为朱芳圃,皆清华大学国学研究院毕业,乃王国维、梁启超门人。国文老师则毕业于武昌高等师范,是黄侃(字季刚)先生弟子,他极力鼓励学生毕业后考中央大学跟黄先生学习。1929年秋,年满20岁,遵父命与夏畹兰结褵于温州。正值灾荒,婚礼从简,采用西洋式的"文明结婚"。当时家境日益困难,无力交纳膳宿费,夫人拔钗变卖,供先生继续上学。

1930年暑假高中毕业,与同学数人到南京考大学,惟先生一人被中央大学中国文学系录取。当时中大中文系名师汇聚,系主任汪东(字旭初),教授有黄侃,教小学、音韵学,吴梅(字瞿安)教词曲,胡光炜(字小石)教文学史,汪国垣(字辟疆)教目录学和唐人小说,王瀣(字伯沆)教杜诗,王易(字晓湘)教乐府选读。讲师有陈延杰(字仲子)、徐震(字哲东),助教是殷孟伦(字石臞)等。先生尤其钦佩黄季刚先生之学,课堂听讲外,还与少数人课后私下问学,在文字、训诂和《汉书》研究方面,深得黄先生之传,亦深得黄先生之赏。其读书之所,由黄先生篆额四字曰"泉山精舍",又书联赐赠曰:"盖世功名棋一局,藏山文字纸千张。"在学术上寄予厚望。同班同学有沈祖棻(字子苾)、陈瀛(字行素)、钱玄(字小云)等,1934年夏毕业于中央大学中国文学系。毕业后,历任江苏省江宁中学(1934—1937)、福建省福州高级中学(1938—1939)国文教员,又任福建省教育所国文科视导员,后转任福建省立中等学校师资养成所国文科教员(1940—1941),讲授"历代诗选"和"文字学",科内同事有施蛰存。1941年暑假,经刘天予介绍,转至长汀国立厦门大学中文系任讲师,从此讲学上庠,终其一生。当时萨本栋任校长,刘天予代理文学院院长,余寒为系主任,同事中有施蛰存、戴锡梓、林庚、黄典诚等。先生主讲"大一国文",自选作品,从唐宋八大家到章太炎、黄季刚文章皆入教材。1942年暑假,得重庆中央大学师范学院国文系主任伍俶(字叔傥)电报,聘先生为讲师。虽然当时已接厦大续聘,但中大是其母校,重庆又是战时首都,遂决然辞厦大赴中大。中大位于重庆柏溪,朱东润、罗根泽(字雨亭)已在校,新到教师有吴组缃、王仲荦、蒋礼鸿、王达津等,后来者又有杨晦、吴世昌。伍俶先生是黄季刚先生早年在北京大学的学生,喜好六朝文学,钦慕名士作风,与先生是同乡,曾指导其大学毕业论文《洛阳伽蓝记疏证》,故关系较密。先生在中大,先后讲授"大一国文"、"《汉书》研究"等课,希望自己能够继承黄季刚先生之学,成为"《汉书》学"专家。讲授之暇,埋头整理《洛阳伽蓝记疏证》,历一年而稿成,约得三十五万字。1943 年经文学院长沈尹默鉴定,由校务委员会通过,晋升为副教授。抗战胜利后,随校复员至南京,继续任中央大学副教授,住文昌桥教职员宿舍南舍。不久,物价飞涨,入不敷出,除在中大任教外,又去建国法商学院和东方中学兼课,以勉强维持全家生活。1949 年 4 月,南京城国共易帜,先生参与接收工作。学校筹备成立教育工会,推举先生筹备文学院中文系工会,又加入南京市文学艺术联合会。1952 年院系调整后,先生分配至南京大学中文系,由文昌桥迁至小粉桥宿舍(原金陵大学校舍),开设"现代文学作品选"、"写作实习"、"中国文学史"等课程。1958 年 7 月,奉南京大学党委之命,赴南昌支援江西大学建校工作,历任文学系副主任、中文系主任、江西大学校务委员会常委、中国作家协会江西分会常务理事、江西文艺学会副主任、江西省人民代表大会代表等,讲授"现代文选"、"中国文学批评史"、"中国文学史"等课程。1965 年后辗转江西各地,任井冈山大学中文系副教授、江西大学瑞金分校中文系副教授兼系主任、江西大学中文系副教授等职。1966 年"文革"爆发,先生备受批判体罚,书籍、讲义、手稿皆毁于一旦,还被迫自我污名,将自己以往之授课著述评为"错误百出,毒草丛生,对党和人民犯下了弥天大罪"(见1969 年 2 月 28 日所写《自传》),夸张中略含反讽。此后腕痹踝痛,病魔缠身,终至身心俱疲。1976 年底,应母校之请重返南京大学,得与家人团聚。其初任外国留学生进修班教师,1978 年受聘为中国古代文学专业硕士生导师,为 77 级本科生讲授"中国古代诗歌理论史略"课,培养硕士研究生四名,即王长发(南京大学海外教育学院教授,已退休)、钱南秀(美国 Rice 大学东亚系教授)、张伯伟(南京大学文学院教授)、左健(原南京大学出版社社长兼总编辑)。1983 年经教育部批准,晋升教授。1987 年退休。1998 年 5 月 15 日,因脑梗死在南京去世,享年 89 岁。其著述生前出版者仅《隋唐诗歌史论》一种,时逾 80 之龄。《魏晋南北朝文学史论》之印出,则在辞世两周之后。其余手稿及散见各报刊文章,皆未能汇印行世。夫人夏畹兰,一生相夫教子,其性仁爱笃厚,恭俭温良,2006 年 6 月 29 日去世,得寿 93。育四男一女,长子嗣旭,西安西电职工医院副主任医师;次子嗣旦,南京市地产中心副处长、高级农艺师;三子嗣杲,南京市江宁区供销合作总社纪委副书记、经济师;四子嗣昆,南京大学文学院图书馆馆员;女辛夷,南京市第二十二中学教师。

先生在少年、青年时代，本为一慷慨悲歌、放旷率性之士。读小学时，曾带头捣毁附近泥塑菩萨像。初中毕业，曾有投考黄埔军校之愿。上海"五卅"惨案发生，参加抗议游行。高中时，因公开反对校长周祜强调党化教育、以孙中山文章为国文课标准教材而险被开除，后由文科主任卢斐然先生担保，以留校察看处分而终。1928 年济南"五三"惨案发生，先生时为校学生会主席，起草《告温州民众书》。1931 年，政府委派中央政治学校教育长段锡朋出任中央大学校长，此人为不学无术之党棍，上任之日，同学群情激愤，冲进校长办公室将他拉出，先生上前将段氏推下阶梯，使之未敢再踏进中央大学一步，后以罗家伦临长中央大学而了之。大学毕业典礼时，汪精卫到中大演讲说："前期革命是我们负了责任，后期革命，要你们负了。"先生联想早年所读汪氏诗，"慷慨歌燕市，从容作楚囚。引刀成一快，不负少年头"（《被逮口占》之三），热血沸腾。但其后汪氏投附日本，先生又深鄙其为人。先生善吟咏，二十四岁之前所作，曾编为《泉山诗稿附词钞》一卷，由其叔父代为付印。任教江宁县中时为作校歌，新校舍落成，又撰联为贺："何年得广厦千万间，听寒士书声，秋人颜笑；今日与吾党二三子，看迎门山色，横槛晴岚。"1937 年在芜湖火车站偶遇旧日学生贺传教，其时投笔从戎，即将奔赴抗日前线，先生为作《贺生行》以壮之："江水滔滔风萧萧，男儿生当报国仇。"任福州高级中学教员时，又作福中校歌："百千健儿齐起勤勇复公忠，振起中华民族万祀永无穷。"直至今日每周一升旗仪式上，还与国歌先后播放。然而自 20 世纪 60 年代后，先生逐渐沉默寡言。拙作《绕溪师的"藏"与"默"》所述即先生晚年特点，但并非其夙性如此。

又先生青壮年时代亦劬学之士，除致力于《洛阳伽蓝记》疏证工作外，还有大量其他著述。如 1940 年 9 月 28 日始编《文字学草稿》，作为福建师资养成所授课讲义；1942 年 4 月撰《补释大》、《世说新语用当时方言钞》；《复华室日札》，起于 1942 年 7 月 22 日，终于 1945 年 9 月 6 日，遍涉四部，虽为传统读书札记体，但"复华"者，恢复中华文脉之谓也，亦寄寓其爱国情感；1942 年 12 月 14 日起撰《离骚零拾及其它》，除考证《离骚》字义外，还有《楚辞书目》、《汉以后为楚辞之学者》、《西汉为楚辞之学者》、《钱坫异语楚方言钞》等；1948 年 8 月 19 日撰《汉简与汉书互证》。有些显然步趋黄季刚先生，如《〈史通〉论〈史记〉语抄撮》（载《浙江省立图书馆馆刊》1935 年），开篇即云："蕲春黄先生有《〈史通〉论〈汉书〉语抄撮》一卷,今依其例,裁制斯篇。"又有记录黄先生口说之《训诂略论一》(未刊)、《训诂略论二》(即《黄季刚先生论小学十书》,1940)、《略论〈汉书〉纲领》(1942)。又有《论黄季刚先生的诗》(1935)、《唐以前诸家〈汉书〉注考》(1944)、《〈汉书〉古字论例》(1947),《"转语"理论与〈广雅疏证〉》(撰年不详)。以上所记,只是劫后所存一鳞半爪,但其中显露先生之治学眼光和范围,仍然令人钦佩。又先生早年为文,极有锐气,《读章炳麟〈救学弊论〉》写于1934年,以一大四学生问难文坛耆宿。开篇云:"章氏此论,滔滔数千言,于近世学术之衰,学风之陋,思有以振捄之也。章氏负当世能文名,其言论足以震古今,其行止足以集人伦,斯论之出,景响尤巨。今本盍各之义,略抒所怀,以当商榷焉。"以下论章氏文"三失",字字雄辩,结语更是感慨遥深:"呜呼!刘石乱华,清谈流祸;赵宋垂危,党争未已。今关东沦丧,疮痍未抚,诸学士终日嚣呶,不务实学。长此以往,深恐神州遭陆沉之痛,诸夏有偕亡之哀。昔王衍将死,云:'吾曹向若不祖尚虚浮,戮力以匡王室,犹可不至今日。'因读章氏之文,且有感乎夷甫之言,书之如此云尔。"又大学时代撰书评《错误百出之〈人境庐诗草〉的重印本》,对高崇信、尤炳圻点校之《人境庐诗草》直斥其误,不假辞色,并兼及古直(号层冰)。古直为前辈学者,特撰《与管雄论〈人境庐诗草〉重印本诠释之正误》,颇为肯定。可见先生不仅劬学不倦,且勇于发表。

惟至60年代后,先生手稿多化为丙丁,心灰意冷,不求闻达,而内心实又不甘。友人言及于此,莫不感慨叹息。如蒋礼鸿(字云从)《自传》特别提及在重庆"和中大的同事——现在北京大学的吴组缃、上海师范学院的魏建猷、山东大学的王仲荦、南京大学的管雄一同在嘉陵江畔的柏溪这个山谷里相得甚欢。……由于管雄的鼓励,写了一部校释《商君书》的书,得到第三等奖,凭此升任为中央大学讲师"(载《蒋礼鸿集》)。王仲荦《谈谈我的治学经过》说:"我的老友管雄,他早年也写了很多著作,后来从南京大学调往江西大学任中文系主任,'文化大革命'开始,红卫兵把他的著作一火烧了,后来他回到南京大学,人家说他没有著作,其实当年在柏溪,他的著作稿子比我和蒋礼鸿都多。只是我们保存了下来,他却都丢失,火烧咸阳,三月不灭。唉!人真是有幸有不幸。"(载《文史哲》1984年第3期)就某种意义而言,先生真不幸,存世著作太少,当了40年副教授。升上教授,已年逾古稀,不能担任博士生导师。晚年平淡冲和的先生对我说过这样一句感情激烈之语:"我只恨自己无能,不可以把你培养成博士。"究竟谁为为之?孰令致之?

张月超先生

◎ 杨正润

张月超先生，原名景璐，1911年出生于江苏省灌云县。出生数月后父亲去世，在寡母抚养下长大，19岁时母亲去世。先生幼年即以聪慧好学名闻乡里，在家乡读完小学和初级师范，进入东海县东海中学高中部，1929年高二时考入南京中央大学外文系，改名张月超。主修英国语言文学，师从楼光来、宗白华、郭斌龢、范存忠诸先生。

1932年是德国诗人歌德逝世一百周年，中国学术界同世界许多国家一样，掀起纪念这位文化巨人的热潮，月超先生也从这里开始了他最早的学术活动。他发表了《爱默生与歌德》(《文艺丛刊》1卷1期)一文，把歌德同美国作家爱默生进行比较，这是中国最早的比较文学论文之一；他翻译了歌德与爱克曼对话录中的部分章节，以《歌德的谈话》为题刊出(《中国文学》1卷2期)；他对宗白华等人的论文集《歌德之认识》发表了书评(《图书评论》1卷8期)；他出版了专著《歌德评传》(神州国光社)，分12章评述歌德的生活和创作道路，由宗白华作序。一位23岁的青年学者出版了中国第一部关于歌德的评传，也是中国第一部关于外国作家的专著，这引起学术界的注意。

1933年月超先生从中央大学毕业，因学业优异，经中央大学数位教授力荐，进入国立编译馆，任编译之职。

1937年抗日战争爆发，先生被迫丢弃刚刚开始的事业，离开南京全家西撤。1939年国立蓝田师范学院成立，这是中国第一所国立师范，在烽火之中吸引四方才俊,成为一所师资力量强大的战时学府。先生应聘前往蓝田师院英文系任副教授,其时英文系主任为钱钟书。

在蓝田师院工作一段时间后,先生前往陪都重庆,任职于国民政府。1945年任国民政府资源委员会秘书科科长,后任行政院简任秘书。1949年4月,担任国共和谈国民党代表团成员邵力子先生秘书。和谈失败后先生脱离代表团去香港,为创刊于1938年的著名时政刊物《国际文摘》月刊聘为主编兼做翻译。

因对国内形势满怀希望,月超先生1952年辞去《国际文摘》编务,率领全家从香港回到内地,次年为武汉大学所聘,任外语系副教授。1955年"肃反"运动开始,先生因在国民政府任职的经历成为严重历史问题,受到审查。

先生的身心受到摧残,但他顶着沉重的压力,在教学之余,潜心学术研究,主要成果是1957年出版的《西欧经典作家与作品》(长江文艺出版社)一书。此书分篇论析了荷马、但丁、莎士比亚、歌德等最重要的欧洲作家及其作品,把文本的赏析同理论的探究结合起来,引用了丰富的文献资料,文笔也流畅生动。此书问世以后得到读者的热烈欢迎而流传全国,在各大学中文系和外文系师生中产生很大影响,成为外国文学教学中最重要的参考资料之一。

1957年的"反右运动"开始,月超先生在劫难逃,虽无出格言论,但受历史问题牵连,还是被戴上"右派"兼"历史反革命"的帽子,被发配劳教三年,开矿采石。1961年8月解除劳教返回武汉大学,任外文系资料员。后因外语教师缺乏,恢复教学资格,改教语言。

1966年"文化大革命"爆发后,月超先生在武汉大学第一批被关入"牛棚"。1968起发往农场劳动,放牛养猪。后来因"表现较好",1973年7月被摘去右派分子帽子。1975年12月被指令从武汉大学退休。

1976年"文化大革命"结束,次年恢复高考制度,高等教育逐步走上正轨。南京大学匡亚明校长复职后,为加强教学科研力量,从各地礼聘人才,月超先生有幸为匡校长所识,1979年应邀以退休居民身份重返母校南京大学,随即晋升为教授。

不久,有关方面对月超先生的历史问题重新进行了审查。1949年先生脱离国民党和谈代表团前往香港时,曾受中共代表团团长周恩来委托带一封亲笔信给当时在香港的资源委员会委员长钱昌照,钱昌照因此回到北京参加"中国人民政治协商会议"成立大会。事实澄清,先生的香港之行得到新的评价,被认为

"对革命有功",先生也被定为"起义人员",1980年由南京部队司令部授予证书,从此获得了相应的政治和生活待遇。

来南大以后的十年,月超先生在中文系任教,学术上重新恢复青春。1979年他同赵瑞蕻先生联合招收世界文学专业硕士研究生,后经国务院学术委员会1981年正式批准成为全国第一批"世界文学"专业硕士点。在两位先生建立的基础上,1997年南京大学继北京大学之后,建立了"比较文学与世界文学"博士点。两位先生是南京大学"比较文学与世界文学"学科的奠基者。

1980年,月超先生对《西欧经典作家与作品》进行修订,增补了普希金、果戈理等五篇俄国作家的评传,改名为《欧洲文学论集》出版(江苏人民出版社)。他还发表了《歌德的浮士德:一个解释》、《三百余年来莎士比亚评论评述》等有影响的论文。

1985年,由月超先生领衔,代表南京大学邀请北京大学、中国人民大学、南开大学、复旦大学等十所中国著名大学的同行,发起成立"中国高等学校外国文学教学研究会",同年6月研究会在南京举行成立大会,160多位来自全国各地的代表参加了这次学术界的盛会,月超先生当选为副会长。大会以"外国文学研究中的新发展"为主题,进行了五天的学术讨论。大会的论文选集《外国文学研究中的新发展》由先生主编,1986年由南京大学出版社出版。研究会后改名为"中国高等教育学会外国文学专业委员会",至今仍是外国文学界一支活跃的学术力量。

月超先生在南京大学除研究生课程外,还开设"西方文论"本科课程,他把美国文学批评家佛朗·霍尔所著《西方文学批评简史》翻译出来,以应教学之需,1987年由南京大学出版社出版。

先生以外国文学为专业,但也有深厚的中国古典文学修养,他的著作,从上世纪30年代到80年代,都有将欧美作家同中国作家进行比较的内容,他是中国比较文学最早的开创者之一。先生也是一位良师,他在国内外的弟子和再传弟子,有不少成为世界文学或比较文学领域有成就的学者。

1989年4月3日,张月超先生在南京不幸去世。

程千帆先生

◎ 莫砺锋

程千帆先生原籍湖南宁乡。1913年9月21日出生于长沙清福巷本宅。当时的程家相当清贫,却是一个富有文学传统的诗书之家。程先生耳濡目染,自幼便能吟咏。更重要的是,程先生在十多岁时曾在其伯父君硕先生所办的私塾"有恒斋"里研读了许多经典著作,这是他日后在文史研究中如鱼得水的重要原因。1932年,程先生考入金陵大学,在"东南学术"的熏陶下,程先生真正做到了转益多师、博采众长,积累了深厚的学养。

1936年,程先生自金大毕业,回母校金陵中学任教一年。次年,抗日战争爆发,他避难至安徽屯溪,在安徽中学任教。此后辗转于长沙、武汉、重庆、康定等地。1940年重归教育界,在四川乐山技艺专科学校任国文教员。一年以后,又先后任教于在乐山的武汉大学、在成都的金陵大学、四川大学和四川省立成都中学。1945年抗战胜利后,才回到武汉大学任副教授,1947年升任教授,后又任中文系系主任。1957年,程先生被打成"右派",他的学术生涯中突然出现了长达18年的断层。

程先生被打成"右派"以后,受到了残酷的迫害。他被剥夺了工作的权利,他的生活也发生了极大的变化,他被发配到远离武汉的沙洋农场,种地、养牛、养鸡……然而，程先生没有丧失对人生的信念，没有放弃对真理的追求。当时的沙洋农场图书室里有一套晋隋八史。程先生如获至宝，他白天劳动、挨斗，晚上就细细地阅读这套书。程先生虽然没有能在流放生活中实现发愤著书的实绩，但毕竟没有中断对学术的思考，从而为日后重创学术辉煌作了切实的准备。1978年夏天，山东大学的殷孟伦教授、南京师范大学的徐复教授和南京大学的洪诚教授联名向南京大学校长匡亚明推荐程先生。匡校长立即决定聘请程先生到南京大学来任教，并派人到武汉去接洽。1978年8月，程先生来到南京大学，就任中文系教授。此时他已经66岁了，程先生决心要把被耽误的光阴夺回来，他带着满腔的热情开始了工作。程先生为自己制订了两个计划：一是对自己几十年的学术思考进行总结，写成著作贡献给学术界。二是抓紧时间培养学生，努力弥补十年动乱造成的人才断层。经过十多年的奋斗，程先生终于在两个方面都取得了卓异的成绩，他的人生中出现了奇迹般的晚年辉煌。

程先生把培养学生放在工作的第一位，在他看来，弥补"文革"所造成的损失，让光辉灿烂的中华文化后继有人，这是重中之重、急中之急。于是，程先生重新走上了母校的讲坛。他不顾年老体弱，亲自为本科生上大课。几个学期之后，程先生的健康情况不允许他再上大课了，他转而以培养研究生为主要的教学任务。1979年，程先生开始招收古代文学专业的研究生。程先生培养研究生有一套完整、周密的计划，而且形成了独特的教学风格。首先，程先生注意督促学生打好基础，这个基础不仅仅指本学科的基本知识，而且包括外语、艺术鉴赏等相关方面的学养。程先生还亲自设计了课程规划：有两门课是他亲自讲授的，一门是校雠学，另一门是杜诗。校雠学向来被视作学问之入门，程先生讲这门课时，主要着眼于让同学们了解如何利用古代的目录学著作，到如何选择好的版本，以及如何校正文字、去伪存真，乃至如何自己动手编写目录。程先生另一门亲自开讲的课程是杜诗。学生在这门课上学到的不仅仅是有关杜诗的知识，而且还有如何进行古典诗歌的研究的方法。这门课的教学成果的展示就是《被开拓的诗世界》这部师生合作的杜诗论文集。程先生为学生设计的课程不只是上述两门，而是因材施教、精心布置的全面训练。他坚持主张研究生在写作学位论文之前一定要用一年或一年半的时间来认真阅读经典著作。经过严格的典籍研读之后，研究生才进入论文写作阶段。在指导研究生撰写学位论文上，程先生付出了更多的心血。首先，他要求学生认真选题，而且鼓励他们选取难度较大、学术价值较高的题目。在程先生看来，写论文是一次最好的锻炼，千万不可避重就轻、只求通过答辩。其次，程先生对于学位论文的撰写有严格的规范要求。从小处说，他要求学生一定要保证材料的可靠性，要求他们绝对不能剽袭成说。从大处说，他要求学生要具有问题意识，要能提出问题，解决问题，并勇于创新。他指导的9篇硕士论文和10篇博士论文，大多已经公开出版，它们在操作上都是符合规范的，在学术上都体现出开拓精神和严谨学风。显然，这种学术品格，正是程先生倾其心血所陶铸而成的，这是程先生一生教学工作的结晶。

在程先生重新踏上大学讲坛的同时，他也抓紧时机重新开始学术研究。程先生凭记忆把自己多年积累在心中的学术思考重新整理、加工，并以此为起点开始新的研究。他日以继夜，发愤著书。在短短的十来年间，程先生推出了二十多部著作，以高度的学术造诣使学术界为之震惊。程先生认为学术研究的目的是提出问题并解决问题，他所作的研究都带有实证的性质，从来不发凿空高论。正因如此，程先生成果的精华是单篇学术论文。程先生进行学术研究的最初目的虽是解决某个具体的问题，但是其结论却总是包含着重要的宏观意义。他认为从事古代文史的研究，一定要有通识。他主张研究文学史一定要着眼于通史，而不宜自我封闭于某一个阶段。他还主张研究者应注意各种文体及其关系，而不宜局限于某一种样式。他还主张古代文学批评和古代文学这两类研究之间不应存在鸿沟，不应视之为两个各不相关的学科。程先生研究的对象虽然往往是具体的作家、作品或文学现象，但他不是孤立地、静止地去考察这些对象，而是把它们置于广阔的背景中，从历时性和共时性两个维度进行比较、定位，然后得出结论来。程先生的论文虽然都以解决具体问题为最初目的，但它们的价值却远远地溢出于此。被收入《古诗考索》、《被开拓的诗世界》等书中的论文，几乎每篇都具有方法论的启迪意义。

程先生的学术研究领域相当宽广，除了古典诗学、古代文学批评之外，他还在文学史、史学、校雠学等领域中取得了丰硕的成果，他的《两宋文学史》（与吴新雷教授合作）、《程氏汉语文学通史》（与程章灿博士合作）、《史通笺记》、《校雠广义》（与徐有富教授合作）等著作均是体大思精的杰构。程先生虽然一直在从事高水准的学术研究，但他对于古典文献的整理工作以及古典文学的普及工作都很热心，并作出了很大的贡献。首先，程先生积极参加古籍整理工作。他曾参加国家古籍整理出版规划小组的工作,为筹划全国的古籍整理工作献计献策,并亲自承担了《全清词》的主编。直到八十高龄时,他还以老当益壮的精神参加了《中华大典》的编纂工作,并担任其中的《文学典》的主编,他精心策划选题,精心挑选合格的编纂人员。其次,程先生积极从事古代文学的普及工作。他编著的《古诗今选》《宋诗精选》都是优秀的普及读物,以很高的学术水准和鲜明的学术个性而区别于一般诗选。他与孙望等先生合编的《日本汉诗选评》不但有助于我国的读者了解日本汉诗,也大为彼邦人士所重。程先生还主编了专供外国学生所用的《中国古代文学英华》,使古典文学的光辉照及海外。

程先生不是一位只知埋首于故纸堆中两耳不闻窗外事的学究,他对当代的文学创作极为留意,对家事国事天下事都很关心。他既有淑世情怀,也有疾恶刚肠。程先生热爱生活,他以一颗赤子之心去拥抱世间一切美好的事物,他把自己对生活的感受和思考写入了他的诗歌,从少年时代的新诗,到中年以后的旧体诗词,都忠实地记录着他的悲欢离合,也忠实地反映着他所遭遇的那个风雨飘摇的时代。由于遭遇秦火,他的诗作只保存下来一册薄薄的《闲堂诗存》,以及几十首新诗。阅读他的新、旧诗作,可以感受到一个在艺术上不断地探索的诗人所经历的"少而锐,壮而肆,老而严"的过程,也可以感受到六十年风雨人生的心路历程。

2000年5月,程先生抱病参加了《中华大典文学典》的样稿讨论会。几天后突发脑梗死被送进医院抢救,从此昏迷不醒。6月1日,程先生从昏迷中突然醒来,说:"我对不起老师,我对不起黄先生!"原来他一直牵挂着黄季刚先生日记的出版,这是他在弥留之际最放不下的事情。当时15卷本的《程千帆全集》即将由河北教育出版社出版,程先生在人生的最后瞬间不问他本人全集的事,却念念不忘其先师的书,说明尊师重道的观念已渗透到其本能之中。6月3日,程先生逝世。程先生在人生的最后二十年里以老骥伏枥的精神发愤努力,终于取得了余霞满天的晚年辉煌,但毕竟受到年龄和精力的限制,他的人生成就未能达到本来应有的高度。"千古文章未尽才",皇皇15卷的《程千帆全集》是二十世纪一位历经坎坷的学者未尽其才的学术记录,是一部忧患之书。

赵瑞蕻先生

◎ 唐建清

从山水之恋到诗之恋

赵瑞蕻先生(1915—1999)是南京大学中文系(现文学院)教授,也是诗人(刊有诗集《梅雨谭的新绿》、《诗的随想录》)、翻译家(《红与黑》的第一个中文译者)和国内著名的比较文学学者。

赵先生的家乡是浙江温州,那儿名山佳水、胜迹处处,是江南著名的鱼米之乡。赵先生从小喜欢游山玩水,留恋于自然美景,美好的风物滋润着他稚嫩的心灵。而从"山水之恋到诗之恋",他不仅享受着大自然所赐予的乐趣和美感,也自幼在文学世界中获得丰沛的诗的营养。赵先生上初中时开始写诗,大学时代享有"young poet"的美名,直到耄耋之年还在《香港文学》上陆续发表"八行新诗"150余首。在这条流光溢彩的诗的旅途中,赵先生最钟情中外浪漫主义诗歌,尤其是那些描绘大自然,刻画山水美景,抒写花卉鸟雀的作品。赵先生读大学时就尝试翻译诗歌,以后几十年间,在动荡的生活和繁重的教学之余,他翻译了英国浪漫派和法国象征派许多诗人的作品。对中外浪漫主义诗歌的喜爱,使他自觉地从比较文学的角度将不同国度的诗人放在一起歌吟,生发诗意的遐想。"最憎恨黑暗的是最光明的歌!"是赵先生晚年最喜爱的诗句,觉得可以用来概括古今中外那些杰出诗人、作家创作中最基本的精神实质,也是他自己的心声真诚的吐露。

赵先生中学时读英文,上西南联大时又学了法文和德文,后来还自学了意大利文和西班牙文。赵先生晚年重译《红与黑》时,常常将多种不同语言的《红与黑》译本进行参照,以求为中国读者提供一个准确优美的中译本,可惜因病遽然去世而未能如愿。赵先生晚年回想他对比较文学产生浓厚兴趣,爱好这门学科并取得一些成绩时,说这是与他从中文和外语方面打下了一定的基础分不开的,是跟他从小喜欢文学,尤其是诗歌,爱好新文学和外国文学分不开的。从中学到大学,从学生到教授,赵先生学习和工作的一个基本点就是中外文学。他晚年一再说要感谢温州中学的王季思等几位中英文老师,"是他们最先引导我走上了中外文学探索的道路,为我开启了后来我所从事的文学创作和学术研究,以及介绍翻译西方文学的最初的大门"。赵先生还在《我与比较文学》一文中说,"从中外文学的学习和研究发展到比较文学,发展到中西比较文学的学习和研究,是最自然不过的事了。"

诗歌与浪漫主义

赵先生在西南联大三年(1937—1940),有幸听过中文系和外文系钱穆、闻一多、朱自清、沈从文、钱钟书、吴宓、叶公超、燕卜荪、柳无忌、吴达元、陈铨、冯至等著名教授学者的课。三年期间,还先后与杨周翰、李赋宁、王佐良、穆旦、周珏良、许国璋等是同学或好友。在西南联大诸多名师中,对他影响最深远,他感念最真切的是吴宓和钱锺书两位教授,他一生以学生之礼相待,一再撰文缅怀西南联大时浓厚的师生情谊。

他回忆吴宓先生讲课有个特点,就是把西方文学的发展同中国古典文学作些恰当的比较,或者告诉我们某个外国作家的创作活动时期相当于中国某个作家,例如但丁和王实甫、马致远,莎士比亚和汤显祖,等等。吴宓先生讲课时会把中外诗人作家和主要作品的年代工整地写在黑板上,一目了然。这方法赵先生后来在南京大学中文系讲授外国文学史时也用上了,很引起同学们的兴趣,收到较好的教学效果。

1987年,赵先生在香港发表的八行诗《怀念吴宓师》中,颂扬吴宓"这位中西比较文学的先驱",后在1997年的纪念性长文《我是吴宓教授,给我开灯!》中再次指出，吴宓先生是我国现代外国文学界的老前辈，是我国比较文学的奠基人之一。吴宓先生1921年从美国哈佛大学比较文学系深造归来，就先到东南大学（即南京大学的前身）外文系任教授兼系主任，讲授"英国文学史"、"英诗选读"等课，其中有一门专为中文系四年级所开的选修课"修辞原理"。吴宓先生后来在《自编年谱》中指出，开"修辞原理"课，"其目的，乃使研究中国文学之学生略知西人之说，以作他山之勒"。1926年，吴宓先生在清华大学还特别开设"中西诗之比较"课程，这是我国第一个比较文学讲座。赵先生认为，吴宓先生一生为培养我国外国文学教学和研究方面的人才竭尽心力，海内外一大批已故或健在的研究外国语言文学很有成就的学者教授，以及在创作和翻译方面做出卓越贡献的作家、诗人都是他的学生，或者是他学生的学生。

赵先生特别钦佩钱锺书先生在中西比较文学研究和国际文化交流事业中做出的巨大贡献。他认为钱先生在比较文学、中西文学比较研究方面的造诣和贡献是很大的。钱先生早年在牛津读书时写的学位论文就是《16、17、18世纪英国文学中的中国》，这开始了他以后长期努力开拓的文论、文评、比较文学、"古今相沿，中外互通"的诗心和文心的探索之路。虽然钱先生自己曾说过，中国古典文学研究是他的专业，比较文学只是余兴，但赵先生认为，钱锺书先生早已从比较文学的角度和方法来探索中国古代典籍了。

赵先生以后在自己的教学和研究生涯中，多以吴宓先生和钱锺书先生及其他西南联大先贤的治学之道为榜样，追求"古今相沿、中外互通"的诗心和文心，而且创作与学术并举，尤其是在"诗歌与浪漫主义"比较研究方面取得了优异成绩。

中外诗歌多彩交辉的旅程

赵先生1940年从西南联大毕业后，在中学教了两年书，1942年经柳无忌先生推荐，到范存忠先生领衔的中央大学外语系执教，新中国成立后在南京大学工作，此后一直到80年代末退休，在高校从事教学和研究工作近五十年，这中间除去从反右到"文革"那段不堪回首的时期，赵先生在教学和学术上所走过的是一条"中外诗歌多彩交辉的旅程"。

1953—1957年赵先生由教育部委派去德国莱比锡大学东亚系任客座教授，讲授中国现代文学和鲁迅研究。"文革"后的1978年，赵先生参加中国社科院外国文学研究所在广州举行的"全国外国文学研究工作规划会议"。这是新中国历史上外国文学会议规模最大的一次,而且是在"十年浩劫"后召开,赵先生同许多老前辈和中年同行劫后余生相聚在一起。他后来总结说,这次会议对他很有帮助,深刻影响了他后来二十年的学术研究工作。这次会议上成立了中国外国文学学会,赵先生当选为学会理事。

整个80年代,随着中国比较文学的复兴,赵先生在外国文学和比较文学教学和研究方面也进入了一个激情与成果的喷发期,一个思想和学术的"金色的晚秋"。

1983年3月,赵先生到印度参加尼赫鲁大学召开的"国际首届翻译文学会议",宣读论文"中国现代伟大的翻译理论家鲁迅及其对中印文化交流的光辉贡献"。同年6月,赵先生参加在天津由南开大学发起召开的比较文学讨论会,这是新中国成立以来第一次大规模的比较文学研讨会,赵先生作了"鲁迅与中国比较文学"的学术报告。8月还前往北京参加由中国社科院主办的首届中美双边比较文学讨论会,这次讨论会是当年中国比较文学界的一件盛事。

1984年起,赵先生连续三年前往香港参加多种学术和文化交流活动。同年还应邀参加香港中文大学授予巴金荣誉文学博士学位的盛典。1985年,赵先生出席深圳全国比较文学会议,中国比较文学学会成立,赵先生当选学会理事。1985年,江苏省比较文学学会成立,赵先生出任学会会长。

在教学和人才培养方面,赵先生在国内高校不仅较早开设比较文学课程,如"中西文学比较研究"、"诗歌与浪漫主义",而且是国内最早招收并培养比较文学方向研究生的导师之一。

赵先生重要的学术著作是《鲁迅〈摩罗诗力说〉注释、今释、解说》(1982)和《诗歌与浪漫主义》(1993)。前者获1990年全国首届比较文学图书荣誉奖。书中长达四万余字的"解说"被认为是20世纪80年代中国比较文学复兴初期一篇重要的比较文学论文。《诗歌与浪漫主义》是赵先生几十年间诗学研究论文集,收有他研究鲁迅、江西诗派、现代诗歌、西方浪漫派诗人的各式文章二十余篇。

赵先生晚年编撰,辞世后出版的《离乱弦歌忆旧游——从西南联大到金色的晚秋》(2000)多为追忆缅怀之作,也有多篇出色的比较文学论文。

最后愿以赵先生晚年所写长诗"八十放歌"中的两句作为此文的结语:

我常敞开通向浪漫境界的窗口

灿烂的云霞映入了楼头!

俞铭璜先生

◎ 汪正龙

俞铭璜先生(1916—1963),江苏如皋人,我国当代著名文艺理论家、批评家和政论家,曾用于十一、孙其业、黄成、柳华、沈达威、丘引、章断、王回英、龙青、黄同、常登山等笔名。早年就读于无锡国学专科学校。在校时,曾一度参加国民党三战区顾祝同学生军的集训。由于他写了披露国民党军训的黑暗的文章《军训的内幕》,在杜重远主编的《再生》杂志上发表,而遭国民党逮捕。出狱后,俞铭璜先生就读于南通中学。1934 年,他牵头组成跨南通、如皋、东台的抗日青年文艺团体"春泥社",并任社长兼《春泥》副刊主编。1935 年开始研究马列主义理论,领导当地的 129 运动。1937 年,抗日战争爆发,俞先生回到如皋,组织"春泥剧团",在如皋城乡演出抗日剧目,他和爱人沈絮(本名沈全达,亦是春泥社骨干)合演的《放下你的鞭子》,极大地鼓舞了如皋人民的抗日斗志。于 1937 年底与友人相约去延安。他们行至河南潢川时,适逢台儿庄大战前夕,俞铭璜等人参加了李宗仁"第五战区抗敌青年军团"的学习,期间加入中国共产党。由于中断了组织联系,俞铭璜先生于 1939 年重新加入中国共产党,并受党的派遣打入国民党江苏省保安四旅、一旅从事地下工作,后被派往泰州城内从事地下工作,担任中共泰县县委书记。1940 年后,陈毅率新四军东进,俞先生先后任苏中工委委员宣传部长、华中工委宣传部副部长,兼办《苏北论坛》。1949 年兼任中共中央为培养新闻记者而创办的华中新闻专科学校校长。全国解放后,俞先生历任中共浙江省委宣传部副部长兼中共杭州市委宣传部长、中共江苏省委常委、宣传部部长、文教部部长、华东局宣传部副部长。1963年11月病逝,被追认为革命烈士。

俞铭璜先生1957—1961年曾兼任南京大学中文系主任。在任四年对中文系教学、科研多有建树,如调入著名翻译家赵瑞蕤来中文系任教,给南京大学中文系本科生在全国高校最早开设"毛泽东文艺思想"课程,主持、编写《马克思主义文艺理论专题》、《毛泽东文艺思想纲要》等相关讲义。他讲课幽默风趣,深入浅出,深受学生们的欢迎。1961年,还受中宣部委托负责组织协调编写华东地区大学文科教材系列,对我国高校文科教材摆脱苏联模式走向本土化建构起到了很大的推动作用,其中不少教材如以群主编的《文学的基本原理》、朱东润主编的《中国古代文学作品选》等,产生了广泛的影响。

俞铭璜先生长期从事党的宣传文教工作和理论研究工作。著有《新人生观》、《共产主义人生观》、《共产主义讲话》、《两点论》等十余种理论读物,曾参与策划编辑苏中出版社1945年出版的《毛泽东选集》,这是继晋察冀日报社首次出版《毛泽东选集》之后由解放区编辑出版的第二部《毛泽东选集》。

俞铭璜先生勤奋好学,多才多艺,素有"苏中才子"之称。他涉历广泛,能把文、史、哲、政、经、社融会贯通,古为今用,洋为中用。俞先生的主要著述被搜集在《俞铭璜文集》(晓玉、鲁生编,上海人民出版社,1979)一书中,该书收入46篇杂文、政论和理论文章,以及《新人生观》、《共产主义人生观》、《共产主义世界观笔记》、《两点论》四部主要著作。俞铭璜的杂文善于把自己丰富的人生阅历糅合其中,融哲理、情趣于一体,如认为:"经,是经历;验,是体验。有过一番经历,就得到一些体验,此之谓经验。""唯物主义要人们在实践中学习,积累经验,增长才干。读书也是学习,而且是很重要、很必要的学习;但是,读书是了解别人的经验,读了书还得经过自己的实践来检证。"(第32页,《经和验》)在特定的历史时期,他还有很多超前的思考,例如,他认为语文课不同于政治课,"因为语文课提高学生的阅读和写作能力,也就是意味着提高学习的观察、理解、分析、表达的能力,使一个人能够有敏锐而准确的感觉,健康的感情,广泛的生活兴趣,饱满生动的创造性,等等。"(第39页,《论"文"与"道"》)他对于刘勰的《文心雕龙》、曹丕的《典论》等中国古代典籍也有过自己的看法和专门的研究。俞铭璜先生尤其擅长把马克思主义理论用通俗的语言进行讲解,《新人生观》就是这方面的代表作。该书包括五部分:1. 人生观是什么？2. 人为何要讲人生观？3. 各种不同的人生观。4.革命的人生观。5.人生观的革命。《新人生观》是当年解放区及国统区青年人热捧的通俗哲学读物,对千千万万解放区乃至全国各地的青年人投身革命事业产生了深远影响。

俞铭璜先生不是书斋式的学者。他始终坚持将学术研究与实际工作联系在一起,认为无论是创作还是宣传,都要切合实际;针对不同的读者或群众,有的放矢,避免夸夸其谈,旁若无人,这就形成了他注重实践性与群众性的写作风格和理论品格。

俞铭璜先生为人正派耿直,淡泊名利,敢于仗义执言,主持公道。他主管宣传文教工作期间作风民主,尊重知识,尊重人才,在胡风案件和反右运动中保护了一大批干部和知识分子。

周锺灵先生

◎ 李 开

周锺灵先生（1918—1993）逝世后，《中国语文》1994年第3期刊出的讣告冠以"语言学家、逻辑学家、南京大学中文系教授"。逻辑学与语言学虽然有关系，但毕竟是两个学科，畛域分明。能在不同学科领域内名家的，其实是不多见的。周先生的哲学、逻辑学功底，是在学生时代就奠定了的。早在1938年12月考入中央大学中文系后，一方面读古典诗文，做旧体诗，且埋头读英文，读了托尔斯泰、屠格涅夫的英文版小说；另一方面，他跑到哲学系听了宗白华（1897—1986）、方东美（1899—1977）开设的美学、西洋哲学史等课程。哲学系的课程给了他极大的兴趣，并促使他暗下决心，从此开始研究西方哲学。但不管怎样，他还是中文系的本科生呀！1942年7月大学毕业时在专治中国文学批评史的李长之指导下，写了毕业论文《谢灵运的山水诗》，被推荐给宗白华主编的《时事周报》副刊《学灯》发表。1943年8月至1946年7月，周先生考入中央大学哲学部当研究生，专治西洋哲学，和中国人民大学哲学系教授、主持翻译《亚里斯多德全集》的苗力田（1917—2000）同为学侣旧友。期间，修读了方东美讲授的柏拉图哲学，陈康讲授的亚里斯多德哲学，宗白华讲授的美学、倭伊铿（Rudolf Encken 1846—1926）哲学、叔本华哲学。令人奇怪的是，周先生研究生毕业时在他终身服膺的导师宗白华的指导下做了一篇中国哲学论文：《向（秀）郭（象）义的庄子玄学研究》。这是不是就像冯友兰所说的那样，要我搞音乐，我就选西方的交响乐，要我搞哲学，我就毫不犹豫地选中国哲学；也像有人说的，经书子书值得研究，经子的传笺、通释同样有很高的价值！又让人吊诡的是，哲学系毕业的研究生，却又走进了中文系的大门。直接的原因是，1948年8月宗白华把他的学生推荐给了时任中文系主任的胡小石先生。不久，方光焘先生接任系主任，一眼就看中了懂得西方哲学又懂得多种外语的周先生，任命他当秘书。从此，周先生走上了将哲学、逻辑学与语言学、语文学相结合的一条颇为独特的业务之路，很长一段时期内，他是方先生的得力助手。

一个最突出的例子，是方先生主持语言、言语大讨论时，面对许多亟待解决的理论问题，1964年3月南京大学人文科学学术委员会主编了《南京大学学报》总第17期，刊出了方先生审定的《语言和言语问题讨论专辑》，第一篇就是周文《评高名凯先生对于思维和思想的规定及其对于形式和内容一对范畴的运用》。方先生自己的文章《分歧的根源究竟在哪里？》放在最后为压轴。从题目上看，就知道周文是从哲学、逻辑学看问题的。文中以概念、判断、推理为思维形式，以同一律、矛盾律、排中律、充足理由律为思维规律；又从形式与内容总是密切联系，而形式又总是多层次划分来看待问题。

周先生著有逻辑学专著《韩非子的逻辑》（人民出版社1958年版），书中高屋建瓴地概括韩非子逻辑的特点：因为韩非子是法家，不是名家，故"没有系统的逻辑科学"，"这个否定性的论断就决定了韩非子逻辑的肯定的一面，作为他的逻辑的总精神和总概念来说，他的逻辑是具体的实践的逻辑。他的逻辑是运用在法家思想体系中的思维规律和思维形式"；这些思维规律和形式是怎么来的呢？那是"由于他深刻而细密地观察了历史现象和社会现象"，在表达法家思想时"就能够运用那具有根本性质的思维规律和丰富多样的思维形式"。这就明确了韩非子的逻辑是中国古代实践哲学的"实践的逻辑"。全书完全用现代逻辑学，而非用古代名学的眼光审视研究对象，引用思维规律涉及矛盾、因果、异同；引用与古代名学有关的现代逻辑"概念"时涉及形名、审名、辩类；引用现代逻辑"判断"时涉及直言判断、假言判断等；引用现代逻辑"推理"时涉及直接推理、类比推理、演绎推理、归纳推理。在逻辑与语文的结合点上，指出《韩非子》议论文的类型有解释式、演绎式、归纳式、辩难式，可谓"语言哲学"（the philosophy of language, the philosophy of linguistics）研究法。上述关及《韩非子》的丰富的思维形式和思维规则的揭橥，正如康德《纯粹理性批判》所说："普通逻辑抽掉一切知识内容，即抽掉一切知识与客体的关系，只考察知识相互关系的逻辑形式即一般思维形式。"要是抽不掉,总是受到经验知识的包围,那也"只是研究可以为这些表象找到的知性形式"。应该说,周著为如何研究中国古代专书逻辑,当然也为研究中国古代逻辑思想史树立了一个样板,周的做法是不用中国古代的名学(主要讲概念,不讲判断和推理)来研究,而用源自西方的逻各斯,东西方人都必然会共同遵循的逻辑思维规则来研究,这是难以做到的。周勋初先生在《韩非子校注》(修订本,2009)的《附录》中说到周锺灵先生于《韩非子》逻辑"研究有素,自可发挥作用","只负责全书的标点和分段,这方面的工作做得十分出色"。用句哲学的语言来说,勋初先生的话是对周锺灵师其书、其人"实践理性哲学"的"价值考量和评估"。应该说,周著不仅是迄今为止研究《韩非子》逻辑的唯一的专著,也是结合中国古代文献学习逻辑学的难得的简明教程。因《韩非子》"益人意智",哲学系研究生出身的周先生对《韩非子》情有独钟,另著有《韩非子新注》,被殷孟伦(1908—1988)评之为"极尽用心,足称佳构"。主编《韩非子索引》(合撰,中华书局,1982)。还著有《逻辑学讲义》(1962,未刊)。

周先生的专书研究学路,引领其致力于第二部专书研究:《马氏文通》的研究。著有《马氏文通研究》(1963)、《马氏文通述评》(《中国语文》1978年第4期)。在《马氏文通》问世(1898年)八十周年之际,发表周著《述评》一文,意图和意义显然。《述评》分两大块,一是《马氏文通》的语法体系,二是《文通》的历史意义。关于语法体系,讲了《文通》的字(词)类划分,《文通》的句、词(句子成分)和读,《文通》的位次。所论可谓思想敏锐,目光如炬,直取奥旨,评述允当。如说实字、虚字区分由来已久,但下定义却自《文通》始;在"词"的术语对应上准确无误,除了起词、语词、止词、表词分别即主语、谓语、宾语、表语(谓语之一种)以外,还论定司词即介词的宾语,加词即介宾结构作状语或补语,或即现代汉语同位语,转词即间接宾语和副词性宾语,等等,似迷雾廓清,义界得以澄明。至于位次,是《文通》在词类和句子成分相应关系上建立的,有主次和宾次等。顿和读的区别,顿是非主谓结构词组,读是主谓结构词组,并说"读"的阐明有重要意义,"对于分析古代汉语语法结构是有一定的实践价值的"。在论述《文通》的历史意义和学术价值时,周先生以其特有的哲学眼光指出:历史意义和价值不可分,《文通》"使汉语的语法研究脱离了经学家和古文家的束缚,进入了科学的领域",其科学价值亦在此。至于《文通》的缺点,周文从逻辑学的眼光看,入木三分,例如说"名字部分把公名分做群名和通名两类是不周延的"。

周先生对词典编纂和辞书理论也是有贡献的。他是《辞海》1999年版编纂前的"主要编写人"。又有感于《现代汉语词典》第1版(商务印书馆,1978)中的释义,撰《略论〈现代汉语词典〉的释义》(载《辞书研究》1980年第1期),指出《现汉》的释义"做到了意义准确和表达精练",但"由于不理解普通名词既是公名又是通名",而有了"多余的义项",该文在词典学界产生了积极的影响。黄景欣师1965年不幸逝世后,胡裕树(1918—2001)先生主编的《现代汉语》教材中,南京大学负责编写的第三章"词汇",改由周锺灵师接替并署名,屡获教育部大奖的1978年以后该教材的修订本、增订本、重订本,亦渗透着周先生的心血。80年代初,周先生有《老子〈道德经〉句法述要》,以句法和逻辑为表里述之,说得上是"老学"研究中的可观之文。

周先生博闻强记,知识面广,是出了名的;他忠厚、老实、善良、淡泊名利,也是出了名的。先生的子孙辈都很聪明,孙辈都是研究生毕业,都在名牌大学、大单位工作,是智力上的血脉遗传呢,还是文化传承?"忠厚持家久","积善之家必有余庆",此之谓乎!

鲍明炜先生

◎ 顾 黔

鲍明炜先生，1919年7月28日出生于山东省鄄城县。中国民主同盟盟员，中国著名语言学家。1942年考入迁至重庆的国立中央大学国文系，毕业后留校任教，历任助教、讲师、副教授、教授。曾任江苏省语言学会会长、名誉会长，南京大学语言与语言工程研究中心主任，中国语言学会、汉语方言研究会、汉语音韵学研究会会员等学术和社会职务。2007年8月7日病逝于南京。

在中央大学求学期间，鲍明炜先生师从胡小石、汪辟疆、方光焘、张世禄等学术宗师，加之先生天资聪颖，奋发努力，很快在学术界崭露头角。新中国成立初期，鲍先生前往中国社科院语言研究所跟随吕叔湘先生进修，同时在北京大学师从袁家骅教授治方言学。

鲍明炜先生在语言学多个领域卓有建树，主要致力于汉语方言学、音韵学研究，是现代和古代兼治的语言学大家。在方言及方言史研究领域，鲍先生在《中国语文》、《方言》等刊物发表《略论汉族共通语的形成和发展》、《〈类音字汇〉与盐城方言》、《六十年来南京方音向普通话靠拢情况的考察》、《苏北江淮话与北方话的分界》、《南京方言历史演变初探》、《六朝金陵吴语辨》、《江淮方言的特点》等重要论文。关于江淮方言的源头，鲍先生指出，南京地区六朝时本为吴语，而后转变为江淮方言；根据文献资料，考察近现代南京方言的衍变轨迹；通过实地方言调查，厘清了江淮方言与中原官话的分界，在学界产生重要影响。

此外，鲍先生主编了《江苏省志·方言志》，都112万字；与王均先生共同主持编写《南通方言研究》，凡84万字。这两本巨著也是鲍先生对汉语方言学的重要贡献。鲍先生是山东人，却对江苏方言倾注了大半生的心血，给我们留下了一笔宝贵的精神遗产。

在音韵学方面，鲍先生研究的重点是唐代诗文用韵。专著《唐代诗文韵部研究》，都33万字，穷尽式地分析了初唐百年来全部诗文的用韵。论文《李白诗的韵系》，是与其师张世禄先生的《杜甫诗的韵系》并称双璧的名篇。鲍先生继而对白居易、元稹等诗人的用韵加以研究，写成《白居易元稹诗的韵系》和《初唐诗文的韵系》等论文；又以余力从事平水韵和现代诗韵的研究，写成《论现代诗韵》等文章。

鲍先生治方言平面描写与历史推溯并重，与罗常培等诸大家的精神完全一致，而高出同侪甚多，这是他的学术特色之一。鲍先生学术的另一特色，即"精邃"，篇篇文章都有闪光的论点。精读《略论汉语共通语的形成和发展》，一看题目，即知是大文章。那时鲍先生年龄不算大，但充满朝气，今日读之，此文犹凛凛然有生气。此文发表于《中国语文》1955年6月号，那时，新中国成立不久，包括鲍先生在内的广大语言工作者意气风发，以昂扬的气概，关心整个民族语言的大局问题，并着力研究。从这篇文章即可见新中国成立初期鲍先生的政治热情、积极态度。关于民族共同语的性质、基础方言和历史等问题尚在讨论中，意见并不一致。鲍先生主张"汉民族共通语早已形成""是符合历史事实的"，他建议"把已经存在的通语加以分析，阐明它的特点和本质，推究它形成的过程，从而掌握它今后发展的方向，确立政策，制订计划，以促其加速发展"，这些话何等铿锵有力，何等高瞻远瞩！

鲍先生对南京大学语言学科的发展作出了奠基性的贡献。在1981年国家决定实行学位制度时，作为长期以来我国语言学研究的重镇之一，又系教育部直属全国重点高校的南京大学的语言学科，却未获得硕士学位授权点。而省内兄弟院校南京师范学院则获得现代汉语、汉语史两个硕士学位授权点，徐州师范学院获得汉语史硕士学位授权点。在如此严峻的形势下，其时语言教研室负责人之一、年过花甲的鲍先生当仁不让，带领当时的中年教学科研骨干统筹规划,集中力量申报现代汉语硕士授权点,并于 1984 年获得成功,随后于 1986 年又获得汉语史硕士学位授权点。这两个硕士点的取得,为南京大学语言学的重新振兴奠定了坚实的基础,鲍先生无疑是继往开来的关键人物。此后,语言学科在获取汉语史博士点和国家重点学科时,都得到鲍先生的热情鼓励和大力支持,其贡献已见著于南京大学语言学科的发展历史并昭然于本学科师友之心。

鲍先生退休后仍然孜孜不倦,并一如既往地关心南京大学、文学院以及语言学科的建设,多次就学科发展乃至管理方面提出宝贵意见。晚年还计划发起、主持一项巨大的语言工程,拟组织江苏各地的方言学家,从重点方言做起,分期分批出版《江苏方言研究丛书》。不幸的是先生夙愿未及遂,遽归道山。去世前他仍念念不忘《丛书》的工作。令我终身难以忘怀的是,先生患病之后,意识到将不久于人世,因吸氧不能言语交流,弥留之际,没有嘱咐家事,而是以笔、手代口,艰难地表示对《丛书》的殷殷期许。先生对语言学事业、对江苏方言研究事业至死不渝的热爱和忠诚,令人感佩。今天,鲍先生多年的夙愿终于实现了,《江苏方言研究丛书》已由中华书局出版第一批 5 部。我们谨以这套《丛书》作馨香祝祷,告慰先生在天之灵。

鲍先生为人平易谦和,对学生和后辈的关爱人所共知,始终关注和鞭策学生为人与业务的成长。除及门弟子外,对其他所有前来问学请益的年轻人,也总是有问必答,尽力指导。这种诲人不倦的精神令人尊敬。作为江苏省语言学会的创始人之一,鲍先生曾亲任会长,与徐复先生等老一辈学者言传身教,身体力行,开创了省语言学会良好的会风,形成了注重学术、团结务实、勇于创新、提携后进的优良传统。此外,鲍先生曾多次担任全国高考语文命题组组长,为高考语文命题及其改革献计献策,为国家选拔人才作出重要贡献。

鲍先生的一生是奉献的一生。他把全部的精力奉献给他热爱的学术事业,奉献给他热爱的学校,奉献给他热爱的学生。鲍先生严谨求实、勤奋执著的治学态度,孜孜不倦、循循善诱的名师风范,是今天的学者以及教育工作者的榜样。

卞孝萱先生

◎ 赵 益

卞孝萱先生，谱名敬堂，晚号冬青老人。江苏扬州人，生于1924年6月20日，卒于2009年9月5日。1948年肄业于上海立信会计专科学校，先后就职于上海远东商业银行、上海及厦门中国实业银行。1952年任北京市中国民主建国会秘书。1956年至1976年，任中国社会科学院研究人员。1976年至1981年，任扬州师范学院副教授。1981年至1984年，任北京市中国民主建国会部负责人。1985年起任南京大学中文系教授，1990年起任博士生导师。1979年至1992年，任中国民主建国会第三届至第五届中央委员会委员。逝世前并任中国唐代文学学会韩愈研究会会长，江苏省六朝史研究会名誉会长，清代扬州画派研究会名誉会长，中国历史文献研究会常务理事，中国唐史学会、中国魏晋南北朝史学会、中国唐代文学学会柳宗元研究会、安徽省桐城派研究会、湖北省吴楚文化研究会等学术团体顾问。

扬州卞氏籍属仪征，传自济阴卞氏南迁始祖晋代卞壸。瓜瓞至清，卞士云、卞宝第父子两世开府，复为海内甲族。卞先生一房乃其支裔，入民国后本已衰微有日，先生出生未及三月，父亲又不幸去世，仅靠变卖旧物及寡母帮佣收入，维持生计。卞母原不识字，为教儿成才，每天向邻人学会数字，回家再传授其子，"积余累寸，日夕不休"。分灯画荻、机声灯影的母仪新篇，得到当时海内百余名家前辈的赞咏。李宣龚赠诗曰："何尝识字始能师，教学相兼恃一慈；苦节至今天下少，深恩真有几人知。违时采衣仍娱母，循例篝灯不入诗。善述文章根血性,雷同岂受望溪訾。"柳亚子赠诗有云:"教儿先就学,即学即传人。此是弥天愿,宁关一室春。"陈寅恪赠诗其一曰:"卞君娱母以文字,千里乞言走书至。我诗虽陋不敢辞,嘉君养亲养其志。"卞先生养亲养志,立志向学,勤勉刻苦,终身不辍,绩学多能,著述等身,在魏晋六朝隋唐五代史、唐代诗文、唐代小说、晚清及民国碑传资料的收集与研究、近现代学术史、近代世家大族、家谱研究等诸多方面均有极为重要的贡献。著有《刘禹锡年谱》、《元稹年谱》、《唐代文史论丛》、《刘禹锡丛考》、《刘禹锡研究》、《冬青书屋笔记》、《唐传奇新探》、《唐人小说与政治》、《郑板桥丛考》、《现代国学大师学记》、《家谱中的名人身影——家谱丛考》等专著十五部,编有《辛亥人物碑传集》、《民国人物碑传集》、《中华大典·文学典·隋唐五代文学分典》等各类纂辑、丛书、辞典、讲义及古籍整理著作二十余种,发表论文近三百篇。2010年凤凰出版社出版《卞孝萱文集》,凡七卷,近四百万字。

卞孝萱先生早年深受家乡扬州学术文化的熏染,得到族中老辈如卞綍昌(卞宝第子、张之洞婿)的鼓励,又因多方请教,得以接交民初诸老辈。此后先受知于著名史学家金毓黻先生,由其推荐进入中国社科院近代史研究所,既而得到文史大师范文澜先生的赏识,擢为助手,协助修订《中国通史简编》。卞先生从游恩师十余年,深得教诲,由此进入学术之门。20世纪60年代,又受知于近现代著名政治家和学者章士钊先生,引为襄校《柳文指要》,一段时间内朝夕过从,得以亲炙其学。因为这些机缘,卞先生既得浸润传统,又能转益多师,博采众长,不拘一格,从而使其学术研究不仅成就卓著,而且呈现出独特面貌。

卞孝萱先生治学以实事求是为宗,不尚空言,一生谨奉恩师范文澜"专、通、坚、虚"四字之训为座右铭,追求既专又通的治学路径,恪守坚持真理、虚心闻过的学术品格。卞先生极为服膺乡先贤"扬州学派"诸公的学术取向,推重其"主以全经,贯以百氏,协其文辞,揆以道理"的"通核"主张,治学领域极为广泛,同时以唐代文史为主攻方向,突破治文者不治史、治史者不治文的单一范围,开拓出点面结合、文史结合的广大空间。卞先生的中唐文学研究,最能展现此一成绩。中唐文学"刘柳"并称、"元白"齐名,但自古迄20世纪五六十年代,研究柳宗元、白居易者多,研究元稹、刘禹锡者少,卞先生填补此前空白,选择刘、元为研究对象,撰写《刘禹锡年谱》、《元稹年谱》,此为"点";又对李益、张籍、王建、李绅、南卓等与刘、元创作关系比较密切者,考评生平,撰写年谱,此即为"面"。由点到面,以避免孤立地研究刘、元之弊;再由面返回到点,以充实对刘、元的认识。复撰《刘禹锡丛考》、《刘禹锡评传》、《元稹评传》等,全面揭示二人的思想、性格及文学创作特色。卞先生早年治唐史,于两《唐书》、《资治通鉴》、《全唐文》、《全唐诗》、《唐六典》、《唐会要》等均通读数过,又深察涵咏、汇聚异同,制成数种长编,于有唐一代政教故事人物风貌之契会,已臻纯熟圆融的境界。以此博通为基础,再以"点面结合"、"文史结合"进行中唐文学的专精研究,因而成功地实现了其始终追求的"圆通广大"的目标,得到了学术界的一致公认。

卞孝萱先生在治学方法上的显著特色,一是"知人论世",二是"同情理解"。"知人论世"是中国古代学术的优良传统,其核心要义是作品特别是文学作品(诗、书)与其创作主体(人)及其所处时代(世),三位一体不可分离,故"读其书"、"论其世"、"知其人"必须三元循环而综合为用。卞先生治学伊始,即奉为圭臬,并贯穿于学术生涯的始终。其在文史结合的研究中,取法自清黄宗羲开创并由近代学者刘师培、邓之诚、陈寅恪发扬光大的"诗史互证"传统,以刘、柳诗歌与永贞革新及其人思想、性格、处事进行循环阐释,是其秉持"知人论世"之法从而达至学术高境的杰出范例。"理解同情"既是"知人论世"的基础,又是"知人论世"的升华,它要求研究者设身处地,与研究对象处于同一境界,从而达至对研究对象的真正了解。卞先生晚年转以一种时贤所谓之"奇径"研治唐代传奇,提出并考察唐传奇的"寓意",正是从"知人论世"进而上升到"同情理解"的结果。其研究既"旁通曲鬯,以意逆志,透过表面的藻绘,进入作者的心胸",又以史家的历史感与责任心,洞察古人及其时代,从而作出冷静而理性的判断,"于空曲交会之际以求其不可知之事",最后达成"同情之理解"。卞孝萱先生的唐传奇研究,戛戛独造,不让前贤,得到学术界的高度评价。

卞孝萱先生擅书画,兼能治印,中年以后不轻作,致力于书画史研究,撰有《〈瘗鹤铭〉之谜》、《"扬州八怪"之一的高翔》、《金农书翰十七通考释》、《郑板桥丛考》等论著,在郑板桥、"扬州八怪"的研究上尤多创辟之功。

卞孝萱先生六十以后,移砚南京大学中文系。先生取刘禹锡"为人虽晚达,于树似冬青"句意,榰其室曰"冬青书屋",号"冬青老人",自示老而弥坚、精进不懈之志。在其后二十余年的时间里,卞先生完成了其学术生涯中最重要的成果,为南京大学中文系古代文学、古典文献专业的学科建设做出了重要贡献。卞先生自学成才,在学术研究道路上得到不少前辈时贤的教诲和帮助,深知良师指引的重要性,故来南京大学之后,不仅着力培养了一批硕、博士,尤以奖掖后进为己任,指导帮助了一大批年轻学人。卞先生为人恭敬谦和、平易近人,凡有求教,总是热情指授,不遗余力。

卞孝萱先生一生不慕荣利,毕力于读书治学,未尝一日稍懈。2009年8月15日,先生本应邀去丹阳讲学,因前日晨起便血而入院,医生诊断为晚期癌症。先生虽不知详情,但已有觉察,拒绝继续住院而要求返家,意在完成未了工作。9月5日上午出院时突发心肌梗死,驾鹤仙去,享年八十六岁。在生命的最后一刻,犹在和弟子商量学问,谈论最后的工作计划。卞先生去世后,南京大学文学院全体师生挽曰:"萱草思北堂,养志事亲,美名早著诗家咏;冬青荣晚岁,博通坚实,摇落深知天下悲。"

郭维森先生

◎ 许　结　吴正岚

郭维森先生(1931—2011)祖籍安徽省亳州,出生于江苏省镇江市,曾用笔名时潇、红树、加林、嘉林、郭加林、郭嘉树等。祖父郭礼征(1875—1953)是江苏省华商第一家电力企业、镇江"大照电气股份有限公司"的创办人,也是中国近代工业的奠基人之一。郭先生出生在这样的家庭,自幼就受到良好的教育。

郭先生于1950年考入"国立南京大学"中文系,大一的读书报告《论〈诗经·国风〉并非全为民歌》蒙罗根泽教授仔细批阅,颇受嘉勉,遂有志于中国古典文学研究。1953年4月提前毕业,任南京大学物理系政治辅导员兼政治课助教,不久被调回中文系任政治辅导员兼专业课助教。1955年下半年选定"古代文学"为专业方向,任胡小石先生的助教,随研究生听修胡先生的《说文部首》、《甲骨文例》等课程。1956年起任古代文学专业教师,为本科生讲授《古代文学作品选》等课程。1963年9月至1964年7月在北京大学中文系进修一年,师从游国恩教授,并修习林庚、王力、吴组缃、陆宗达等先生的课程。1976年2月至1978年6月奉教育部派赴朝鲜民主主义人民共和国"朝鲜外文出版社著作局",做中文译本的校阅工作。1978年任副教授,1987年任教授。1983年至1986年担任南京大学中文系主任。1990年当选为"中国屈原学会"副会长。1993年10月获"政府特殊津贴"证书。2011年8月7日因病逝世。

郭先生长期从事中国古代文学的教学与研究工作,他的第一本著作《屈原与楚辞》(署名郭加林)于 1959 年由中华书局出版。在此书基础上扩展改写而成的《屈原》(署名郭嘉林,上海中华书局,1962)至 1965 年曾先后三次印刷。1984 年 9 月,安藤信宏译的日文本《屈原》由日中出版社出版。《中国辞赋发展史》(与许结合撰)于 1996 年由江苏教育出版社出版,该著被誉为新时期中国辞赋史研究的标志性成果。《屈原评传》(中国思想家评传丛书之一,南京大学出版社,1998)为先生楚辞研究的集大成。除以辞赋为主的研究,先生还著有《司马迁》(江苏人民出版社,1984)、《风韵高标的楚辞》(郭维森、包景诚著,辽宁古籍出版社,1995),先后主编和撰写《古代文化知识要览》(郭维森、柳士镇、钱南秀主编,湖南人民出版社,1986)、《中国文学史话》(郭维森、吴枝培主编,南京大学出版社,1990)、《陶渊明集全译》(郭维森、包景诚译注,中国历代名著全译丛书之一,贵州人民出版社,1992)、《古代文化基础》(郭维森、柳士镇主编,岳麓出版社,1995)、《学苑奇峰——文史学家胡小石》(南京大学出版社,2000)、《诗思与哲思》(贵州人民出版社,2006)、《图说中国文化基础》(郭维森、柳士镇主编,新世界出版社,2007)等,彰显其学术面的广博与包容,受到学界与广大读者的赞誉。

郭先生的多篇论文在学界和思想界激起较大反响。这又可分为两类,一是社会反响,例如先生的《古代作品的社会意义缩小了吗?》一文于 1960 年 4 月 10 日发表于《光明日报》副刊《文学遗产》,立即引起较大范围的"讨论",也因此在"文革"中受到审查;《嵇康思想及其诗文的特色》(《南京大学学报》1963 年第 2 期)一文,则在"文革"中被认为涉嫌为现时政治运动的对象鸣冤叫屈,再与 1960 年的"扩大论"等联系起来,险被工作队认定为"反革命"。二是学术的眼光,如《从屈原创作的个性化论屈原之不容否定》(《南京大学学报》1985 年第 2 期)发表后,人大复印资料全文转载,《文学研究动态》予以评介,《中日学者屈原问题论争集》收载此文。黄忠模著《现代楚辞批评史》,将此文作为"中国学者与日本学者讨论屈原问题的代表作"加以介绍,成为"屈原否定论"之反批评的典范之作。《屈原与庄周美学理想异同辨》发表于《南京大学学报》1988 年第 1 期,传统的"庄骚审美"得以重新阐释,人大复印资料全文转载,《人民日报》及《人民日报》"海外版"作摘要报导。《王延寿及其梦赋》(《南京大学学报》2001 年第 1 期)是提交第四届国际辞赋学术研讨会的论文,得到作为评议人美国汉学家康达维教授的高度评价。2000 年 5 月 24 日至 27 日先生参加在香港中文大学举行的《屈原研究国际研讨会》，为"专题主讲嘉宾"之一，作了题为《〈离骚〉求女情节的来龙去脉》的报告，考论精详，甚邀好评。

在广阔的文艺学与文化学的研究中，郭先生最精于辞赋论说，归纳其要，主要有三方面的成就或特色：其一，追源溯流的历史意识。强调《诗》与《骚》的渊源流变，是先生楚辞研究迥出流辈之上的奥妙所在。在《中国辞赋发展史》中作者"彰显了诗、骚思想与感情的一致性"；在《从屈原创作的个性化论屈原之不容否定》一文中，作者论屈原作品的个性化特征，并以屈原作品继承了《诗经》个性化作品的特点为立论前提，都与考镜源流的方法相关，是先生的研究注重历史还原的基本特征。针对近现代某些学者从春秋战国时"楚材晋用"的风气盛行等角度，提出了屈原的时代不可能产生爱国主义的观点，先生在《屈原评传》中列举大量史实论证春秋战国时代尤其是楚国的爱国事例并不少见，着重阐明了战国是一个思想分歧和价值多元的时代，因而在反复无常的策士活跃于政治舞台的同时，爱国主义思想依然闪耀着光辉。屈原的爱国主义具有鲜明的时代特征，是先生的坚持，也堪称学界的不桃之论。其二，引领楚辞学史的研究。从学术史的角度研究楚辞的视角，在先生《论汉人对屈原的评价》(《求索》1984年第4期)、《鲁迅怎样评价屈原》(《文学遗产》增刊十五辑，1983年9月)等文中已有所呈现，而作为教育部"辞赋史"项目、七十万言之《中国辞赋发展史》，更可以视为其多年研治辞赋的具有学术史思想意义的重要实践。其三，在辞赋研究中寄寓自身的美学理想，或可谓诗意的解读。例如《屈原与庄周美学思想异同辨》一文中所赞赏的"纯粹之美"、"崇高之美"与"和谐之美"，始终贯注于先生的赋史研究之中。而对具体作品的分析，如宋玉《九辩》的"悲秋"情怀，王延寿《梦赋》的内在精神，谢灵运《山居赋》的人生感悟，均由先生的诗意解读而更加鲜活且多美感。

作为一名教师，郭先生的治学与为人是凝合为一，有着强烈的社会担当与时代精神。所以先生的为人与治学，同样的几点值得关注：一是"品格"。先生之学术正如其为人，总体看来如布帛菽粟一般平实，而在大是大非的问题上往往截断众流、独具洞见。在虚与委蛇的乡愿之风盛行的时代，我们常常情不自禁地怀念先生曾经理性而坚定地论证屈原的个性化存在，正如先生曾经冷静而负责任地指点那些彷徨于人生歧路的年轻学子。二是"现代"。先生晚年自编论文集名为《古代文学的现代意义》，其中"现代"二字不仅是治古学而反对"泥古"的一个标识,而是其一生的学术实践。因此,先生治古代诗亦作古体诗,但同样热爱新体诗且不乏创作;而针对社会上出现的一些民族虚无思想,先生曾作"古代文学与民族精神"的报告,正内含了古为今用的心意与愿景。三是"普及"。先生在专精学术的同时,始终关注古典文学与文化的普及工作,以嘉惠更多的学子。他主编的《中国文学史话》、《古代文化基础》,以及审订《古文类选读本》等,以拥有广大的读者而成为学术普及的典范。这,正是郭先生的治学之心,也是其明德之意。

许志英先生

◎ 王爱松

许志英先生，1934年农历4月30日生于江苏省句容县大卓乡赵塘大队西上村。1955年9月至1960年8月，就读于复旦大学中文系。1960年9月至1977年9月，在中国科学院文学研究所（现属中国社会科学院）工作，先后任实习研究员、助理研究员。1977年10月调入南京大学中文系。此后一直在此从事中国现当代文学的教学与研究，直至2007年9月14日辞世。1988年聘为教授。1988年12月至1993年4月，任南京大学中文系系主任。曾任江苏省中国现代文学学会会长。

许志英先生是著名的中国现代文学研究专家。在中国现代文学史和中国现代文学思潮史研究等方面成就卓著。曾参与唐弢主编本《中国现代文学史》、九院校《中国现代文学史》的撰写。尤其在"五四"文学研究和中国现代文学思潮史研究领域产生了重要学术影响。个人专著《"五四"文学精神》（江苏文艺出版社1991年版）对"五四"时期的重要文学社团流派及创作状况，对"五四"文学精神与文学史意义提出了独到看法。与倪婷婷教授合著《"五四"：人的文学》（南京大学出版社，1992）则从文学的主题与题材角度，论述"五四"文学的历史特征，提出了"人的文学"是"五四"文学的总体特征。与邹恬教授主编的《中国现代文学主潮》（上、下册，福建教育出版社，2001，南京大学出版社2008年再版）、与丁帆教授主编的《中国新时期小说主潮》（人民文学出版社，2002），一改中国现当代文学史写作中的文学运动加作家作品的"板块结构"法的撰写方法，采用"综合勾勒"法从创作思潮角度描述中国现当代文学发展史,贯穿了"一部文学史主要是作品的历史,而一个时代的思潮也是更生动更丰富地体现在作家的创作中"(《中国现代文学主潮·序》)的文学观念,对中国现当代文学思潮的一些关键性问题提供了诸多学术新见。这两部都在百万字以上的学术专著在出版后均获得了广泛的影响和好评,成为南京大学中国现当代文学专业的标志性成果。其中《中国现代文学主潮》荣获江苏省高校人文社会科学优秀研究成果一等奖、中国现代文学研究会第二届王瑶学术奖优秀著作奖二等奖,《中国新时期小说主潮》荣获江苏省哲学社会科学优秀成果一等奖。

许志英先生还编有《周作人早期散文选》(上海文艺出版社,1984)、《中国现代小说史》第一卷(副主编,南京大学出版社,1991)、《撕碎了的旧梦——中国现代怀旧散文导读》(主编,山东人民出版社,2006)、《学府随笔(南大卷)》(主编,山东文艺出版社,2007)。身后出版了《中国现代文学论集》(南京大学出版社,2008),该书收入了先生一生大部分学术论文。许志英先生晚年曾热衷于随笔的写作,曾在《收获》、《钟山》、《上海文学》、《美文》、《作家》等报纸杂志发表随笔约三十余篇,生前已编好个人随笔集《往事如风》交辽宁人民出版社出版,后未果。此外,晚年曾拟展开"中国现代文学的审美选择"、"中国现代自由主义文学研究"两个课题的研究,亦未果。

许志英先生的治学有自己鲜明的学术特色。在刊于《东方论坛》2004年第5期的《我的治学体会》(后收入冯济平编《第二代中国现代文学学者自述》一书)一文中,先生以"广读书,勤思考,多写作"、"'不疑处有疑'"、"论文是要论的"、"水磨功夫"四个小标题谈到了自己一生的研究与写作经验。发表于《中国现代文学研究丛刊》1983年第1期的《"五四"文学革命指导思想的再探讨》一文,即较集中地反映了许志英先生的治学主张和特点。在未刊稿《关于"五四"文学革命性质的争论》的回忆文章中,许志英先生详细地追溯了《再探讨》一文的具体酝酿和写作过程:其中的问题意识"要追溯到1980年","以后边看材料边思考文章的写法,这是一个要摆事实的问题,事实摆清楚了,结论自然出来了,所以文章基本采取实证写法。我的文章针对五十年代以来一些现代文学史著作和论文中所采用的论据及其对论据史实进行解释的论证方式,从四方面对'五四'文学革命的'无产阶级领导说'进行了反诘……通过四个方面的考察和争论,我的结论是:'与其说五四文学革命的指导思想是无产阶级思想,不如说是小资产阶级革命民主主义思想和资产阶级民主主义思想更符合历史事实'"。应当说,《再探讨》一文于"不疑处有疑",身体力行地实现了许志英先生在《我的治学体会》中所说的"做学问应该提倡怀疑精神,而且是在前人不疑的地方提出疑问。只有敢于怀疑和推翻那些所谓定见,学术才能生生不已"的主张。《再探讨》一文虽然在当年"清除精神污染"的时代背景下被认为触及了"带有政治性的学术问题",但实际上首次全面澄清了"五四"文学革命指导思想的本来面目,开创了20世纪80年代以来中国现代文学研究界"重写文学史"的先河。

许志英先生为南京大学中文系特别是中国现当代文学专业的科学研究、学科建设、人才培养做出了重大贡献,曾获得南京大学第四届研究生导师教书育人奖、江苏省研究生培养创新工程优秀研究生课程奖,培养了博士、硕士研究生五十余名,是一位将自己毕生心血献给了中国现当代文学研究事业并深受师友学生敬重、爱戴的学者。

叶子铭先生

◎ 刘 俊

叶子铭先生 1935 年 1 月 7 日出生在福建省泉州市,七岁入泉州新隅小学读书,小学毕业后,他被福建省立晋江第一中学录取。1953 年初夏,叶子铭高中毕业,考入南京大学中文系。

在南京大学中文系学习期间,叶子铭先生遇到了方光焘、胡小石、陈中凡、罗根泽、陈瘦竹等一大批名师,在这些优秀学者的指导和自己的努力下,大学时代的叶先生如饥似渴地阅读了大量中外文学名著,并尝试进行文学创作,希望在文学的世界里放飞自己的创作理想。是当年的系主任、曾经的创造社作家方光焘一语惊醒了叶先生的作家梦——"中文系是培养语言文学的教学与研究工作者,而不是培养作家的",于是,叶先生放弃创作追求,转而全身心地投入到专业学习之中。南京大学中文系的古典文学承袭了中央大学的老底子,名家云集,力量雄厚,胡小石、陈中凡、罗根泽等人的课程深深地打动了青年叶子铭,并使他对中国古典文学产生了浓厚的兴趣,二年级时他参加了由王气中教授指导的陶渊明兴趣小组,三年级时在管雄教授的指导下,撰写了《论唐代传奇小说》的学年论文——在中国古典文学的世界里,叶子铭先生重新找到了自己的文学寄托。

1956 年,"向科学进军"成为新的动员和号召,已是大三学生的叶子铭先生面临毕业论文选题的问题。按照常理,他应该会选古典文学方向的选题,可是当时同学中选古典文学为毕业论文选题的较多,加上叶先生觉得现代文学这个新兴的学科领域有待开拓,于是毅然决定改选现代文学为自己毕业论文的选题方向。

叶子铭先生选择了茅盾作为自己毕业论文的研究对象。1956年10月17日,叶先生和同学胡兴桃联名给茅盾写了一封信,这封信为青年叶子铭打开了一个世界,从此,他和茅盾结下了不解之缘。1957年4月,在论文指导老师王气中教授的鼓励和指导下,在茅盾的耐心"解惑"下,特别是在自己的艰苦努力下,叶子铭先生完成了他的大学毕业论文《论茅盾四十年的文学道路》。这篇五万字的大学本科毕业论文,后来经过修改、补充,扩充为十多万字的专著,经王气中教授推荐,上海新文艺出版社(现在的上海文艺出版社)"社外专家"叶以群充分肯定,于1959年8月被列为"中国现代文学研究丛书"之一正式出版——该书的出版,开创了新中国大学中文系本科生毕业论文得以作为学术专著出版的记录。

1957年10月,叶子铭先生大学毕业,被分配到苏州医学院院刊编辑部当编辑,不到半年,他又于1958年3月考回南京大学中文系成为陈中凡教授的研究生。虽然在读研期间他的现代文学研究专著出版,但如果按照正常的学术轨道,叶先生研究生毕业后,应该会像他的导师一样,成为一名从事中国古典文学教学和研究的专家、教授。然而时代的召唤使得叶先生的学术步伐并没有按部就班而显得有些不由自主。1959年3月,研究生刚刚读了一年,他就被提前充实到教师队伍,担任本科生的古典文学教学工作。1961年春,已在讲台上立稳脚跟并深受学生喜爱的叶子铭,被调任华东局宣传部工作的原系主任俞铭璜借调到华东局宣传部协助工作;不久,大学文科教材《文学的基本原理》主编叶以群又抽调叶子铭参加编写组,参与撰稿和审稿的工作,等他完成这些工作回到南京大学的时候,已是1963年的7月了。在随后的1964年至1965年,叶先生又再次被借调到华东局宣传部,参加华东区现代话剧调演的组织工作。

1966年夏,"文革"爆发,叶子铭先生同那个时代的所有人一样,经历了一场浩劫。直到1976年中国历史翻开了新的一页,叶先生才在荒废十年之后,迎来了他学术生涯中的井喷期。1978年10月,《论茅盾四十年的文学道路》修订再版,随后《茅盾漫评》(1983)、《梦回星移——茅盾晚年生活见闻》(1991)、《叶子铭文学论文集》(1994)等个人著述相继出版;他主编的《中国现代小说史》(1991年第一卷,1992年第二卷),编著的《茅盾论创作》(1980)、《茅盾文艺杂论集》(上、下,1981)、《以群文艺论文集》(1983)、《茅盾·社会小说》(1993)、《茅盾自传》(编校,1996)、《沈雁冰译文集》(与余斌合作编校,1999)也相继问世。此外,他还是修订本《文学的基本原理》的实际主持者,负责全书统稿和撰写《修订本前言》(1979),《中国现代文学史》的发起者、组织者和撰写者(1979),《茅盾全集》(40卷)的实际主持者——担任《茅盾全集》编辑室主任,主持分类编辑、组织分工和校注、审定工作(1984—1997)。

新时期的叶子铭先生在学术上取得丰硕成果的同时,在社会服务方面也付出了巨大的心血和精力。1980年9月,经过民主选举,叶先生成为南京大学中文系历史上第一个民选系主任。随着新时期中国教育迈上正轨,中国的学位制度和学科建设也在逐步恢复、完善。1984年,叶先生被教育部特批为教授并同时成为博士生导师,1985年起他受聘担任国务院学位委员会第二至第四届学科评议组中国语言文学分组成员与召集人,1986年担任南京大学研究生院副院长,后又担任全国博士后管理委员会第三届和第四届专家组文史组成员,为中国学位制度的建立和深化,为规范中国文学的学科建设,做出了自己的贡献。

除了为南京大学中文系、国务院学位委员会、南京大学研究生院的发展付出大量心血之外,对于南京大学中文系的学科建设,叶子铭先生也念兹在兹,殚精竭虑,全力以赴。由于叶先生在学术上取得了令人瞩目的成就,他在1988年获国家人事部授予的"中青年有突出贡献专家"称号,享受国务院政府特殊津贴,并担任中国现代文学学会副会长,中国茅盾研究会会长,江苏省现代文学学会会长等职,这一切使他在中国现代文学研究界和茅盾研究界具有崇高的威望,也使他自然地成为南京大学中国现当代文学专业的学科带头人。作为学科带头人,叶子铭先生为南京大学中文系的中国现当代文学学科建设,付出了外人难以想象的心力和劳动,在人才队伍建设、博士生培养、科研项目获得、省及国家重点学科申报等方面,起到了他人难以取代的关键性作用。为了人才队伍建设,他不拘一格,从外校引进了丁帆并直接将他破格提拔为副教授;为了博士生培养,他将自己的博士生王玲珍推荐到哈佛大学进行中美联合培养;为了争取科研项目,他带领邹恬、许志英共同申报国家教委博士点基金项目《中国现代小说史》并力助许志英、邹恬联合申报国家教委博士点基金项目《中国现代文学主潮》;为了发展"台港暨海外华文文学"研究方向,他高瞻远瞩,早作筹划,安排自己的博士生以此为博士论文选题方向,并将这个学生留校任教;为了使南京大学中国现当代文学学科能够进入江苏省及国家重点学科行列,他发挥他在学界的影响力,协调各方,凸显南大中国现当代文学的学科优势,终于获得成功!在申报教育部人文社会科学重点研究基地"中国现代文学研究中心"(现更名为"中国新文学研究中心")的过程中,以他为学科带头人的中国现当代文学学科发挥了决定性的作用,申报成功后他担任了首任中心主任。可以说,没有叶子铭先生,就没有南大中国现当代文学学科的今天!

就在叶子铭先生带领着现当代文学专业的同仁准备为学科建设和人才培养大展宏图的时候,他却病倒了。在生命的最后近十年时间里,叶先生基本上是在医院和病榻之间辗转,他的病最初只是严重的失眠,后来是忧郁症,接着是帕金森综合征,腔梗,最终发展到脑萎缩。在人生的最后岁月,他长期卧床,不言不语,只是在他自己的世界里了。

2005年10月28日,叶子铭先生因病在南京逝世,享年七十岁。

叶子铭先生虽然已经离开我们将近十年了,但他的学术著作自在;他在南京大学中文系历史上刻下的印痕自在;他为中国学位制度和学科建设所作的贡献自在;他精心培育、浇灌并已茁壮成长的南京大学中国现当代文学学科自在;他培养的众多学生自在;而最为重要也最为特别的,是他的为人风格自在,那就是:老老实实做人!扎扎实实做学问!

这是叶子铭先生的为人风格,也是南京大学"诚朴、雄伟、励学、敦行"的精神在他身上的具体化,更是南京大学中文系(文学院)百年来以"诚"(做人)、"敬"(做学问)立身的优良传统的写照!